Die Rechtsfigur „Anwartschaftsrecht" des Eigentumsvorbehaltskäufers

Europäische Hochschulschriften

European University Studies

Publications Universitaires Européennes

Reihe II **Rechtswissenschaft**

Series II Law

Série II Droit

Band/Volume **5462**

Johannes Thesen

Die Rechtsfigur „Anwartschaftsrecht" des Eigentumsvorbehaltskäufers

Ein Widerspruch zur Dogmatik zivilrechtlicher Vermögenszuordnung

PL ACADEMIC RESEARCH

Bibliografische Information der Deutschen Nationalbibliothek
Die Deutsche Nationalbibliothek verzeichnet diese Publikation in der Deutschen Nationalbibliografie; detaillierte bibliografische Daten sind im Internet über http://dnb.d-nb.de abrufbar.

Zugl.: Heidelberg, Univ., Diss., 2012

D 16
ISSN 0531-7312
ISBN 978-3-631-62986-4

www.peterlang.de

Vorwort

Gegenstand dieser Untersuchung ist das Anwartschaftsrecht aus Eigentumsvorbehaltskauf. Es stellt die wohl bekannteste, durch die Rechtswissenschaft kreierte Rechtsfigur des Zivilrechts dar. Die nachfolgenden Ausführungen entstanden aus der Überzeugung, dass diese Rechtsfigur sowohl in ihrer Ausgestaltung, als auch in der Behandlung konkreter Fallkonstellationen auf verschiedene Weise gegen grundlegende Prinzipien zivilrechtlicher Dogmatik verstößt. Die Untersuchung beinhaltet daher – als Ausgangspunkt für die weiteren Überlegungen - auch die Darstellung bestimmter Grundstrukturen des zivilrechtlichen Rechtsgeschäfts und der zivilrechtlichen Vermögenszuordnung, sowie grundlegender Rechtsregeln für zueinander im Widerspruch stehende Verfügungen.

Die vorliegende Schrift entspricht meiner im Frühjahr 2012 von der juristischen Fakultät der Ruprecht-Karls-Universität Heidelberg angenommen Dissertation. Die verwendete Literatur befindet sich auf diesem Stand.

Mein besonderer Dank gilt Herrn Prof. Dr. Thomas Lobinger für die Annahme des Arbeitsthemas als Promotionsvorhaben sowie für die Mühe der Erstkorrektur. Ebenfalls danke ich herzlich Herrn Priv.-Doz. Dr. Friedemann Kainer für die Mühe der Zweitkorrektur.

Außerdem gilt mein Dank der Konrad-Adenauer-Stiftung, von der ich für die Erstellung der Dissertation ein Promotions-Stipendium erhalten habe.

Heidelberg, im Februar 2013 Johannes Thesen

Inhaltsverzeichnis

Einführung ... 11

I. Gesetzessystematik und Gesetzesstil des BGB ... 11

II. Gegenstand und Ziel der Untersuchung ... 14

Teil 1: Dogmatische Auseinandersetzung mit der Lehre vom Anwartschaftsrecht ... 17

A. Die herrschende Lehre vom Anwartschaftsrecht ... 17

I. Wesen des Anwartschaftsrechts ... 17

II. Rechtliche Behandlung des Anwartschaftsrechts ... 19

B. Historische Entwicklung der Lehre vom Anwartschaftsrecht ... 21

I. Das Gesetz ... 21

II. Die Literatur ... 23

C. Analyse der Rechtslage bei aufschiebend bedingter Übereignung ... 39

I. Situation des Eigentumsvorbehaltskaufs bzw. der daraufhin erfolgenden Verfügung ... 39

II. Tatbestandsmerkmale und Wirksamkeitsvoraussetzungen in der Rechtsgeschäftslehre ... 40

III. Konsequenzen für die zu untersuchende Konstellation des Eigentumsvorbehaltskaufs ... 48

D. Das Anwartschaftsrecht als Fremdkörper in der zivilrechtlichen Systematik ... 51

I. Das Anwartschaftsrecht als nicht-akzessorisches, aber von der Kaufpreisforderung abhängiges Recht ... 51

II. Der Rechtserwerb durch „Erstarken" eines wesensgleichen Minus ... 53

III. Die Generierung eines zusätzlichen Gegenstands ... 54

E. (Weitere) Systemwidrige Konstruktionen zur Rechtsposition des Vorbehaltskäufers ... 65

I. Systemwidrigkeit der Annahme eines „bedingten Rechts" ... 65

II. Systemwidrigkeit der Annahme eines „künftigen Rechts" ... 67

F. Zusammenfassung der systematischen Auseinandersetzung mit der Lehre vom Anwartschaftsrecht ... 72

Teil 2: Die einzelnen Problemfelder hinsichtlich der Rechtsposition des Vorbehaltskäufers ... 75

A. Der Besitzschutz des Vorbehaltskäufers ... 75

I. Das Anwartschaftsrecht als gegenständliches Besitzrecht ... 76

II. Das rein obligatorische Besitzrecht des Vorbehaltskäufers ... 78

B. Der Erwerb der Rechtsposition des Vorbehaltskäufers nach Rechtsscheingrundsätzen? ... 84

I. Der sog. gutgläubige Ersterwerb ... 84

II. Der sog. gutgläubige Zweiterwerb ... 85

C. Der Schutz des Vorbehaltskäufers vor Zwischenverfügungen des Vorbehaltsverkäufers über die Kaufsache ... 93

I. Der gesetzliche Verweis des § 161 III BGB für kollidierende Zwischenverfügungen ... 93

Exkurs: Die Systematik des § 161 III BGB ... 94

Exkurs Ende ... 98

II. Die Systematik der §§ 932 ff. BGB im Hinblick auf das Erfordernis des Besitzwechsels ... 101

D. Die Verwertung der Rechtsposition des Vorbehaltskäufers in Einzelzwangsvollstreckung und Insolvenz ... 103

I. Die Zwangsvollstreckung in das Anwartschaftsrecht ... 103

II. Das Anwartschaftsrecht in der Insolvenz ... 112

III. Drittwiderspruchsklage und Aussonderung im Rahmen von Zwangsvollstreckung und Insolvenz ... 116

C. Zusammenfassung der jeweiligen Behandlung der Rechtsposition des Vorbehaltskäufers ... 119

Teil 3: Am *numerus clausus* der Gegenstände orientierte, gesetzeskonforme Behandlung der Rechtsposition des Eigentumsvorbehaltskäufers ... 121

A. Die Lehre vom Anwartschaftsrecht als erforderliche Rechtsfortbildung? .. 121

B. Die Verfügung des Vorbehaltskäufers über das ihm noch nicht zugeordnete Eigentum ... 124

I. Der durch Konvaleszenz eintretende sog. Durchgangserwerb ... 124

II. Das Prioritätsprinzip als umfassender Grundsatz gegenständlicher Rechtsänderungen 126

C. Die Verfügung des Vorbehaltskäufers über seine Forderung auf Eigentumsverschaffung 130

I. Das Verfügungsgeschäft der Parteien des Vorbehaltskaufs als Eigentumsübertragung zugunsten desjenigen, den es angeht 130

II. Mögliche Einwände gegen die vorgeschlagene Konstruktion 133

III. Konsequenzen der dargestellten Konstruktion bei Bedingungseintritt 136

D. Zusammenfassung der alternativen Behandlung der Rechtsposition des Vorbehaltskäufers 148

Schlussbetrachtung 151

Einführung

I. Gesetzessystematik und Gesetzesstil des BGB

Das Bürgerliche Gesetzbuch als Grundlage unserer Zivilrechtsordnung zählt unbestritten zu den kodifikatorischen Glanzleistungen in der Geschichte der Zivilrechtsordnungen. Der Gesetzgeber hat sich dabei entschieden, möglichst generelle Regelungen mit einem sehr hohen Grad an Abstraktion[1] zu normieren, so dass ein einzelner Tatbestand für möglichst viele erdenkliche Einzelfälle einschlägig ist. Der Gesetzesanwender soll so mit dem BGB ein in sich geschlossenes Normkonstrukt vorfinden, welches es ihm ermöglicht, den ihm vorliegenden konkreten Sachverhalt unter die einschlägigen abstrakt-generellen Regelungen zu subsumieren, um so zu einer Lösung zu gelangen, ohne dabei Judikatur in ähnlich gelagerten Fällen heranziehen zu müssen.[2] Die grundlegenden Wertentscheidungen, die der Gesetzgeber für das Zivilrecht vorgesehen hat, sollen sich dabei in dem Zusammenspiel dieser einzelnen, jeweils in einer Vielzahl von Fäl-

---

1 Diese Methodik der Abstraktion im deutschen Zivilrecht hat zur Folge, dass das mehreren Lebenssachverhalten Gemeinsame isoliert und einheitlich geregelt wird. So wird etwa die generell für ein wirksames Rechtsgeschäft erforderliche Geschäftsfähigkeit abstrakt von der konkreten Art des jeweiligen Rechtsgeschäfts geregelt, der Vertragsschluss wird abstrakt von der konkreten Art des jeweiligen Vertrags geregelt, etc. Wenn in der Rechtswissenschaft von dem das deutsche Zivilrecht charakterisierenden Abstraktionsprinzip die Rede ist, so ist damit jedoch meist gemeint, dass sich die Wirksamkeit bestimmter Rechtsgeschäfte unabhängig von gewissen rechtserheblichen Tatsachen bestimmt, die „an sich" für seinen Erfolg von Bedeutung sind. Bekanntestes Beispiel hierfür ist zweifellos die rechtsgeschäftliche Verfügung, deren Wirksamkeit sich abstrakt von seiner causa bestimmt, woraus wiederum die Trennung zwischen Verpflichtungs- und Verfügungsgeschäft resultiert. Aber etwa auch die rechtsgeschäftliche Vollmachterteilung, § 167 BGB, oder das konstitutive Schuldversprechen, §§ 780, 781 BGB, sind in diesem Sinne abstrakt. Lehrreich zu den Prinzipien der Abstraktion und der Trennung *Maurer*, Die Prinzipien der Abstraktion, Kausalität und Trennung, insbesondere bei Verfügungen, S. 15 ff., S. 53 ff.

2 Das BGB folgt dem abstrakt-generalisierenden Gesetzesstil. Als grundsätzliche Alternative hierzu ist einerseits der kasuistische Gesetzesstil zu unterscheiden, bei dem versucht wird, für möglichst jeden Einzelfall eine eigene, genau zugeschnittene gesetzliche Regelung aufzustellen, so dass eine komplexere Subsumtion oder umfassende Wertung entbehrlich wird. Andererseits ist hiervon der Richtlinienstil zu unterscheiden, bei dem der Gesetzgeber nur grob umrissene Beurteilungsmaßstäbe aufstellt, die lediglich eine sehr allgemeine Wertentscheidung widerspiegeln, im Einzelfall aber ein erhebliches Maß an Interpretation erfordern und so dem Richter einen ganz erheblichen Beurteilungsspielraum zukommen lassen. Vgl. zum ganzen *Larenz/Wolf*, Allgemeiner Teil des deutschen Bürgerlichen Rechts, S. 64 ff.

len einschlägigen Rechtssätzen widerspiegeln, so dass sie in möglichst jedem erdenklichen Einzelfall das durch korrekte Anwendung der Dogmatik gefundene Ergebnis bestimmen.

Konsequenz dieser legislativen Methodik ist ein hohes Maß an Rechtssicherheit. Für den kundigen Juristen wird das Urteil des zur Entscheidung berufenen Gerichts vorhersehbar, da der Richter gezwungen wird, die „richtige" Entscheidung durch korrekte Anwendung der gesetzlichen Dogmatik zu finden. Je schärfer und starrer diese Dogmatik jeweils ausgeprägt ist, desto geringer ist der dem Richter im konkreten Einzelfall noch zukommende Beurteilungsspielraum.[3] Die Dogmatik des BGB darf wohl unbestritten als ganz außergewöhnlich komplex, strukturiert und trennscharf bezeichnet werden.

Gleichwohl stellt das BGB in seiner Gesamtheit nicht etwa einen Normenkomplex dar, der den Rechtsanwender vollkommen starr ausschließlich auf die korrekte Anwendung der erlernten Subsumtionstechnik reduziert. So sind weite Teile namentlich des Schuldrechts als *ius dispositivum* ausgestaltet. Die einschlägigen Normen kommen dabei nur dann zur Anwendung, wenn die Parteien in den Grenzen ihrer Privatautonomie nicht hiervon Abweichendes geregelt haben, was dann vorrangig gegenüber der gesetzlichen Regelung die jeweiligen Rechtsfolgen bestimmt. Somit kommt v.a. im Bereich von obligatorischen Verpflichtungsverträgen dem Rechtsanwender die Aufgabe zu, die – oft von juristischen Laien – vereinbarten Modalitäten der Vertragsdurchführung und Risikoverteilung nach dem Parteiwillen auszulegen, bzw. meist ergänzend auszulegen. Erst danach ist er zur technischen Anwendung der sich nunmehr als geltend herausgestellten Regelungen berufen, um die „richtige" Lösung des Falles zu finden.

An einigen Stellen des BGB verwendet der Gesetzgeber auch ganz bewusst ausfüllungsbedürftige Wertbegriffe, die eine Interpretation des Rechtsanwenders im Sinne allgemeiner Billigkeitserwägungen sogar unbedingt erforderlich machen. So wird an einigen Stellen auf „die guten Sitten", „Treu und Glauben", „billiges Ermessen", „die im Verkehr erforderliche Sorgfalt" o. ä. verwiesen, was im Einzelfall jedoch zwingend einer konkreten Interpretation anhand von allgemeinen Wertgrundsätzen bedarf. Dabei erfüllen insbesondere die sog. zivilrechtlichen Generalklauseln[4] den ausschließlichen Zweck, gesetzliche Einfallstore dafür darzustellen, grundsätzliche Billigkeitserwägungen in die Falllösung mit einfließen zu lassen, welche an sich durch bloße Anwendung der Gesetzesdogmatik zu finden ist.

---

3 *Larenz/Wolf*, a.a.O.

4 z.B. §§ 138, 242, 315, 826 BGB.

Somit lässt der Gesetzgeber dem Gesetzesanwender an einigen Stellen den Raum, durch Analogien zu verwandten Normen oder darüber hinaus durch reine Rechtsfortbildung[5] vermeintliche Regelungslücken im Normkomplex zu schließen und eigene Beurteilungen anhand von allgemeinen, sich im Laufe der Zeit auch wandelnden Wertgrundsätzen zu treffen. An einigen Stellen ist also das System des BGB bewusst „offen" gehalten, die Regelung gewisser Fallkonstellationen ist dabei sogar ganz bewusst Rechtsprechung und Rechtswissenschaft überlassen.

An wiederum anderen Stellen dieses hochkomplexen Normkonstrukts BGB ist dagegen seine Systematik – bewusst – als abgeschlossene konzipiert. Ein Beispiel hierfür stellt der Bereich der Vermögenszuordnung unter den Rechtssubjekten dar. Elementare Aufgabe des Gesetzes ist es, sämtliche Vermögensobjekte klar und eindeutig einem jeweiligen Inhaber zuzuordnen bzw. die Rechtsverhältnisse an den einzelnen Vermögensobjekten in eindeutiger Weise zu regeln.[6]

Grundprinzip dieser Vermögenszuordnung ist dabei der *numerus clausus* der Gegenstände[7]. Der Gesetzgeber hat sich – etwa im Gegensatz zu der Zahl denkbarer verschiedener obligatorischer Verpflichtungsverträge – dafür entschieden, die möglichen Rechte an Vermögensobjekten sowohl nach ihrer Anzahl, als auch nach ihrer Art auf einige wenige, im Gesetz ausdrücklich geregelte Typen zu beschränken. Auf diese Weise will er die ihm zukommende Aufgabe der Vermögenszuordnung im Sinne größtmöglicher Klarheit und Einfachheit bewältigen.

Insofern ist in diesem Teilbereich der Zivilrechtsordnung die Abgeschlossenheit des Systems bewusst gewähltes Mittel zum Zweck. Die durch den *numerus clausus* der Gegenstände umgesetzte zivilrechtliche Vermögenszuordnung ist daher – wie ja bereits der Begriff verrät - Idealtypus einer in sich abgeschlossenen Gesetzesdogmatik.

---

5 Rechtsfortbildung unterscheidet man einerseits in sog. gesetzesimmanente Rechtsfortbildung, die diejenigen Lücken schließen soll, die der Gesetzgeber bei der Regelung bestimmter Materien unbewusst gelassen hat, obwohl er an sich eine umfassende Regelung angestrebt hat. Noch weiter geht die sog. gesetzesübersteigende Rechtsfortbildung, die jenseits der geregelten Materien Rechtsfiguren entwickelt, die (inzwischen) als erforderlich angesehen werden, um den (sich ständig wandelnden) Bedürfnissen des Rechtsverkehrs gerecht zu werden und das Zusammenleben der Rechtssubjekte adäquat regeln zu können. Zur Rechtsfortbildung siehe ausführlich *Larenz*, Methodenlehre der Rechtswissenschaft, S. 370 ff. und noch ausführlich unten S. 119 f.

6 *Lobinger*, Rechtsgeschäftliche Verpflichtung und autonome Bindung, S. 89; *Habersack*, Sachenrecht, S. 1 f.

7 Zu diesem Begriff siehe ausführlich unten Seite 56 ff.

II. Gegenstand und Ziel der Untersuchung

Vor diesem Hintergrund erscheint die durch umfangreiche Judikatur und noch viel umfangreichere Literatur[8] entwickelte Lehre vom sog. *Anwartschaftsrecht* als erstaunlich: Sie ist systematisch im Teilbereich der Vermögenszuordnung anzusiedeln, da sie mit dem Anwartschaftsrecht ein – weiteres, über den beschriebenen *numerus clausus* hinausgehendes - Recht an einem Vermögensobjekt entwickelt hat, einen zusätzlichen Gegenstand.

Diese Lehre stellt somit ein sehr prominentes – vielleicht das prominenteste – Beispiel von Rechtsfortbildung durch Rechtsprechung und Rechtswissenschaft dar. Rechtsfortbildung deswegen, weil sich die Vertreter dieser Lehre darüber einig sind, dass seine rechtliche Behandlung im Gesetz selbst kaum bis überhaupt nicht geregelt wird.[9] Die Anfänge dieser Lehre reichen sogar noch bis vor das Inkrafttreten des BGB zurück.[10] Besonders bemerkenswert ist dabei die Tatsache, dass die Entwicklung dieser Lehre sich weitestgehend ohne Auseinandersetzung mit dem Prinzip des *numerus clausus* und der damit einhergehenden Methodik der Vermögenszuordnung, somit fast schon beiläufig, vollzogen hat.

Diese Untersuchung entsteht aus der Erkenntnis, dass sich die Lehre vom Anwartschaftsrecht nicht aus einer dogmatischen Überlegung oder einer systematischen Konsequenz heraus gebildet hat, sondern dass man mit ihr versucht, den Erfordernissen des gewerblichen Wirtschaftsverkehrs gerecht zu werden. Somit wurde diese Lehre letztlich aus rechtspolitischen Überlegungen heraus entwickelt.

Der Kauf von Mobiliar unter Eigentumsvorbehalt und die daraufhin erfolgende bedingte Übereignung der Kaufsache ist die wohl „klassischste" Fallkonstellation, in der Rechtsprechung und herrschende Lehre von der Existenz eines

---

8 *Baur/Stürner* bemerken in ihrem Lehrbuch des Sachenrechts auf S. 843: „Kaum ein Problem des bürgerlichen Rechts ist so eingehend diskutiert worden wie dieses. Literatur und Rechtsprechung sind kaum mehr zu überblicken"; *Haas/Beiner*, JA 1998, S. 23 ff. (S. 23) bezeichnen das Anwartschaftsrecht als eine der „meisterörterten und umstrittensten Rechtsfiguren des Sachenrechts".

9 *Blomeyer*, AcP 162 (1963), S. 193 ff. (S. 195); *Raiser*, Dingliche Anwartschaften, S. 19 ff.

10 Den Begriff des „Anwartschaftsrechts" hat wohl Zitelmann bereits im Jahre 1898 geprägt, vgl. unten S. 21 f. Nur wenig später bezeichnen *Crome* (System des deutschen bürgerlichen Rechts, 1. Band, 6. Aufl., 1900, S. 441 ff.), *Endemann* (Lehrbuch des Bürgerlichen Rechts, 1. Band, 7. Aufl., 1900, S. 328) und *Enneccerus* (Das Bürgerliche Recht, 1. Band, 1901, S. 259 ff.) die Anwartschaft des bedingt Berechtigten als Vorstufe des (später) entstandenen Rechts, als einen festen Rechtszustand, der sich auf die Erben des bedingt Berechtigen übertrage und von ihm auch unter Lebenden regelmäßig wie ein anderes Recht übertragen werden könne. Hierzu ausführlich unten S. 24 ff.

Anwartschaftsrechts ausgehen.[11] Die vorliegende Untersuchung nimmt eine dogmatische Analyse der Lehre vom Anwartschaftsrecht anhand der Konstellation des Eigentumsvorbehaltskaufs vor. Es wird untersucht, inwieweit – oder inwieweit nicht - sich diese Lehre in die grundlegende Dogmatik des Bürgerlichen Gesetzbuchs einfügt. Dabei wird sich zeigen, dass die Rechtsfigur des Anwartschaftsrechts elementaren Grundstrukturen unseres Zivilrechtssystems widerspricht.

Zu diesem Zweck muss sich die Untersuchung zunächst mit den dogmatischen Grundsätzen des Rechtsgeschäfts als solchem, insbesondere der rechtsgeschäftlichen[12] Verfügung beschäftigen. Gleichermaßen hat eine systematische Darstellung der zivilrechtlichen Vermögenszuordnung durch das BGB zu erfolgen.

Anschließend wird ein Blick auf die einzelnen Problemfelder im Zusammenhang mit der Lehre vom Anwartschaftsrecht geworfen. Dabei wird dargestellt, dass diese Lehre – selbst wenn man von der grundsätzlichen Existenz eines Anwartschaftsrechts als gegeben ausgehen will – zu dogmatisch widersprüchlichen Ergebnissen in den jeweiligen Fallkonstellationen gelangt. So folgert die herrschende Lehre aus einem bestehenden Anwartschaftsrecht in systemwidriger Weise ein gegenständliches Besitzrecht, sie widerspricht dem Rechtsscheinprinzip im Rahmen der analogen Anwendung der §§ 932 ff. BGB, ebenso widerspricht sie der Systematik des § 161 III BGB beim Schutz des Vorbehaltskäufers vor kollidierenden Zwischenverfügungen, und sie kommt zu widersprüchlichen Ergebnissen im Rahmen der Vollstreckung in das Anwartschaftsrecht.

Schließlich soll versucht werden, eine alternative rechtliche Behandlung der Rechtsposition eines Vorbehaltskäufers zu entwickeln, die mit der Systematik

---

11 Daneben geht die h. M. weiterhin von der Existenz eines Anwartschaftsrechts bei der Eigentumsübertragung an einem Grundstück aus, wenn die Auflassung bereits erfolgt ist und der Erwerber den Eintragungsantrag bei Grundbuchamt gestellt hat bzw. wenn die Auflassung erfolgt ist und die Eigentumsverschaffungsanspruch durch Vormerkung gesichert ist, vgl. BGH Z 49, S. 197 ff. (S. 201 f.); 83, S. 395 ff. (S. 399); 89, S. 41 ff. (S. 44 f.); *Wolf*, Sachenrecht, S. 253 ff.; *Prütting*, Sachenrecht, S. 145 ff. Auch dem Nacherben soll ein Anwartschaftsrecht an der Erbmasse zustehen, vgl. *Soergel-Harder/Wegmann*, § 2100 Rn. 13 ff.; *Münch. Komm.-Grunsky*, BGB, § 2100 Rn. 34 ff., jeweils m.w.N. Dies alles soll aber, um den Umfang der Arbeit nicht übermäßig auszudehnen, nicht Gegenstand der Untersuchung sein.

12 Wie noch gezeigt wird, ist der Begriff der Verfügung – entgegen der hierfür gängigen Definition – keineswegs notwendig auf Rechtsgeschäfte beschränkt. Vielmehr handelt es sich um einen Oberbegriff, der sowohl rechtsgeschäftliche Verfügungen, als auch Zwangsverfügungen umfasst. Dazu ausführlich unten S. 126 ff.

des Zivilrechts konform ist und den Erfordernissen des gewerblichen Wirtschaftsverkehrs ebenso genügen kann.

Bei der Entwicklung der Lehre vom Anwartschaftsrecht wird auch von denjenigen Autoren, die diese maßgeblich vorangetrieben haben, nicht geleugnet, dass es sich hierbei um eine Rechtsfortbildung handelt, durch die ein weiteres Recht im - an sich abgeschlossenen - System des sog. „*numerus clausus* der Sachenrechte“[13] kreiert wird. Dabei soll aber gezeigt werden, dass diese Rechtsfortbildung nicht erforderlich ist, weil es gelingen kann, die entsprechende Rechtsposition des Vorbehaltskäufers auch mit den durch das BGB zur Verfügung gestellten Instrumentarien darzustellen und zu behandeln. Dies führt letztlich zu der Konsequenz, dass dieser Rechtsfortbildung hierdurch die Legitimation entzogen ist. Darüber hinaus führt - wie ebenfalls dargestellt wird - eine dem Gesetz entsprechende Alternative zum Anwartschaftsrecht auch zu einer einfacheren und klareren rechtlichen Behandlung der einzelnen Problemfelder, die mit dieser Rechtsposition des Vorbehaltskäufers verbunden sind.

---

13 Dieser Begriff wird unten, S. 59 f. erläutert und präzisiert.

Teil 1: Dogmatische Auseinandersetzung mit der Lehre vom Anwartschaftsrecht

A. Die herrschende Lehre vom Anwartschaftsrecht

Der Vollständigkeit halber und als Ausgangspunkt für die nachfolgenden Überlegungen sollen im Folgenden kurz die wesentlichen Grundaussagen der Lehre vom Anwartschaftsrecht skizziert werden.

I. Wesen des Anwartschaftsrechts

Wird Mobiliar verkauft, so vereinbaren die Parteien vor allem im gewerblichen Bereich sehr häufig, dass das Eigentum bis zur vollständigen Zahlung des Kaufpreises beim Verkäufer verbleiben soll, §§ 433, 449[14] BGB, um den Kaufpreisanspruch des Verkäufers, § 433 II BGB zu sichern. Die Kaufsache wird in der Regel sofort dem Käufer übergeben, da er sie nach dem Parteiwillen bereits jetzt nutzen können soll, die dingliche Einigung im Rahmen des § 929 S.1 BGB erfolgt jedoch unter der aufschiebenden Bedingung, § 158 I BGB, der vollständigen Kaufpreiszahlung. Dieser Vorgang wird allgemein als Eigentumsvorbehaltskauf bezeichnet, aufgrund dessen die Kaufsache nur aufschiebend bedingt übertragen wird.

Der Eigentumsvorbehaltskäufer, dem die Sache bereits übergeben wurde, befindet sich nun in einer Lage, in der er den Eigentumsübergang vom Vorbehaltsverkäufer auf sich selbst einseitig (eben durch vollständige Zahlung) herbeiführen kann, er benötigt dazu keine Mitwirkung des Vorbehaltsverkäufers mehr. Eine Verfügung des Vorbehaltsverkäufers, die in der Zwischenzeit bis zum Bedingungseintritt über die Sache erfolgt, wird - im Falle des Bedingungseintritts - insoweit unwirksam, als sie den Eigentumsübergang vereiteln oder beeinträchtigen würde, § 161 I BGB. Selbst ein gutgläubiger Erwerb gemäß § 161 III

14 § 449 BGB soll eigentlich die Rechte und Pflichten der Kaufparteien zueinander entsprechend der Besonderheit des Kaufs unter Eigentumsvorbehalt modifizieren. Jedoch ordnet § 449 I BGB an, dass im Zweifel „das Eigentum unter der aufschiebenden Bedingung vollständiger Zahlung des Kaufpreises übertragen wird". Die Übertragung des Eigentums aber geschieht durch die rechtsgeschäftliche Verfügung, die erst aufgrund des Vorbehaltskaufs getroffen wird. § 449 I BGB enthält somit eine Auslegungsregel für das Verfügungsgeschäft, seine Stellung bei den Vorschriften über den Kaufvertrag ist demnach systemwidrig. Vielmehr müsste die Norm in systematischer Hinsicht bei den Vorschriften über die Eigentumsübertragung, §§ 929 ff. BGB, stehen.

BGB, der die Wirkung des § 161 I BGB in entsprechender Anwendung der Gutglaubensvorschriften überwinden könnte, ist in dieser Konstellation nicht möglich, sondern scheitert nach herrschender Literaturansicht an der (entsprechenden oder direkten) Anwendung des § 936 III BGB.[15]

Aufgrund der starken Position des Vorbehaltskäufers in dieser Konstellation, in der er seinen endgültigen Eigentumserwerb eigenständig herbeiführen kann, geht die h. M. in Rechtsprechung und Literatur davon aus, der Eigentumsvorbehaltskäufer habe bereits durch die aufschiebend bedingte Vollrechtsübertragung ein sog. „Anwartschaftsrecht“ an der Sache erworben.[16] Allgemein liegt auf Seiten des künftigen Vollrechtserwerbers nach dieser h. M. ein solches Anwartschaftsrecht vor, wenn *„von dem mehraktigen Entstehungstatbestand eines Rechts schon so viele Erfordernisse erfüllt sind, dass von einer gesicherten Rechtsposition des Erwerbers gesprochen werden kann, die der Veräußerer nicht mehr durch eine einseitige Erklärung – oder, wie hinzuzufügen ist, durch das Unterlassen einer Erklärung – zu zerstören vermag“*[17].

Es handelt sich nach dieser Lehre bei dem Anwartschaftsrecht nicht lediglich um eine Umschreibung oder Etikettierung der Rechtsposition des Vorbehaltskäufers. Darüber hinaus wird der Schluss gezogen, es handele sich bereits um ein selbstständiges Recht, welches vom Eigentum an der Sache verschieden sei und eigenständig Gegenstand einer Verfügung sein könne.[18] Folgerichtig wird versucht, eben dieses selbstständige Recht zu qualifizieren, sein Wesen zu definieren: *„Das Anwartschaftsrecht ist nämlich eine bloße Vorstufe des Eigentums, es ist im Vergleich zum Eigentum kein aliud, sondern ein wesensgleiches minus.“*[19]; *„Dieses Anwartschaftsrecht des Vorbehaltskäufers ist aber ein sehr starkes Recht und eine Vorstufe des Vorbehaltseigentums.“*[20]; *“Dieses Anwartschaftsrecht ist zwar kein Sachenrecht und kein gegen jedermann wirkendes*

15 *Staudinger-Beckmann*, § 449 Rn. 64; *Soergel-Henssler*, § 936 Rn. 4; *Münch. Komm.-Oechsler*, BGB, § 936 Rn. 3; *Döring*, NJW 1996, S. 1443 ff.; *Wiegand*, JuS 1974, S. 201 ff. (210 f.); *Brox*, JuS 1984, S. 657 ff. (658 f.); *Zeranski*, AcP 2003, S. 693 ff. (S. 698); *Tiedtke*, Gutgläubiger Erwerb, 1985, S. 44; *Bülow*, Recht der Kreditsicherheiten, S. 245 f. Dazu ausführlich unten S. 99 f.

16 Eine ausführliche Auflistung von Rechtsprechung und (äußerst umfangreicher) Literatur zum Anwartschaftsrecht sowie eine Darstellung dieser Rechtsfigur mit den entsprechenden Problemfeldern findet sich bei *Staudinger-Beckmann*, § 449 Rn. 60 ff.

17 BGH NJW 1955, S. 544; *Westermann*, Sachenrecht, Bd. I, S. 43; diese Definition hat die ganz überwiegende Literatur übernommen und die Existenz eines solchen Anwartschaftsrechts unter diesen Gegebenheiten bejaht.

18 Eine übersichtliche Darstellung zur dogmatischen Einordnung dieses (nach dieser Lehre) eigenständigen Vermögensgegenstands findet sich bei *Lux*, Jura 2004, S. 145 ff.

19 BGHZ 28, S. 16 ff. (21) in Anlehnung an *Staudinger-Berg*, 11. Aufl. 1956, § 929 Rn. 28c.

20 BGH Z 30, S. 374 ff. (377).

dingliches Recht an fremder Sache, jedoch kommt es nach Wirkung und Bedeutung einem echten beschränkten dinglichen Recht nahe, es ist gewissermaßen die Vorstufe des Eigentums."[21]; *"Das Anwartschaftsrecht aus bedingter Übereignung ... verschafft bereits eine unmittelbare Beziehung zur Sache und hat damit dinglichen Charakter...*[22]"; *„Diese Vorstufe des Vollrechtes ist der nasciturus unter den Gegenständen des Rechtsverkehrs*[23]".

Nach dieser Klassifizierung als in der Entstehung befindliches Volleigentum, das jedoch bereits verselbstständigt ist, entsteht es auf Seiten des Vorbehaltskäufers mit der aufschiebend bedingten Übereignung aufgrund des Eigentumsvorbehaltskaufs. Es wächst dann – bildhaft gesprochen – immer mehr heran, je näher der Bedingungseintritt, § 158 I BGB rückt (mit jeder Ratenzahlung, die ja beim Eigentumsvorbehaltskauf in der Regel vereinbart wird, rückt die Bedingung, die vollständige Erfüllung der Kaufpreisforderung, näher), bis es schließlich mit endgültigem Bedingungseintritt automatisch zum Vollrecht „erstarkt" und als Konsequenz auf Veräußererseite kein „Eigentumsrest" mehr verbleibt. Dementsprechend ist das Anwartschaftsrecht in seinem Bestand abhängig von der Existenz der Kaufpreisforderung aus dem Eigentumsvorbehaltskauf.[24]

II. Rechtliche Behandlung des Anwartschaftsrechts

Als Konsequenz dieser Verselbstständigung der Rechtsposition des Eigentumsvorbehaltskäufers wird das Anwartschaftsrecht als eigenständig veräußerbares und pfändbares Verfügungsobjekt behandelt. Entsprechend seinem eigentumsähnlichem Wesen erfolge danach eine Übertragung nicht etwa gem. § 413 BGB, sondern entsprechend den Regeln für Mobiliarübereignung, §§ 929 ff. BGB analog.[25] Der „Inhaber des Anwartschaftsrechts" (oder jeder weitere „Rechtsinhaber") verfüge dabei als Berechtigter, es handele sich gerade nicht um eine Verfügung über das (künftige) Eigentum, sondern über das (bereits bestehende) Anwartschaftsrecht. Dementsprechend erfolge die rechtsgeschäftliche Verpfändung nach den Regeln der §§ 1205 ff. BGB, die Erstreckung von gesetzlichen Pfandrechten auf das Anwartschaftsrecht (Vermieterpfandrecht § 652 BGB, Werkunternehmerpfandrecht § 647 BGB, Erstreckung des Haftungsverbandes von Grundpfandrechten auf Mobiliar §§ 1120 ff. BGB) beurteile sich ebenso wie

21 BGH Z 34, S. 122 ff. (124 f.).
22 *Bauknecht*, NJW 1955, S. 1251 m.w.N. zur Literatur.
23 *Serick*, Eigentumsvorbehalt und Sicherungsübereignung, Bd. I, S. 245.
24 Vgl. statt vieler nur *Wolf*, Sachenrecht, S. 159.
25 Vgl. statt vieler nur *Staudinger-Beckmann*, § 449 Rn. 49 ff.

beim Volleigentum.[26] Das so entstandene Pfandrecht am Anwartschaftsrecht wandle sich bei Bedingungseintritt – entsprechend dem oben Dargestellten – in ein Pfandrecht an der Sache selbst.[27]

Dem gegenüber erfolgt die Pfändung des Anwartschaftsrechts im Rahmen der Zwangsvollstreckung nach h. M. bemerkenswerter Weise nicht (ausschließlich) nach den für Mobiliar maßgeblichen §§ 808 ff. ZPO, vielmehr sei sowohl eine Sach- als auch eine Rechtspfändung gem. §§ 857, 829 ZPO erforderlich, da die zunächst in Betracht kommende reine *Rechts*pfändung nicht ausreiche. Denn das Pfändungspfandrecht am Anwartschaftsrecht gehe bei Bedingungseintritt unter und wandle sich gerade nicht zum Pfändungspfandrecht an der Sache selbst, daher sei hierbei eine zusätzliche Sachpfändung erforderlich.[28]

Weiterhin werden aufgrund dieses verselbstständigten und zumindest einem dinglichen Recht sehr ähnlichen Charakters des Anwartschaftsrechts nach zwar umstrittenen, aber doch jeweils zahlreichen Literaturmeinungen ein Besitzrecht, § 986 BGB, ein Herausgabeanspruch nach § 985 BGB analog, ein die Veräußerung hinderndes Recht i.S.d. § 771 ZPO, ein Schadensersatzanspruch als sonstiges Recht nach § 823 I BGB und ein Unterlassungsanspruch nach § 1004 BGB analog abgeleitet.[29]

---

26 Vgl. statt vieler nur *Staudinger-Beckmann*, § 449 Rn. 80 f.

27 BGH Z 35, S. 85 ff.; BGH NJW 1965, S. 1475 f.

28 „Theorie der Doppelpfändung“ vgl. statt vieler nur *Stein/Jonas-Brehm*, ZPO § 857 Rn. 85 ff. Dazu ausführlich unten S. 104 ff.

29 Zum Meinungsstand für die einzelnen Problemfelder vgl. jeweils *Münch. Komm.-Westermann*, BGB, § 449 Rn. 46 ff.

B. Historische Entwicklung der Lehre vom Anwartschaftsrecht

Für das weitere Verständnis ist darzulegen, wie sich diese Lehre entwickelt und sogar zur h. M. in Rechtsprechung und Literatur durchgesetzt hat. Dabei soll das Hauptaugenmerk aber nicht auf der Frage liegen, wann genau – nach Meinung des jeweiligen Autors oder Spruchkörpers - vom Vorliegen eines Anwartschaftsrechts auszugehen ist, welche Voraussetzungen also gegeben sein müssen, um von einem Anwartschaftsrecht sprechen zu können (im Gegensatz zu einer bloßen Möglichkeit, Hoffnung, Chance etc. auf den Erwerb des Vollrechts). Die genaue Abgrenzung wird gerade in der Literatur zu Beginn des 20. Jahrhunderts sehr unterschiedlich vorgenommen.[30] Mittlerweile wird aber von dem Vorliegen eines Anwartschaftsrechts in Rechtsprechung und Literatur nicht mehr aufgrund einer abstrakten Definition und der Erfüllung deren abstrakter Kriterien ausgegangen. Vielmehr wird diese Rechtsfigur für einige bestimmte, in der Wirtschaftspraxis häufig vorkommende Fälle schlicht anerkannt.[31]

Die dogmatische Auseinandersetzung mit dieser Rechtsfigur und ihre daraus folgende Verwerfung basiert aber nicht auf einer Ablehnung der ein „Anwartschaftsrecht" begründenden Tatbestandsmerkmale, sondern auf der Verselbstständigung dieser Rechtsposition zu einem eigenständigen Verfügungs- und Verwertungsobjekt, mithin auf der von der h. M. vorgenommenen „Vergegenständlichung".[32] Daher soll bei der nun folgenden historischen Darstellung vor allem die Entwicklung dieser Rechtsposition zu einem selbstständigen Gegenstand dargelegt werden.

I. Das Gesetz

Das BGB kennt den Begriff „Anwartschaftsrecht" nicht.[33]

---

30 Nur einigen Beispiele: *v. Tuhr*, Der Allgemeine Teil des Deutschen Bürgerlichen Rechts, 1. Band, S. 180: „Je mehr Tatsachen eingetreten sind und je weniger noch ausstehen, umso mehr nähert sich die Vorstufe der vollen Existenz des Rechts"; *Würdinger*, Die privatrechtliche Anwartschaft als Rechtsbegriff, S. 68: „Ein Anwartschaft ist gegeben, wenn der Anwärter mindestens ein Element des besonderen Tatbestands der rechtsgewährenden Norm erfüllt hat".

31 *Mühlbert*, Das inexistente Anwartschaftsrecht und seine Alternativen, AcP 2002, S. 912 ff. (S. 913 f.).

32 zu diesem Begriff ausführlich unten S. 56 ff.

33 In den Regelungen über den Versorgungsausgleich §§ 1587 ff. BGB a.F. (nunmehr §§ 1 ff. VersAusglG) taucht mehrfach der Begriff der „Anwartschaft" oder „Rentenanwart-

In den Protokollen der 2. Kommission zum Entwurf des BGB taucht erstmals der Begriff der „Anwartschaft" auf. Bei der Beratung des im 1. Entwurf zum BGB vorgesehenen § 132 wird die Rechtsposition, die einem bedingt Berechtigten während der Schwebezeit zukommt, als „Anwartschaft" bezeichnet.[34] Dieser § 132 des 1. Entwurfes zum BGB ordnete an: *„Das bedingte Recht und die bedingte Verpflichtung sind nach den für das unbedingte Recht und die unbedingte Verpflichtung geltenden Vorschriften vererblich."*. In den Motiven der 1. Kommission zum Entwurf des BGB findet sich darüber hinaus noch die Aussage, das bedingte Recht und die bedingte Verpflichtung könnten auch Gegenstand von Rechtsgeschäften sein. Das bedingte Recht sei übertragbar, soweit das unbedingte Recht übertragbar ist.[35] Jedoch stellte im 1. Entwurf zum BGB § 132 die einzige Norm dar, die tatsächlich eine Regelung hinsichtlich der Sukzession in die Rechtsposition eines „bedingten Rechts" oder einer „bedingten Verpflichtung" enthielt.

Die 2. Kommission entschied sich zur ersatzlosen Streichung von § 132 des 1. Entwurfes zum BGB. Zwar wurde festgestellt, dass die Rechtsposition des bedingt Berechtigten während der Schwebezeit grundsätzlich einen Vermögenswert bilde, welcher auch auf die Erben übergehe. Man nahm jedoch von einer ausdrücklichen Regelung Abstand, *„weil sonst das Gleiche hinsichtlich der Veräußerlichkeit, der Uebertragbarkeit unter Lebenden, der Pfändbarkeit usw. geschehen müßte"*[36]. Man hat sich somit dafür entschieden, diese als „Anwartschaft" bezeichnete Rechtsposition nicht eigens legislativ auszugestalten. Damit verblieb es letztlich bei den übrigen Normen über das bedingte Rechtsgeschäft, aus denen sich die Rechtsposition des bedingt Berechtigten ergibt. Für die Vererbbarkeit war eine solche Bestimmung tatsächlich entbehrlich, da aufgrund der im Erbrecht angeordneten Universalsukzession die Erben vollumfänglich die Rechtsposition des Erblassers übernehmen, sie erben sämtliche Rechte und Pflichten und treten somit auch in jene Rechtsposition des Erblassers ein, aufgrund der dieser bei Bedingungseintritt Rechtsinhaber wird.

---

schaft" auf. Dies steht jedoch in keinerlei Zusammenhang mit dem hier behandelten Themenkomplex.

34 *Mugdan*, Die gesamten Materialien zum BGB für das deutsche Reich, Band I, S. 763

35 *Mugdan*, Die gesamten Materialien zum BGB für das deutsche Reich, Band I, S. 494

36 *Mugdan*, Die gesamten Materialien zum BGB für das deutsche Reich, Band I, S. 763

II. Die Literatur

1. Zitelmann

Den Begriff des „Anwartschaftsrechts“ hat wohl *Zitelmann* geprägt. In seinem Lehrbuch „Internationales Privatrecht, Band II“ von 1898[37] behandelt er abstrakt und ohne Bezugnahme auf eine bestimmte nationale Rechtsordnung die Arten der subjektiven Rechte. Dabei führt er auch die „Anwartschaftsrechte“ als eine dieser Arten auf.[38] Ein Anwartschaftsrecht liegt nach seiner Klassifizierung dann vor, wenn ein Tatbestand, durch dessen Vollendung einer Person ein subjektives Recht erwachsen würde, bereits zum Teil verwirklicht ist und der noch ausstehende Teil von einer oder mehreren Tatsachen abhängig ist, auf die der (bisher) Berechtigte keinen Einfluss hat. Ein solches Anwartschaftsrecht könne aber nur dann angenommen werden, wenn die Erwerbsaussicht ein gewisses Maß an Sicherheit erreicht hat und die zum Erwerb führende Tatbestandsvollendung eine gewisse zeitliche Nähe aufweist. Eine Konkretisierung, wann genau dieses Maß an Sicherheit und Nähe des Rechtserwerbs gegeben sei, nimmt *Zitelmann* aber nicht vor.

Zitelmann definiert ein subjektives Recht als rechtlich anerkanntes oder geschütztes Interesse, somit als rechtliche Macht. Die tatsächliche „Ausnützung“ hänge vom Willen des Berechtigten ab, der Rechtsmacht des Einzelnen korrespondiere ein Störungsverbot für alle anderen. Somit sei mit einem subjektiven Recht mittelbar auch immer die Macht über die übrigen Teilnehmer des Rechtsverkehrs insoweit verbunden, als diese eben vom Handlungsinhalt des subjektiven Rechts ausgeschlossen werden könnten.[39] Diese Definition des subjektiven Rechts entspricht der in dieser Arbeit gegebenen Begriffsbestimmung.[40]

Zitelmann unterscheidet jedoch zwischen subjektiven Rechten ursprünglicher Art und solchen Rechtstypen, die das Dasein ursprünglicher subjektiver Rechte voraussetzen und sich von diesen ableiten.[41] Das Anwartschaftsrecht zählt er dabei zu den abgeleiteten Rechten als ein Recht des „rechtlichen Könnens“. Er rechtfertigt die Aufzählung des Anwartschaftsrechts in seinem Katalog der subjektiven Rechte damit, dass durch diese oben beschriebene Erwerbsaussicht das rechtliche Dürfen wie das rechtliche Können Anderer, die an der Verei-

---

37 Der gesamte Band II erschien zwar erst 1912, jedoch hat *Zitelmann* dessen 1. Hälfte bereits 1898 fertig gestellt. Die hier maßgeblichen Ausführungen stammen aus dem Jahre 1898.

38 *Zitelmann*, Internationales Privatrecht, Band II, 1. Hälfte (1898), S. 50 ff.

39 *Zitelmann*, Internationales Privatrecht, Band I, S. 52 ff..

40 zum Begriff des subjektiven Rechts unten S. 54 ff.

41 *Zitelmann*, Internationales Privatrecht, Band II, 1. Hälfte (1898), S. 20 f.

telung des Erwerbs Interesse haben, beschränkt sei, und weiterhin der künftige Erwerber durch einen Willensakt seine Aussicht und damit die Gebundenheit Anderer wieder beseitigen könne.[42] *Zitelmann* bezeichnet dies also lediglich deshalb als subjektives Recht, weil mit der gesicherten Erwerbsaussicht des künftigen Erwerbers die Rechtsmacht Dritter, anderweitig auf das Recht Einfluss zu nehmen, eingeschränkt ist. Er definiert dieses Recht also rein negativ als die Möglichkeit, die Rechtsstellung Dritter beeinträchtigen zu können. Konsequent gesteht er zu, dass sich insofern das Anwartschaftsrecht seinem Wesen nach von den übrigen Rechten unterscheidet.[43]

Eine (positive) Verselbstständigung dieser von ihm beschriebenen Rechtsposition im Sinne eines eigenständigen Gegenstandes nimmt *Zitelmann* aber nicht vor.

2. Lehrbuchliteratur nach Zitelmann

Dieser durch *Zitelmann* geprägte Begriff des Anwartschaftsrechts wird in der Folge von einigen Literaten übernommen, wobei die Rechtsstellung des Anwartschaftsberechtigten – zum Teil ohne tiefgehende Auseinandersetzung mit ihren dogmatischen Grundlagen und den sich daraus ergebenden Konsequenzen – über das von *Zitelmann* beschriebene Maß verselbstständigt wird.

So beschreibt bereits im Jahre 1900 *Crome* [44] die Anwartschaft des bedingt Berechtigten als Vorstufe des (später) entstandenen Rechts, als einen festen Rechtszustand, der sich auf die Erben des bedingt Berechtigen übertrage[45] und von ihm auch unter Lebenden regelmäßig wie ein anderes Recht übertragen werden könne, wobei lediglich in einer Fußnote erwähnt wird, dass die Übertragung unter Lebenden nach §§ 398, 413 BGB erfolge und nur insoweit möglich sei, als auch das definitive Recht übertragbar ist. [46]

Ob diese Anwartschaft allerdings auf die Erben übergeht, weil aufgrund der Universalsukzession §§ 1922, 1967 BGB der Erbe ganz allgemein in sämtliche Rechte und Pflichten aus dem bedingten Rechtsgeschäft eintritt und deshalb ihm eben die gleiche Rechtsstellung (Anwartschaft) zukommt wie zuvor dem Erblasser (was das Anwartschaftsrecht nicht zu einem eigenen Nachlassgegenstand verselbstständigen würde), oder der Erbe das Anwartschaftsrecht als gegenständliches Recht erbt, wie er jeden (Nachlass-)Gegenstand erbt (was eine Ver-

---

42 *Zitelmann*, Internationales Privatrecht, Band II, 1. Hälfte (1898), S. 52.

43 *Zitelmann*, Internationales Privatrecht, Band II, 1. Hälfte (1898), S. 52.

44 *Crome*, System des deutschen bürgerlichen Rechts, 1. Band, S. 445.

45 Eine Vererblichkeit des „bedingten Rechts“ nimmt zur selben Zeit (1900) auch *Endemann*, Lehrbuch des Bürgerlichen Rechts, 1. Band, 7. Aufl., S. 328, an.

46 *Crome*, System des deutschen bürgerlichen Rechts, 1. Band, S. 441.

selbstständigung wäre), behandelt *Crome* nicht. Ebenso wenig wird ausgeführt, welche rechtlichen Konsequenzen eine Übertragung des Anwartschaftsrechts durch den bedingt Berechtigten auf einen Dritten hätte, etwa auf welche Weise sich dann bei Bedingungseintritt ein Rechtserwerb des Dritten vollziehen würde und welche Rechtswirkungen das bedingte Rechtsgeschäft zwischen den ursprünglichen Parteien dann noch hätte.

Im Jahre 1901 bezeichnet auch *Enneccerus* die Rechtsstellung des bedingt Berechtigten als „gesicherte Aussicht", die vererblich und veräußerlich sei, sofern es sich (bei dem unbedingten Recht) um ein vererbliches und veräußerliches Recht handle, wobei im Unterschied zu *Crome* für die Veräußerung dieser Aussicht dieselben Geschäfte und Rechtsformen zur Anwendung kommen sollen, wie für die entsprechenden unbedingten Rechte.[47] *Enneccerus* geht dann – in einer Fußnote – darauf ein, dass es einer ausdrücklichen Hervorhebung der Veräußerlichkeit des bedingten Rechtes im Gesetz nicht bedurfte, da es ja etwa nicht zu bezweifeln sei, dass derjenige, dem das Eigentum bedingt übergeben ist, es (etwa unter der gleichen Bedingung) weiter übertragen könne.[48] Es muss bezweifelt werden, dass *Enneccerus* damit auf die Konvaleszenznorm des § 185 II BGB abzielt,[49] diese wird jedenfalls in diesem Zusammenhang nicht erwähnt. Ebenso unterbleibt eine genaue Darstellung der sich hieraus ergebenden Rechtswirkungen vor und bei Bedingungseintritt.

Darüber hinaus ordnet er diese „Aussicht" in die Gruppe der nach § 823 I BGB geschützten absoluten Rechte ein: Wird der Gegenstand[50], auf den sich die Aussicht bezieht, schuldhaft beschädigt oder vernichtet und dadurch die Aussicht geschädigt oder vereitelt, so soll ein Schadensersatzanspruch nicht nur – wie gesetzlich in § 160 BGB vorgesehen – bei einer Beschädigung durch den Vertragspartner gegen diesen bestehen. Darüber hinaus soll auch gegen einen dritten Schädiger, zu dem keine vertraglichen Beziehungen existieren, ein solcher Schadensersatzanspruch gegeben sein.

Allerdings wird bei dieser Einordnung als durch § 823 I BGB geschütztes Recht erstmals angedeutet, dass sich dies nicht aus der gesetzlichen Normierung ergibt, sondern dies ein Ausdruck von Gerechtigkeitserwägungen *praeter legem*

---

47 *Enneccerus/Lehmann*, Das Bürgerliche Recht, 1. Band, S. 259. Eine Auseinandersetzung mit der Ansicht *Cromes* unterbleibt.

48 *Enneccerus/Lehmann*, Das Bürgerliche Recht, 1. Band, S. 260 (Fn. 1). *Enneccerus* begründet seine Ansicht insgesamt damit, „die Aussicht des bedingt Berechtigten wird in allen erkennbaren Beziehungen wie ein Recht behandelt und ist deshalb auch als Recht anzusehen."

49 hierzu ausführlich unten S. 69 ff. und 124 ff.

50 *Enneccerus* (S. 260) verwendet den Begriff des „Gegenstandes", meint aber wohl „Sache", vgl. die Ausführungen unten S. 56 ff.

ist: *„Nähmen wir das* (gemeint ist der deliktsrechtliche Schutz dieser „Aussicht“) *nicht an, so würden wir uns mit der gesammten sonstigen Behandlung des bedingten Rechtes in Widerspruch setzen.“*[51]

Etwas deutlicher wird *Dernburg* im Jahre 1902, der ebenfalls ohne vertiefte dogmatische Herleitung von der Veräußerlichkeit, Vererblichkeit und dem Schutz des § 823 I BGB ausgeht: *„Wollte man dies nicht annehmen, so würde man grober Rechtsverletzung im Widerspruch mit den Zwecken des Rechtes Thür und Thor öffnen.“*[52] Dieser (knappen) Darstellungen der Rechtsstellung des aufschiebend bedingt Berechtigten schließen sich in der Folgezeit einige Autoren an und gehen ebenfalls von einer Vererblichkeit, Veräußerlichkeit und dem Schutz durch § 823 I BGB aus.[53]

Strohal geht im Jahre 1905 noch etwas ausführlicher auf die Anwartschaft ein, die er als Rechtsstellung bezeichnet, aus der bei Bedingungseintritt von selbst das erwartete Recht erwächst. Der Erwerb dieser Anwartschaft müsse sich dabei auch von einem Nichtberechtigten nach Rechtsscheingrundsätzen zugunsten eines gutgläubigen Erwerbers vollziehen können.[54]

In *v. Tuhrs* Lehrbuch *Der Allgemeine Teil des Deutschen Bürgerlichen Rechts* aus dem Jahre 1910 ist der „Anwartschaft“ ein 15-seitiges Kapitel gewidmet.[55] Danach soll es sich bei einer solchen Anwartschaft um eine Vorstufe der vollen Existenz eines Rechts handeln. Da für den Erwerb eines Rechts meist der Eintritt mehrerer Tatsachen erforderlich ist, nähere sich diese Vorstufe der vollen Existenz umso mehr an, je mehr dieser Tatsachen bereits eingetreten seien. Eine Anwartschaft sei „besonders“ dann gegeben, wenn nur noch eine Entstehungstatsache ausstehe. Dabei zielt *v. Tuhr* – genau wie die übrigen oben erwähnten Autoren vor ihm - nicht konkret auf die Konstellation des Eigentumsvorbehaltskaufs bzw. der bedingten Übereignung ab, vielmehr soll eine solche Anwartschaft prinzipiell bei Rechten jeglicher Art denkbar sein. Ab einem „gewissem Grad“ der Sicherheit des künftigen Erwerbs könne die Anwartschaft dann als sog. Warterecht bezeichnet werden, was dann wiederum den subjektiven Rechten zuzurechnen sei. Bei „überwiegender Unsicherheit“ der Erwerbsaussicht dagegen verliere die Anwartschaft ihren rechtlichen Charakter. Solche Anwartschaften, die aus bedingten oder befristeten Rechtsgeschäften resultierten, seien vererblich, übertragbar und Teil des Vermögens des Anwärters,

---

51 *Enneccerus/Lehmann*, Das Bürgerliche Recht, 1. Band, S. 260.

52 *Dernburg*, Das bürgerliche Rechts des deutschen Reichs und Preußens, 1. Band, S. 457.

53 *Biermann*, Bürgerliches Recht, 1. Band, S. 296 ff.; *v. Tuhr*, Der Allgemeine Teil des Deutschen Bürgerlichen Rechts, 1. Band, S. 180 ff. u. S. 224 f..

54 *Strohal*, Grenzen der Urteilsrechtskraft bei betagter und bedingter Berechtigung, in Leipziger Festgabe für Degenkolb, S. 153 ff.

55 *v. Tuhr*, Der Allgemeine Teil des Deutschen Bürgerlichen Rechts, 1. Band, S. 180 ff..

damit auch seiner Konkursmasse. Allerdings räumt er dabei selbst ein, dass die Grenze zwischen diesem Warterecht und einer reinen tatsächlichen Erwartung nicht scharf gezogen werden könne.

Über die Beschreibung dieser als Warterecht bezeichneten Rechtsposition hinaus geht *v. Tuhr* – in einer Fußnote[56] - auch auf das Verhältnis zum Vollrecht ein: Das (Voll-)Recht des Vorberechtigten (gemeint ist der Noch-Rechtsinhaber, bei der bedingten Übereignung also der Eigentümer der Sache) sei resolutiv bedingt durch die Anwartschaft. Trotz dieser Schwäche bezeichne man dieses Recht während der Schwebe der Bedingung mit demselben Namen (Eigentum), wie wenn es dieser Anwartschaft nicht ausgesetzt wäre. Genauer müsse man aber von vorläufigem oder gebundenem Eigentum sprechen.[57] Ob und in welcher Weise diese Feststellung sich aber auf die Vermögenszuordnung des jeweiligen Vermögensobjektes (der jeweiligen bedingt übereigneten Sache) genau auswirkt, wird nicht näher erläutert.

Diese Darstellung *v. Tuhrs* wird als vorläufiger Abschluss dieser Lehre, die sich mit der rechtlichen Stellung des aufschiebend bedingt Berechtigten beschäftigt, bezeichnet.[58]

Bemerkenswert an all diesen Darstellungen – die stets das bedingte Rechtsgeschäft im Allgemeinen behandeln und nicht besonders auf die Konstellation des Eigentumsvorbehaltskaufs eingehen - erscheint, dass die Verselbstständigung der Rechtsposition des bedingt Berechtigten zu einem eigenständigen Gegenstand von diesen Autoren fast beiläufig vorgenommen wird. Die Übertragbarkeit wird meist in wenigen Sätzen konstatiert und fast schon als selbstverständlich angenommen. Eine genaue dogmatische Auseinandersetzung unterbleibt, auch die Problematik der veränderten Vermögenszuordnung durch die Anerkennung eines bedingten Rechts *neben* dem Vollrecht wird nicht angesprochen. Bei weitem am meisten Aufmerksamkeit wird der Frage gewidmet, ob denn die aus einem bedingten Rechtsgeschäft resultierende Rechtsstellung selbst ein (subjektives) Recht darstelle.[59] Übersehen wird freilich, dass diese Frage keinerlei Konsequenzen für die Behandlung als Verfügungsobjekt hat und daher in diesem Zusammenhang den Blick auf die eigentliche Problematik verstellt. Denn die eigentliche Fragestellung müsste vielmehr diejenige sein, ob es sich dabei um ein subjektives Recht *gegenständlicher Natur* handelt.[60] Wenn etwa

---

56 *v. Tuhr*, a.a.O., S. 181 (dort Fn. 3).

57 zum Ganzen *v. Tuhr*, a.a.O.

58 *Raiser*, Dingliche Anwartschaften, S. 3.

59 *v. Tuhr*, Der Allgemeine Teil des Deutschen Bürgerlichen Rechts, 1. Band, S. 181 ff.; *Crome*, System des deutschen bürgerlichen Rechts, 1. Band, S. 174 ff.; siehe auch Rn. 194

60 Vgl. unten, S. 56 ff.

Dernburg schreibt „*das bedingte Geschäft gewährt bereits von seinem Abschlusse an eine Erwerbsberechtigung, welche in allen Beziehungen wie ein Recht behandelt wird und deshalb auch als Recht anzusehen ist*“[61], so ist dieser Satz nicht weiterführend, weil die Behandlung eines Rechts sich eben danach orientiert, was es für eine Art von Recht ist.

Im Gegenzug findet sich aber auch bei den übrigen Autoren dieser Zeit[62], bei denen von einer Verselbstständigung dieser Rechtsposition nichts zu lesen ist, bemerkenswerter Weise keinerlei Auseinandersetzung mit den oben genannten Autoren bzw. deren Darstellungen dieser Rechtsposition.

3. Umfangreichere Auseinandersetzung mit dem sog. Anwartschaftsrecht

Im Jahre 1912 untersucht *Brecht* die Rechtsnatur des aufschiebend bedingten Eigentums sowie der Verfügungen hierüber.[63] Dabei geht er von dem Ansatz aus, dass durch die Vornahme einer aufschiebend bedingten Verfügung eine Aufteilung des Verfügungsobjekts in zeitlicher Hinsicht eintritt. Die Verfügung entfalte somit unmittelbar ihre Wirkung für den zukünftigen Teil des Eigentums, der bereits jetzt auf den Erwerber übergehe. Lediglich der gegenwärtige Eigentumsteil verbleibe beim Verfügenden. Da die Parteien durch die erfolgte Einigung bereits an die Verfügung gebunden sind, ein einseitiges Loslösen also nicht mehr möglich ist, müsse daher auch die Verfügung als vollendet angesehen werden.[64] *Brecht* rechtfertigt diese Konstruktion damit, dass die Verfügung über den zukünftigen Teil des Eigentums ohne den gegenwärtigen von der Rechtsordnung nirgends beanstandet, sondern von § 158 I BGB ausdrücklich vorgesehen sei.[65] Dabei kehrt er aber das Prinzip des *numerus clausus* der Gegenstände[66] gerade um: Denn bezogen auf Verfügungen ist nicht danach zu fragen, ob die Rechtsordnung eine denkbare Variante beanstandet, sondern danach, welche (abschließenden) Formen von Verfügungen die Rechtsordnung normiert.[67] Auch wird durch § 158 I BGB nicht die Möglichkeit eines zukünftigen Gegenstands(-teils)

61 *Dernburg*, Das bürgerliche Rechts des deutschen Reichs und Preußens, 1. Band, S. 457.

62 Z. B. *Müller/Meikel*, Das bürgerliche Recht des deutschen Reichs, 1. Band, S. 157 ff.; *Landsberg*, Das Recht des Bürgerlichen Gesetzbuches, 1. Hälfte, S. 226 ff.; *Altsmann*, Das Recht des Bürgerlichen Gesetzbuches, S. 59 ff..

63 *Brecht*, Bedingung und Anwartschaft, JJb Bd. 61 (1912), S. 263 ff.

64 *Brecht*, Bedingung und Anwartschaft, JJb Bd. 61 (1912), S. 265 f. Der Begriff „Anwartschaft“ wird von *Brecht* allerdings als unklar und nicht weiterführend kritisiert.

65 *Brecht*, a.a.O., S. 269.

66 hierzu unten S. 56 ff.

67 siehe unten S. 59 f.

bestimmt, § 158 I BGB ermöglicht es lediglich, den Eintritt der beabsichtigten Rechtsfolge vom Eintritt eines künftigen, ungewissen Ereignisses abhängig zu machen.

Brecht geht weiterhin auch ausführlich auf die Weiterübertragung und Pfändung dieses künftigen Eigentums ein. Dabei soll die Weiterübertragung entsprechend der Voraussetzungen der §§ 929 ff. BGB erfolgen, jedoch abhängig von der Zustimmung desjenigen sein, der ursprünglich unter Eigentumsvorbehalt veräußert hat. Die Pfändung erfolge als Rechtspfändung gem. § 857 ZPO, wobei aus Gründen der Publizität zusätzlich eine Siegelung der Sache zu fordern sei.[68]

In seiner Dissertation aus dem Jahre 1923, die sich sehr tiefgehend mit dem Wesen und den Voraussetzungen der „Anwartschaft" im Allgemeinen auseinandersetzt, legt *Würdinger* zunächst Wert auf die Feststellung, dass es sich bei der Anwartschaft (noch) nicht um ein subjektives Recht handele. Vielmehr sei sie eine Vorstufe, die dem subjektiven Recht vorangehe.[69] Auch er räumt ein, dass die „juristische Erschließung" der Anwartschaft letztlich dem Zweck dient, diese Erwerbsaussicht dem Wirtschaftsverkehr zugänglich zu machen.[70] Sie sei ein Produkt der Rechtsordnung und erscheine somit als Rechtsfolge, die aber scharf von einer lediglich psychologischen Rechtssausicht getrennt werden müsse. *Würdinger* definiert die Anwartschaft als „jede Beziehung des Anwärters zu einer rechtsgewährenden Norm, kraft derer diese Norm bei Erfüllung der restlichen Tatbestandselemente auf den Anwärter Anwendung findet, so dass er die von der Norm abstrakt ausgesprochene Befugnis für sich in concreto geltend machen kann". Einige Formen der Anwartschaften könnten übertragen und vererbt werden, andere wiederum nicht. Leider erläutert er aber nicht, welche Kriterien genau hierfür maßgeblich seien, noch auf welche Art und Weise eine Übertragung sich vollziehen soll.[71] Wird die Anwartschaft übertragen, so erwerbe der jeweilige Anwärter bei Erfüllung des gesamten Tatbestandes das subjektive Recht unmittelbar aufgrund seiner Anwartschaft.[72]

Müllereisert geht in seiner Untersuchung immerhin noch im Jahre 1935 davon aus, dass es sich bei der Anwartschaftslehre um eine Rechtsfortbildung handele, die - bedingt durch die Wirtschaftskrisen der Nachkriegszeit - erforderlich wurde, um die Rechtsposition des Vorbehaltskäufers zur Kreditbeschaffung oder

---

68 *Brecht*, a.a.O., S. 288 ff., 317 ff.

69 *Würdinger*, Die privatrechtliche Anwartschaft als Rechtsbegriff, S. 49 ff.

70 Würdinger, a.a.O., S. 11 ff.

71 Dies ist umso erstaunlicher, als *Würdinger* selbst darauf hinweist, dass es keineswegs ein allgemeines Kriterium eines Rechts darstellt, übertragbar, vererblich und pfändbar zu sein, a.a.O., S. 86.

72 *Würdinger*, a.a.O., S. 58. Er spricht sich damit für den sog. „Direkterwerb" und gegen den sog. Durchgangserwerb" aus.

sonstigen Verwertung „mobilisieren“ zu können. Diese Ausnahme vom Grundsatz der starren Typen dinglicher Rechte sei aber nur zur Bewältigung eben dieser Wirtschaftskrise erforderlich und legitim.[73] Nach *Müllereisert* erschöpfen sich die Wirkungen der im Rahmen des Eigentumsvorbehalts vereinbarten Bedingung rein auf schuldrechtlicher Ebene. Der Vorbehaltskäufer erhalte lediglich ein zeitlich befristetes Besitzrecht, welches zusammen mit dem aufschiebend bedingten Übereignungsanspruch seine Anwartschaft darstellt. Das Eigentum aber sei stets ungeteilt, eine Aufspaltung in qualitativer oder zeitlicher Hinsicht erfolge nicht. Zwar könnte eine Rechtsordnung der Ratenzahlung des Vorbehaltskäufers, durch die der Wert der Sache beim Verkäufer mehr und mehr abgegolten wird, im Hinblick auf die Rechtszuständigkeit an der Kaufsache durchaus Rechnung tragen. Dies jedoch tue das BGB, das keine dinglichen Schwebezustände kenne, schlichtweg nicht.[74]

Sehr weitgehend ist die Position von *Blomeyer*, der den Vorbehaltskäufer schon im Zeitpunkt der bedingten Übereignung als eigentlichen Eigentümer begreift, während die Rechtsposition des Vorbehaltsverkäufers lediglich noch diejenige eines besitzlosen Pfandgläubigers sei.[75] Denn dies entspreche dem Willen der Vertragsparteien. Im Rahmen des Vorbehaltskaufs sei der Verkäufer regelmäßig nur daran interessiert, seinen Kaufpreisanspruch für den Fall der Nichtzahlung des Restaufpreises oder gar des Konkurses des Käufers gesichert zu wissen. Diesem Bedürfnis werde aber regelmäßig mit einem Pfandrecht vollauf entsprochen, durch Vorbehalt des Eigentums als Vollrecht behalte er wirtschaftlich mehr als nötig. Weil aber die Verpfändung der Sache gem. §§ 1204 ff. BGB im deutschen Recht als Faustpfandrecht ausgestaltet ist, sei dies nicht praktikabel, denn nach dem Parteiwillen solle ja der Erwerber sogleich auch den unmittelbaren Besitz erlangen. Daher behalte sich der Verkäufer das Eigentum bis zur Kaufpreiszahlung vor, obgleich dem Käufer an sich schon mit der bedingten Verfügung das eigentliche Eigentum an der Sache zustehen solle.

Das zur Sicherung einer Geldforderung vorbehaltene Eigentum sei letztlich gar kein Eigentum, sondern ein beschränktes dingliches Sicherungsrecht. Umgekehrt sei der Erwerber lediglich mit dem bedingten Eigentum des Veräußernden belastet. Es sei also eine Sachlage wie beim Pfandrecht gegeben, weshalb auch dessen Begrifflichkeit zu wählen sei, um so letztendlich wieder zu einer Typenbildung zu gelangen, die sich in das System einfüge.

Die Position *Blomeyers* wurde - abgesehen von der durchaus problematischen Frage, ob der Wille des Vorbehaltsverkäufers tatsächlich so weitgehend

---

73 *Müllereisert*, Die Anwartschaft - kein dingliches Recht, HansRGZ 1935, S. 521 ff.

74 *Müllereisert*, a.a.O., S. 530 ff.

75 *Blomeyer*, Studien zur Bedingungslehre, Band II, S. 166 ff. (insbesondere S. 219 ff.).

ist, auf ein bloßes Verwertungsrecht reduziert zu sein - (zu Recht) als mit dem Gesetz als nicht in Einklang zu bringen kritisiert.[76] Der Gesetzgeber hat sich für das bedingte Verfügungsgeschäft grundlegend anders entschieden, wie vor allem § 158 BGB überdeutlich zeigt. Darüber hinaus lässt sich diese Ansicht nicht in die Systematik der §§ 1204 ff. BGB einfügen. *Blomeyer* streitet dies letztendlich auch nicht ab, verweist aber darauf, dass die „Arbeit der Rechtsformenlehre" nicht dort[77] aufhören dürfe, sondern gerade dort beginnen müsse.[78] Die Ansicht *Blomeyers* wurde - trotz der bestehenden dogmatischen Problematik - auch später wiederholt aufgegriffen, etwa von *Hübner*[79] *und Berger*[80].

Die vielleicht bekannteste Schrift zum Anwartschaftsrecht aber stammt von *Ludwig Raiser.* Seine Untersuchung stellt gleichzeitig eine Bestandsaufnahme und Einordnung der bisherigen Fortbildung durch Rechtsprechung und Lehre dar. Die Darstellung stimmt im Wesentlichen bis heute mit der „herrschenden Lehre" vom Anwartschaftsrecht überein.

Für die Frage, was unter den Begriff der Anwartschaft gefasst werden kann, geht *Raiser* von der Annahme aus, dass hierfür nicht etwa rein formale Kriterien ausschlaggebend sein könnten, sondern dies vielmehr aufgrund einer Wertung von wirtschaftlichen und gesellschaftlichen Faktoren zu bestimmen sei. Nur wenn in bestimmten Fällen die Vorstufe eines subjektiven Rechts mehr als ein bloßes Durchgangsstadium auf dem Weg zum Erwerb des Vollrechtes darstelle, könne diese Rechtsstellung eine eigene Funktion erfüllen und Rechtsschutz genießen. Hierfür sei zu fordern, dass nicht lediglich eine Gebundenheit des bisherigen Rechtsinhabers oder des zu erwerbenden Gegenstandes besteht, sondern darüber hinaus dem Anwärter eine selbstständige, in seinen Willen gestellte Rechtsmacht zum Schutze seiner Interessen verliehen ist. [81] Die Anwartschaft des Vorbehaltskäufers, die nach den Bedürfnissen des Kreditverkehrs entwickelt worden sei,[82] gehöre jedenfalls dazu.

Raiser fasst sodann den Stand von Rechtsprechung und Lehre zusammen und stellt so fest, dass die Anwartschaft zu einem (weitgehend) eigenständigen, vom zugrunde liegenden Schuldverhältnis (weitgehend) unabhängigen Gegenstand entwickelt wurde: Diese Rechtsstellung des Anwärters kann einerseits unabhängig von der kaufvertraglichen Forderung auf Eigentumsverschaffung ohne

---

76 etwa *Flume*, AcP 161 (1962), S. 389 f.

77 gemeint ist (wohl) die Grenze, die der Gesetzgeber durch eindeutige Positionierung bei der Normsetzung zieht.

78 *Blomeyer*, AcP 162 (1963), S. 195.

79 *Hübner*, NJW 1980, S. 729 ff.

80 *Berger*, Eigentumsvorbehalt und Anwartschaftsrecht, S. 131 ff., 175 ff.

81 *Raiser*, Dingliche Anwartschaften, S. 6 ff.

82 *Raiser*, a.a.O., S. 19.

Zustimmung des Vorbehaltsverkäufers analog §§ 929 ff. BGB übertragen werden, und bleibt andererseits auch unbeeinflusst von einer Abtretung des zugrunde liegenden Zahlungsanspruchs oder der (nochmaligen) Veräußerung der Kaufsache, § 161 BGB. Allerdings ist die Anwartschaft in ihrem Bestand abhängig vom Schicksal des Schuldverhältnisses, da ihre Existenz denklogisch von dem noch möglichen Erfüllungseintritt abhängt. Gutgläubig kann die Anwartschaft durch aufschiebend bedingten Erwerb vom Nichtberechtigten begründet werden, §§ 932 ff. BGB. Auch ein gutgläubiger Zweiterwerb sei zumindest in der Konstellation möglich, in der eine Anwartschaft an der Sache tatsächlich besteht, jedoch einem anderen als dem Verfügenden zusteht. Der Anwärter ist Dritten gegenüber und (eingeschränkt) dem Vorbehaltsverkäufer gegenüber zum Besitz berechtigt. Aufgrund dieses Besitzschutzes stehen ihm nicht nur possessorische, sondern auch petitorische Ansprüche zu, außerdem ein deliktischer Schadensersatzanspruch sowie ein Kondiktionsanspruch bei Eingriffskondiktion.[83] Diese Darstellung stellt im Wesentlichen auch heute noch den Stand von Rechtsprechung und herrschender Lehre dar.[84]

Aufgrund dieser Ausgestaltung sei es zulässig, die Rechtsposition des Anwärters als „beschränktes dingliches Recht“ zu begreifen. Dem stehe insbesondere das im Sachenrecht geltende Prinzip des *numerus clausus* nicht entgegen. Denn hierdurch solle zwar die parteiautonome Begründung neuer Rechtsverhältnisse an Sachen mit Wirkung gegenüber Dritten verhindert werden, nicht jedoch die Schaffung neuer Rechtsverhältnisse an Sachen durch richterliche Rechtsfortbildung und Rechtslehre.[85] Es handele sich bei der Anwartschaft um ein Herrschaftsrecht, wobei diese Sachherrschaft durch die Abhängigkeit vom Bestand des Schuldverhältnisses freilich nur schwach ausgebildet sei.[86] Sie sei Vorstufe zum Vollrecht und dazu bestimmt, dieses Vollrecht abzulösen. Diese Ablösung vollziehe sich - entgegen sonstiger Erwerbstatbestände - nicht *uno actu*, sondern zeitlich gedehnt. Der (künftige) Erwerber sei schon mit Herrschaftsbefugnissen ausgestattet, der (noch) Eigentümer schon dinglich gebunden, weshalb die Rechtszuständigkeit an der Sache geteilt sei.[87]

Diese geteilte Rechtszuständigkeit führe zu einer Art Gemeinschaftsverhältnis zwischen Eigentümer und Anwärter, bei allerdings qualitativ unterschiedlichen Rechtsstellungen. Besitzer soll in diesem Verhältnis sogar nur der Anwärter als Eigenbesitzer sein, da der Vorbehaltsverkäufer seinen Besitz nicht nur zeit-

83 zum Ganzen *Raiser*, a.a.O., S. 21 ff.

84 vgl. oben, S. 17 ff.

85 *Raiser*, a.a.O., S. 55 f.

86 *Raiser*, a.a.O., S. 58 f.

87 *Raiser* drückt dies sehr plakativ aus, indem er sagt: „Veräußerer und Erwerber zusammen sind „der Eigentümer“ ... beide haben ein Stück Eigentum in Händen.“, a.a.O., S. 66 ff.

weise, sondern endgültig weggegeben habe. [88] Daher stünden nur dem Anwärter diesbezügliche Besitzschutzansprüche - auch gegenüber dem Eigentümer - zu, während die Eigentumsschutzansprüche als Folge des „geteilten Eigentums" von beiden geltend gemacht werden könnten. Ob es sich bei dem Anwärter (dabei) um den Vorbehaltskäufer handelt, oder die Anwartschaft weiter an einen Dritten übertragen wurde, sei dabei irrelevant.[89] Auch deliktische Ansprüche stünden beiden zu, wobei der Anwärter sein Besitz- bzw. Nutzungsinteresse, der Eigentümer hingegen das Sachwertinteresse liquidieren könne. Durch die analoge Anwendung der §§ 432, 1281 BGB würde eine getrennte Inanspruchnahme des Schädigers verhindert, er müsse sich nicht mit dem (oftmals schwer durchschaubaren Verhältnis von Eigentümer und Anwärter) befassen.[90]

In jüngster Zeit wird auch der Vorschlag unterbreitet, das Anwartschaftsrecht als Pfandrecht zu begreifen. *Harke* sieht im Anwartschaftsrecht des Vorbehaltskäufers ein Sicherungsrecht des Eigentumsverschaffungsanspruchs § 433 I BGB.[91] Indem das Anwartschaftsrecht als Pfandrecht begriffen wird, würde der besonderen Sicherungsfunktion des § 161 BGB Rechnung getragen werden. Dabei stellt er zunächst fest, dass der Vorbehaltsverkäufer nach Vornahme der aufschiebend bedingten Übereignung zwar sämtliche ihm abverlangten Rechtshandlungen bereits vorgenommen hat,[92] der Anspruch aber mangels Eigentumsübergang nicht erfüllt ist und daher auch durch ein Pfandrecht gesichert werden könne. Durch die so geschaffene strenge Akzessorietät würden sich vor allem die nach der herrschenden Lehre bestehenden Streitfragen bezüglich des gutgläubigen Zweiterwerbs[93] klar und dogmatisch sauber lösen lassen. Denn wenn eine Übertragung nur durch die Abtretung der Forderung § 433 I BGB erfolgen kann, so ist immer das Bestehen eben dieser Forderung notwendige Voraussetzung. Ein gutgläubiger Zweiterwerb des Anwartschaftsrechts wäre so - mangels Möglichkeit des gutgläubigen Forderungserwerbs - dogmatisch zwingend ausgeschlossen. Weiterhin hätte sich auch die Frage, ob aus dem Anwartschafts-

---

88 *Raiser*, a.a.O., S. 71 ff.

89 *Raiser*, a.a.O., S. 75 ff.

90 *Raiser*, a.a.O., S. 79 ff. Nach demselben Prinzip könnten auch Eingriffe in den Rechtsbestand der Sache behandelt werden.

91 *Harke*, JuS 2006, S. 385 ff. (S. 388 f.).

92 siehe auch unten, S. 131.

93 Hinsichtlich des gutgläubigen Zweiterwerbs ist innerhalb der Lehre vom Anwartschaftsrecht umstritten, ob dieser grundsätzlich möglich ist, und falls ja, ob dieser ein tatsächlich existierendes Anwartschaftsrecht voraussetzt bzw. in welcher Abhängigkeit von der Kaufpreisforderung es ggf. gutgläubig erworben werden kann, vgl. *Staudinger-Wiegand*, § 932 Rn. 130 m.w.N.

recht selbst ein Recht zum Besitz folgt, eindeutig beantwortet: Das Besitzrecht wäre dann gem. §§ 1227, 985 BGB durchsetzbar.

Harke nimmt damit einen Standpunkt ein, der genau entgegengesetzt zu dem von *Blomeyer* und anderen[94] ist: Nicht die Position des Vorbehaltsverkäufers, sondern die des Vorbehaltskäufers wird als Pfandrecht begriffen. So steht dieser Lösungsvorschlag auch nicht in Konflikt mit der Ausgestaltung der §§ 1205 ff. BGB, wonach das Pfandrecht nur als „Faustpfand" entstehen kann. Die Bestellung eines besitzlosen Pfandrechts sieht das BGB nicht vor, was auch den Hauptkritikpunkt an der Ansicht *Blomeyers* ist. *Harke* wiederum muss sich entgegenhalten lassen, dass eine Sicherung des Eigentumsverschaffungsanspruchs § 433 I BGB nicht erforderlich - und durch die Parteien wohl auch nicht beabsichtigt - ist, wenn der Schuldner bereits die ihm abverlangten Rechtshandlungen vollzogen hat, und die gewünschte Rechtsfolge lediglich noch von der Kaufpreiszahlung durch den Vorbehaltskäufer abhängt. Eine Auslegung (oder Umdeutung) der aufschiebend bedingten Übereignung in eine (bloße) Verpfändung würde dem Willen der Vertragsparteien somit wohl kaum entsprechen.

4. Die Rechtsprechung

Die Rechtsprechung weist - sowohl was die genaue Bezeichnung der Rechtsposition des Vorbehaltskäufers als auch deren dogmatische Behandlung betrifft - lange Zeit keine einheitliche Linie auf. So sprach das Reichsgericht im Jahre 1933 von einem „bedingten Recht", aufgrund dessen sich der Inhaber in einer „rechtlich gesicherten und geschützten Rechtsstellung" befinde, und hierüber auch verfügen könne.[95] Auch eine Pfändung könne erfolgen, und zwar gem. § 857 ZPO. Das Reichsgericht bezeichnet diese Rechtsstellung bzw. dieses bedingte Recht auch als Anwartschaft bzw. Anwartschaftsrecht.[96] Unter Hinweis auf den im BGB verankerten *numerus clausus* der „dinglichen Rechte" betont es aber, dass die Anwartschaft ein solches gerade nicht darstelle. Daher könne auch eine Übertragung nur nach denjenigen Vorschriften erfolgen, die für das entsprechende dingliche Recht gelten (was also auf die entsprechende Anwendbarkeit gem. §§ 929 ff. BGB schließen lässt). Eine Übertragung dieses Anwartschaftsrechts setze aber grundsätzlich die Zustimmung des (Noch-)Eigentümers voraus.[97] Im Jahre 1942 fasst das Reichsgericht die Anwartschaft des Vorbehaltskäufers unter die sonstigen Rechte i.S.d. 823 I BGB, denn auch die Verletzung des Miet- oder Pachtbesitzes an einer Sache begründe einen Schadensersatzan-

---

94 siehe oben S. 30 f.

95 RGZ 140, S. 223 ff. (S. 225).

96 RGZ a.a.O., S. 227.

97 RGZ a.a.O., S. 226 ff.

spruch aus § 823 I BGB. Für die Anwartschaft müsse daher dasselbe gelten, da mit ihr ebenso das Recht zum Gebrauch und zur Nutzung der Sache verbunden sei.[98]

Auch der BGH legt zunächst Wert auf die Feststellung, dass es sich bei dem Anwartschaftsrecht des Vorbehaltskäufers (noch) nicht um ein dingliches, gegen jedermann wirkendes Recht zum Besitz handelt.[99] Allerdings könne es mittelbar einem Herausgabeanspruch § 985 BGB erfolgreich entgegengehalten werden, denn die Geltendmachung eines Herausgabeanspruchs gegenüber einem Anwartschaftsberechtigten könne gegen Treu und Glauben verstoßen, wenn der für den Eigentumserwerb erforderliche Bedingungseintritt „unverzüglich" bevorstehe.[100] Vor Bedingungseintritt sei das Anwartschaftsrecht auf dem Wege, zum Eigentum zu erstarken, die „innere Verbindung" zwischen Vorbehaltsverkäufer und Vorbehaltskäufer liege auch „nicht auf schuldrechtlichem Gebiet".[101] In weiteren Entscheidungen beschreibt der BGH das Anwartschaftsrecht als Vorstufe des Eigentums, das im Vergleich zum Eigentum kein *aliud*, sondern ein wesensgleiches minus[102] sei. Es sei kein Sachenrecht und kein gegen jedermann wirkendes dingliches Recht an einer fremden Sache, weil unser Rechtssystem von einem geschlossenen und beschränkten Kreis dinglicher Rechte ausgehe. Jedoch sei es ein sehr starkes Recht und eine Vorstufe des Volleigentums, das nach Wirkung und Bedeutung einem echten beschränkten dinglichen Recht nahe komme.[103] Diese Rechtsstellung könne schon vor Zahlung des Restkaufpreises gleichsam wie von einem Eigentümer ausgenutzt werden, da das Anwartschaftsrecht nicht ein dem System des Sachenrechts fremdes, neuartiges Recht sei, sondern eine Vorstufe zum Eigentum, ein dem Eigentum wesensgleiches „Weniger".[104] Allerdings räumt der BGH dabei auch ein, dass dem Anwärter durch die Übertragung seiner Rechtsposition die Möglichkeit gegeben werden soll, diese schon vor Bedingungseintritt zu Kredit- oder anderen Zwecken für sich auszunutzen,[105] und damit die Annahme der Übertragbarkeit eines verselbstständigten Anwartschaftsrechts nicht auf dogmatischen, sondern auf rechtspolitischen Erwägungen beruht.

Im Jahre 1956 setzt sich der BGH erstmals ausführlich mit der (Weiter-)Veräußerung des Anwartschaftsrechts und dem schließlichen Eigentumserwerb

98 RGZ 170, S. 1 ff. (S. 6).
99 BGHZ 10, S. 69 ff. (S. 72); Ähnlich BGH NJW 1954, S. 1325.
100 BGHZ 10, S. 69 ff. (S. 72 ff.). Vgl. auch unten S. 82 f.
101 BGH NJW 1954, S. 1326.
102 BGHZ 28, S. 16 ff. (S. 21).
103 BGHZ 30, S. 374 ff. (S. 377), BGH NJW 1961, S. 499 ff. (S. 499).
104 BGHZ 35, S. 85 ff. (S. 89).
105 BGHZ 20, S. 88 ff. (S. 98).

bei Bedingungseintritt auseinander.[106] Er führt aus, dass der Vorbehaltskäufer, der vor Bedingungseintritt über seine Rechtsposition verfügen möchte, dabei als Berechtigter über das Anwartschaftsrecht selbst nach den entsprechenden Vorschriften der Übertragung des Vollrechtes verfügt, und erteilt somit der Konstruktion, diese Verfügung letztendlich als die eines (noch) Nichtberechtigten über das Eigentum an der Sache zu begreifen, § 185 BGB, eine Absage. Diese Übertragung des Anwartschaftsrechts selbst sei - entgegen der Ansicht des Reichsgerichts[107] - ohne eine irgendwie geartete Mitwirkung des Vorbehaltsverkäufers möglich. Sie habe bei Bedingungseintritt den unmittelbaren Eigentumserwerb des Dritten zur Folge, bei dem das bisherige Anwartschaftsrecht zum Vollrecht erstarkt, ohne dass der Vorbehaltskäufer dabei zu irgendeinem Zeitpunkt als Durchgangsstation für dieses Eigentumserwerb anzusehen wäre.[108]

Auch gutgläubig könne das Anwartschaftsrecht so von einem Nichteigentümer erworben werden (sog. gutgläubiger Ersterwerb). Die Gutgläubigkeit des Erwerbers müsse dabei lediglich bei bedingter Übereignung und Übergabe vorliegen, eine spätere Bösgläubigkeit bis zum Bedingungseintritt sei dagegen unschädlich.[109] Die Konstellation des sog. gutgläubigen Zweiterwerbs lag dem BGH bisher noch nicht zur Entscheidung vor.[110]

Die Pfändung des Anwartschaftsrechts wird vom BGH zunächst als Rechtspfändung, §§ 857, 828 ff. ZPO, eingestuft, die grundsätzlich bereits mit der Zustellung des Pfändungsbeschlusses an den Drittschuldner (Vorbehaltsverkäufer) bewirkt ist. Diese habe eine relative Verfügungsbeschränkung des Vollstreckungsschuldners (Vorbehaltskäufer) zur Folge, zudem ermögliche sie dem Gläubiger, den Bedingungseintritt unabhängig von dem Willen des Drittschuldners durch restliche Kaufpreiszahlung herbeizuführen, da dessen Widerspruchsrecht gem. § 267 II BGB dann ausgeräumt sei.[111] Damit aber nach Bedingungseintritt eine Verwertung der Sache erfolgen könne, müsse neben der Rechtspfändung die Sache selbst auch gepfändet werden. Denn eine Umwandlung des Pfändungspfandrechts am Anwartschaftsrecht in ein solches an der Sache selbst

106 BGHZ 20, S. 88 ff.

107 RGZ 140, S. 223 ff. (S. 225).

108 BGHZ 20, S. 88 ff. (S. 97 ff.); ebenso BGHZ 28, S. 16 ff. (S. 22).

109 BGHZ 10, S. 69 ff. (S. 72).

110 Allerdings stellte sich das OLG Celle, OLGZ 1979, S. 329 ff. (S. 334 f.), auf den Standpunkt, dass ein solcher gutgläubiger Zweiterwerb des Anwartschaftsrechts prinzipiell möglich sei. Voraussetzung dafür sei aber (neben der nicht ausdrücklich erwähnten Tatsache, dass das Anwartschaftsrecht überhaupt existent sei), dass der vermeintliche Inhaber der Anwartschaft analog § 933 BGB dem dann noch gutgläubigen Erwerber die Sache übergibt.

111 BGH NJW 1954, S. 1325 ff. (S. 1327).

komme durch (bloße) Surrogation entsprechend § 1247 S. 2 BGB nicht in Betracht. Da das Pfändungspfandrecht an Sachen Offenkundigkeit und Inbesitznahme durch den Gerichtsvollzieher voraussetze, müsse der Gläubiger auch eine Sachpfändung vornehmen. Auf die zeitliche Reihenfolge beider Pfändungen komme es hingegen nicht an.[112]

Im Jahre 1965 fasste die Rechtsprechung[113] das Anwartschaftsrecht erstmals ausdrücklich unter die Besitzrechte i.S.d. § 986 BGB. In der der Entscheidung zugrunde liegenden Konstellation wurde eine Sache zur Sicherheit an den Kläger übereignet (der Besitz verblieb beim Sicherungsgeber). Dieselbe Sache wurde später unter Eigentumsvorbehalt an den Beklagten übereignet und übergeben. Aufgrund der Anerkennung des Anwartschaftsrechts als dingliches Besitzrecht wurde die Klage - der ansonsten mangels schuldrechtlicher Beziehung der Parteien hätte stattgegeben werden müssen - abgewiesen. Zur Begründung werden maßgeblich die bisher zum Anwartschaftsrecht ergangenen Entscheidungen des BGH herangezogen, in denen jeweils die besonders „starke, einem dinglichen Rechts ähnliche“ Wirkung des Anwartschaftsrechts betont wird, weshalb es als „Vorstufe des Volleigentums“ zu werten sei.[114] Unter diesem Gesichtspunkt aber sei es nur folgerichtig, das Anwartschaftsrecht unter § 986 BGB zu fassen.[115]

Bereits das Reichsgericht zählte „die Anwartschaft auf das Eigentum“ zu den sonstigen Rechten i.S.d. § 823 I BGB, da die Verletzung des mit ihr einhergehenden Besitzes an der Sache mit der Verletzung eines Miet- oder Pachtbesitzes gleichgestellt sein müsse.[116] An dieser Rechtsprechung hielt der BGH fest, da das Recht des Vorbehaltseigentümers ein dem Volleigentum wesensähnliches Recht sei, das ebenso wie jenes unmittelbar gegen Dritte wirke und vor deren Angriffen geschützt werde.[117] Der hieraus resultierende deliktische Schadensersatzanspruch entspreche aber in der Höhe nicht etwa dem Wert der beschädigten Sache. Vielmehr müsse von dem Sachwert derjenige Betrag abgezogen werden, der im Rahmen des Vorbehaltskaufs noch restlich geschuldet sei.[118] Der eben beschriebene Schadensersatzanspruch steht somit neben dem des Eigentümers, weshalb sich bei Beschädigung oder Zerstörung der Sache zwangsläufig eine Konkurrenz der Ansprüche des Anwartschaftsinhabers mit denen des (Noch-

---

112 BGH a.a.O., S. 1325 ff. (S. 1328).

113 OLG Karlsruhe, NJW 1966, S. 885 f.; anders noch BGHZ 10, 69 ff.

114 vgl. oben S. 18 f.

115 OLG Karlsruhe, a.a.O., S. 886.

116 RGZ 170, S. 1 ff. (S. 6 f.)

117 BGH WM 1954, S. 514 ff. (S. 516); BGH Z 55, S. 20 ff. (S. 26).

118 BGH WM 1954, S. 514 ff. (S. 517); BGH Z 55, S. 20 ff. (S. 31 f.).

)Eigentümers ergibt. Das genaue Verhältnis dieser beiden Schadensersatzansprüche zueinander wurde bisher nicht höchstrichterlich entschieden.[119]

119 Überwiegend wird davon ausgegangen, dass der Anwartschaftsberechtigte und der (Noch-)Eigentümer als Mitgläubiger gem. §§ 1281, 432 BGB nebeneinander stehen, vgl. *Wolf*, Sachenrecht, S. 161 f.; *Baur/Stürner*, Sachenrecht, S. 850; *Raiser*, Dingliche Anwartschaften, S. 81 ff.

C. Analyse der Rechtslage bei aufschiebend bedingter Übereignung

I. Situation des Eigentumsvorbehaltskaufs bzw. der daraufhin erfolgenden Verfügung

Um eine fundierte Auseinandersetzung mit der Rechtsfigur „Anwartschaftsrecht" zu ermöglichen, soll zunächst diese Konstellation, in der die herrschende Lehre von der Entstehung eines solchen Anwartschaftsrechts beim Eigentumsvorbehaltskauf ausgeht, genau analysiert werden.

Wie oben bereits beschrieben, entsteht das Anwartschaftsrecht aufgrund der aufschiebend bedingten Eigentumsübertragung des Vorbehaltsverkäufers auf den Vorbehaltskäufer, §§ 929 S. 1, 158 I BGB. Ganz grundsätzlich betrachtet stellt diese bedingte Eigentumsübertragung zunächst ein Rechtsgeschäft zwischen den Kaufparteien dar. Etwas spezifischer handelt es sich um eine rechtsgeschäftliche Verfügung über die Kaufsache.

Dieses Rechtsgeschäft zwischen den Kaufparteien ist jedoch in dem Moment, in dem die herrschende Lehre von der Entstehung des Anwartschaftsrechts ausgeht, noch nicht „vollständig". D.h. die Rechtsfolge, auf die das Rechtsgeschäft gerichtet ist (Eigentumsübergang auf den Käufer) ist noch nicht eingetreten. Denn es fehlt dazu am Eintritt der parteiautonom gewählten Bedingung, der vollständigen Erfüllung der Kaufpreisforderung. Alle weiteren Voraussetzungen sind dagegen bereits erfüllt, insbesondere ist die in Rahmen der Eigentumsübertragung gem. § 929 S. 1 BGB erforderliche Übergabe bereits vorgenommen. Das Anwartschaftsrecht aus Eigentumsvorbehaltskauf entsteht danach also aufgrund einer rechtsgeschäftlichen Verfügung über die Kaufsache, deren rechtliche Voraussetzungen allerdings nur unvollständig vorliegen, da der Eintritt der vereinbarten aufschiebenden Bedingung noch nicht gegeben ist.

Um nun die Rechtslage in diesem Zeitpunkt, da eine Voraussetzung für die maßgebliche Verfügung noch aussteht, genau erfassen zu können, muss man die Frage nach dem Wesen dieser fehlenden Voraussetzung stellen, welcher Art also diese Voraussetzung innerhalb der Systematik des gesamten Rechtsgeschäfts ist. Hierfür ist es zunächst erforderlich, die einzelnen Bestandteile eines Rechtsgeschäfts zu untersuchen und ihrem Wesen nach zu differenzieren.

II. Tatbestandsmerkmale und Wirksamkeitsvoraussetzungen in der Rechtsgeschäftslehre

1. Tatbestandsmerkmale im weiten Sinne

Durch die Vornahme von Rechtsgeschäften wird es Rechtssubjekten ermöglicht, verschiedenste Rechtsfolgen privatautonom herbeizuführen. Diese rechtsgeschäftlich herbeigeführten Rechtsfolgen bestehen allgemein darin, die Rechtsverhältnisse von Rechtssubjekten zu anderen Rechtssubjekten oder –objekten zu *gestalten*, also zu begründen, zu ändern oder aufzuheben. Das Rechtsgeschäft ist das von der objektiven Rechtsordnung den Rechtssubjekten zur Verfügung gestellte Instrumentarium, um ihre individuelle Willensfreiheit rechtsgestalterisch umsetzen zu können.[120]

Die Wirksamkeit eines Rechtsgeschäfts – und dementsprechend der Eintritt der privatautonom gewollten Rechtsfolge – ist stets von einer Reihe von Voraussetzungen abhängig. Zentrales Element jedes Rechtsgeschäfts ist dabei die Willenserklärung der handelnden Partei, durch die ihr auf die konkrete Rechtsfolge gerichteter Wille – meist gegenüber einem anderen Rechtssubjekt, manchmal auch gegenüber der Allgemeinheit – kundgetan wird. Daneben gibt es jedoch weitere Erfordernisse, wie etwa die Geschäftsfähigkeit der Parteien des Rechtsgeschäfts, Formerfordernisse, (bei Verfügungen) die Rechtszuständigkeit bezüglich des betreffenden Gegenstandes - genauer gesagt: die Verfügungsmacht hierüber[121] -, (bei Verfügungen über Mobiliar) die Übergabe bzw. deren Surrogate,

120 *Larenz/Wolf*, Allgemeiner Teil des Bürgerlichen Rechts, S. 394 ff.; *Flume*, Allgemeiner Teil des Bürgerlichen Rechts, Bd. II, S. 24 f. Im BGB selbst ist das Rechtsgeschäft als solches zwar nirgends definiert. In den Motiven zum BGB ist aber zu lesen: „Rechtsgeschäft im Sinne des Entwurfs ist eine Privatwillenserklärung, gerichtet auf die Hervorbringung eines rechtlichen Erfolges, der nach der Rechtsordnung deswegen eintritt, weil er gewollt ist. Das Wesen des Rechtsgeschäfts wird darin gefunden, dass ein auf die Hervorbringung rechtlicher Wirkungen gerichteter Wille sich betätigt und dass der Spruch der Rechtsordnung in Anerkennung dieses Willens die gewollte rechtliche Gestaltung in der Rechtswelt verwirklicht“, *Mugdan*, Die gesamten Materialien zum BGB für das deutsche Reich, Band I, S. 421.

121 Erforderlich für eine wirksame rechtsgeschäftliche Verfügung ist nicht etwa die Rechtszuständigkeit bezüglich des betreffenden Gegenstandes (in der Terminologie des Gesetzes: Berechtigung), sondern die Verfügungsmacht hierüber. Diese geht zwar regelmäßig mit der Berechtigung einher, jedoch nicht zwangsläufig. So kann auch ein Nichtberechtigter Verfügungsmacht haben, entweder durch Zustimmung des Berechtigten, § 185 I, II S. 1, 1. Alt. BGB, oder durch gesetzliche Anordnung, z.B. §§ 1985 I, 2205 BGB, 80 I InsO. Umgekehrt hat der Berechtigte in einigen Fällen keine Verfügungsmacht, z.B. §§ 135, 136 I, 1984 I, 2129 I, 2211 BGB, 81 I InsO. Liegt die eigentlich erforderliche Ver-

(bei Rechtsgeschäften, die Registerpublizität erfordern) die Eintragung in ein Register bzw. deren Veranlassung, die eventuell erforderliche Zustimmung eines Dritten, der Eintritt einer vereinbarten Bedingung etc.

Alle diese Erfordernisse sind insofern in gleicher Weise für die Wirksamkeit des Rechtsgeschäfts relevant, als dass sie nur kumulativ den Eintritt der beabsichtigten Rechtsfolge bewirken können, sie alle sind *conditio sine qua non.*[122] Insoweit unterscheiden sich die Tatbestandsmerkmale (im weiten Sinne) nicht in ihrer Unabdingbarkeit für den Eintritt der Rechtsfolge: Erst wenn sämtliche Tatbestandsmerkmale erfüllt sind, tritt die Rechtsfolge ein.

2. Tatbestandsmerkmale im engeren Sinne und Wirksamkeitsvoraussetzungen

Dennoch sind die einzelnen Erfordernisse für ein wirksames Rechtsgeschäft ihrem Wesen nach dogmatisch zu unterscheiden: Bei näherer Betrachtung sind nur einige dieser Erfordernisse solche, die als eigentlich rechtsbegründend anzusehen sind, die den eigentlichen Kern des Rechtsgeschäfts bilden, weil sie *final* auf den Eintritt der konkreten Rechtsfolge gerichtete Handlungen der Parteien darstellen. Sie sind als *Tatbestandsmerkmale (im engeren Sinne)* zu bezeichnen.[123] Dazu gehört stets (mindestens) eine auf die beabsichtigte Rechtsfolge gerichtete – möglicherweise einer bestimmten Form bedürfende - Willenserklärung, einige Rechtsgeschäfte erfordern daneben weitere Willenshandlungen, etwa die Übergabe einer Sache (oder deren Surrogate) oder die Eintragung in ein Register (bzw. deren Veranlassung). Diese erforderlichen Willenshandlungen der Parteien entsprechen somit dem Zweck des Rechtsgeschäfts als Umsetzung individueller Willensfreiheit: Das Gesetz ermöglicht den Rechtssubjekten, privatautonom

---

fügungsmacht nicht vor, so kann dies in einigen Fällen durch Rechtsscheintatbestände überwunden werden. Im Falle der fehlenden Verfügungsmacht mangels Berechtigung durch die §§ 892 f.; 932 ff.; 1032 S. 2; 1207 f., 2366 BGB im Falle fehlender Verfügungsmacht aufgrund gesetzlicher Anordnung §§ 135 II, 2129 II S.1, 2211 II BGB. Vgl. zur Verfügungsmacht grundsätzlich *Wieling*, Sachenrecht, Bd. 1, S. 37, 325 ff.

122 Dazu ausführlich *Würdinger*, Die privatrechtliche Anwartschaft als Rechtsbegriff, S. 28 ff. Man könnte hier einwenden, dass es Tatbestandsmerkmale gibt, die nicht *conditio sine qua non* sind; nämlich solche, deren Fehlen durch einen Rechtsscheintatbestand überwunden werden kann. Letztendlich tritt dann aber der erfüllte Rechtsscheintatbestand ersatzweise an die Stelle des fehlenden Tatbestandsmerkmals, wodurch dessen Bestehen fingiert wird.

123 *Larenz/Wolf*, Allgemeiner Teil des Bürgerlichen Rechts, S. 394 ff.; *Gernhuber*, Bürgerliches Recht, S. 2 f.; *Egert*, Die Rechtsbedingung, S. 7 ff.; *Oertmann*, Die Rechtsbedingung, S. 6 ff., 20 ff.; die Tatbestandsmerkmale werden auch als konstitutive (rechtserzeugende) Erfordernisse eines Rechtsgeschäfts bezeichnet.

Rechtsfolgen herbeizuführen, dementsprechend knüpft es den Eintritt der Rechtsfolge auch an die hierauf gerichtete willentliche Durchführung (eines oder mehrerer) rechtserheblicher Willensakte.[124]

Dem stehen weitere Erfordernisse gegenüber, die zwar gleichfalls unabdingbar für die Wirksamkeit des Rechtsgeschäfts sind, jedoch nicht als eigentliche Ursache für die beabsichtigte Rechtsfolge anzusehen sind. Sie stellen die *(sonstigen) Wirksamkeitsvoraussetzungen* dar, die außerhalb des eigentlichen Geschäftsaktes stehen.[125] Dies sind rein objektive Umstände, die unabhängig vom subjektiven Willen der Geschäftsparteien gegeben sein müssen, also Geschäftsfähigkeit, Zustimmung eines Dritten, Bedingungseintritt, Vertretungsmacht, Verfügungsmacht etc.

Solange es noch am Vorliegen eines Tatbestandsmerkmals fehlt, ist von einem existenten Rechtsgeschäft freilich nicht zu sprechen. Sind allerdings sämtliche Tatbestandsmerkmale erfüllt und es fehlt lediglich an einer Wirksamkeitsvoraussetzung, so ist das Rechtsgeschäft als solches bereits geschlossen. Es ist existent, jedoch unwirksam. Ob es vorübergehend oder endgültig unwirksam (nichtig) ist, hängt davon ab, ob es sich bei der fehlenden Wirksamkeitsvoraussetzung um eine solche handelt, die nachholbar ist. So muss etwa die Geschäftsfähigkeit schon bei Abgabe der Willenserklärung vorliegen. Ihr nachträgliches Hinzutreten kann dem Rechtsgeschäft nicht mehr zur Gültigkeit verhelfen, es ist damit nichtig. Auch die Verfügung, bei der durch ein bestehendes Verfügungsverbot die Verfügungsmacht entzogen ist, kann nicht durch einen späteren Wegfall des Verbotes noch wirksam werden.

Im Grundsatz gilt für die Wirksamkeitsvoraussetzungen das Prinzip der Nichtnachholbarkeit.[126] In dem Moment, in dem sämtliche Tatbestandsmerkmale des Rechtsgeschäfts vorliegen, müssen also prinzipiell auch sämtliche erforderlichen Wirksamkeitsvoraussetzungen gegeben sein, damit die von den Parteien bezweckte Rechtsfolge eintreten kann. Wird dagegen ein Rechtsgeschäft getätigt, ohne dass zu diesem Zeitpunkt auch seine Wirksamkeitsvoraussetzungen vorliegen, so kann die Rechtsfolge grundsätzlich auch nicht dadurch noch *ex nunc* eintreten, dass die fehlende Wirksamkeitsvoraussetzung im Nachhinein hinzutritt. Denn gerade weil das Gesetz die Wirksamkeit eines vollzogenen

124 *Flume*, Allgemeiner Teil des Bürgerlichen Rechts, Bd. II, S. 23 ff.

125 *Larenz/Wolf*, Allgemeiner Teil des Bürgerlichen Rechts, S. 394 ff.; *Flume*, Allgemeiner Teil des Bürgerlichen Rechts, Bd. II, S. 23 f.; *Egert*, Die Rechtsbedingung, S. 9 ff., 22 ff.; *Oertmann*, Die Rechtsbedingung, S. 6 ff., 20 ff. Die Wirksamkeitsvoraussetzungen werden auch als konfirmatorische (rechtsbestätigende) Erfordernisse eines Rechtsgeschäfts bezeichnet.

126 *Egert*, Die Rechtsbedingung, S. 13, 28 ff.; *Manigk*, Handwörterbuch der Rechtswissenschaft, Bd. V, S. 847 ff. (S. 855).

Rechtsgeschäfts noch von weiteren Voraussetzungen abhängig macht, soll seine Rechtsfolge grundsätzlich nur eintreten, wenn bei Vornahme des Tatbestandes auch bereits diese besonderen Umstände (Wirksamkeitsvoraussetzungen) gegeben sind, die für den Eintritt seiner Rechtsfolge erforderlich sind.[127]

Daher muss die Nachholbarkeit einer Wirksamkeitsvoraussetzung jeweils durch Gesetz speziell angeordnet werden, wenn das Rechtsgeschäft nach Ausführung aller Tatbestandsmerkmale wegen des Fehlens einer Wirksamkeitsvoraussetzung eben nicht nichtig, sondern lediglich (schwebend) unwirksam sein soll. Vor diesem Hintergrund sind also diejenigen Normen, welche die Nachholbarkeit einer Wirksamkeitsvoraussetzung anordnen, als *leges speciales* zu dem oben beschriebenen Grundsatz der Nichtnachholbarkeit zu verstehen, die eine Konvaleszenz des durchgeführten Rechtsgeschäfts ermöglichen: §§ 108, 177, 185 II S. 1, 1. Alt., 1366, 1643, 1829 BGB für die Zustimmung (Genehmigung) eines Dritten, § 185 II S. 1, 2. und 3. Alt. BGB für die Verfügungsmacht (in bestimmten Fällen), §§ 765 II, 883 I S. 2, 1113 II, 1204 II BGB für das Bestehen der durch das akzessorische Recht zu sichernden Forderung.[128] Für die meisten im deutschen Zivilrecht denkbaren Wirksamkeitsvoraussetzungen ist die Nachholbarkeit somit normiert.[129]. Dabei ist es grundsätzlich für den späteren Eintritt der Rechtsfolge gleichgültig, ob die tatbestandlichen Rechtshandlungen der Parteien im Bewusstsein der noch fehlenden Wirksamkeitsvoraussetzung(en) vorgenommen werden, oder aus welchem Grund die erforderliche Wirksamkeitsvoraussetzung jeweils noch nicht gegeben ist.

3. Rechtliche Konsequenz der Erfüllung der Tatbestandsmerkmale (im engeren Sinne)

Aus dieser Differenzierung der einzelnen Elemente eines Rechtsgeschäfts in Tatbestandsmerkmale und Wirksamkeitsvoraussetzungen ergeben sich weitere Konsequenzen:

Aus der Verwirklichung des Tatbestands folgt für die Parteien des Rechtsgeschäfts eine Bindungswirkung, auch wenn die bezweckte Rechtsfolge – eben weil (noch) nicht alle Wirksamkeitsvoraussetzungen gegeben sind – (noch) nicht

---

127 Dies wurzelt in dem römischrechtlichen Grundsatz: *Quod ab initio vitiosum est, non potest tractu temporis convalescere* (lat.: Was zu Anfang fehlerhaft ist, kann nicht durch den Lauf der Zeit wirksam werden.). Der Rechtssatz findet sich im Sabinuskommentar von Paulus, 8. Buch (Digesten 50, 17, 29), und stellt das Prinzip des grundsätzlichen Ausschlusses der Konvaleszenz von Rechtsgeschäften auf, wobei aber einzelne Ausnahmen zugelassen sein sollen, vgl. sogleich unten.

128 Dazu ausführlich unten S. 66 ff.

129 *Oertmann*, Die Rechtsbedingung, S. 24 ff.

eintreten kann.[130] Die Willenserklärungen sind ab diesem Zeitpunkt nicht mehr frei widerruflich, eine Änderung oder Aufhebung der bezweckten Rechtsfolge ist nur noch übereinstimmend möglich. Denn (nur) die Tatbestandsmerkmale als Ausdruck privatautonomer Willensherrschaft müssen in dem Bewusstsein vorgenommen werden, dadurch eine Rechtsfolge herbeizuführen. Entsprechend kann die Rechtsfolge nicht eintreten, wenn dieser Wille der Parteien bei Verwirklichung des Tatbestandes nicht (mehr) vorhanden ist (und dies gegebenenfalls – eben durch Widerruf - entsprechend zum Ausdruck gebracht wird).

Hat aber das rechtsgeschäftlich handelnde Rechtssubjekt sämtliche Handlungen vorgenommen, die die Rechtsordnung ihm zur Herbeiführung der Rechtsfolge auferlegt hat, hat es seine Freiheit, über seinen Rechtskreis zu disponieren, diesbezüglich ausgeübt. Es ist damit an seine Rechtshandlungen gebunden.[131] Ein sogar entgegenstehender Wille der am Rechtsgeschäft Beteiligten ist bei Hinzutreten der fehlenden Wirksamkeitsvoraussetzungen nun unerheblich.

Weiterhin ist der Grundsatz, dass die subjektiven Anforderungen an die Parteien für die Wirksamkeit des Rechtsgeschäfts nur hinsichtlich der Tatbestandsmerkmale vorliegen müssen, relevant für die erforderliche Gutgläubigkeit im Rahmen von Rechtsscheintatbeständen. Diese muss nur solange gegeben sein, bis der rechtsgeschäftliche Tatbestand erfüllt ist.[132] Im Rahmen einer Vorschrift zum Schutz des Rechtsverkehrs erscheint es dabei auch interessengerecht, dass das notwendige Vertrauen des Rechtsverkehrs in die vermeintlich bestehende Rechtslage nur solange erforderlich ist, bis die im Vertrauen auf eben diese Rechtslage zu tätigenden Handlungen vollständig ausgeführt sind. Die inzwischen eintretende Bösgläubigkeit bei nachträglichem Hinzutreten einer ausste-

---

130 BGH NJW 1960, S. 1712 ff. (S. 1713); *Scheyhing* in: *Nörr/Scheyhing*, Sukzessionen, S. 139; *Staudinger-Gursky*, § 873 Rn. 150 f.; Darstellung auch bei *Schrödermeier/Woopen*, JA 1985, S. 622 ff. (S. 627), mit allerdings ablehnender Auffassung. Dementsprechend ist etwa bei einer Eigentumsübertragung gem. § 929 S. 1 BGB nach h. M. die Einigung widerruflich, solange die Besitzübertragung noch nicht erfolgt ist, während die Einigung bei einer Forderungsabtretung gem. § 398 BGB nach h.M. auch dann unwiderruflich ist, wenn die Rechtsfolge der Abtretung noch nicht eintreten konnte, weil z.B. der Zedent noch nicht Inhaber der Forderung war (Vorausabtretung), vgl. *Münch. Komm.-Roth*, BGB, § 398, Rn. 79; *Münch. Komm.-Oechsler*, BGB, § 929, Rn. 41, jeweils m.w.N.

131 *Oertmann*, Die Rechtsbedingung, S. 87 ff. Nur ausnahmsweise verlagert das Gesetz diese Bindungswirkung nach vorne, weil das Rechtsgeschäft aufgrund besonderer Umstände schon früher eine bindende Wirkung für die Parteien haben soll, vgl. etwa § 873 II BGB.

132 *Egert*, Die Rechtsbedingung, S. 89.

henden Wirksamkeitsvoraussetzung hindert demnach den Eintritt der Rechtsfolge gerade nicht.[133]

Für kollidierende – also nicht im Einklang miteinander stehende – rechtsgeschäftliche Verfügungen eines Rechtssubjekts über denselben Gegenstand[134] ergibt sich schließlich das sog. Prioritätsprinzip[135]. Dieses besagt, dass sich der Vorrang einer Verfügung gegenüber einer weiteren Verfügung über denselben Gegenstand aus der zeitlichen Reihenfolge der Erfüllung des Tatbestandes, nicht aber aus der zeitlichen Reihenfolge des Eintritts der Rechtsfolge ergibt. Handelt es sich bei der zeitlich ersten Verfügung um eine sofort wirksame, so ist dies selbstverständlich und bedarf keiner weiteren Erläuterung. Aber auch diejenige erste Verfügung, die (eben wegen fehlender Wirksamkeitsvoraussetzungen) noch nicht wirksam ist, ist gegenüber einer zeitlich späteren - auch sofort wirksamen - Verfügung vorrangig (selbstverständlich nur für den Fall, dass die zeitlich erste Verfügung auch tatsächlich wirksam wird, da eben nur eine wirksame Verfügung eine gegenständliche Rechtsänderung bewirken kann).

Überträgt etwa A einen Gegenstand wirksam auf B, so ist offensichtlich, dass eine weitere Verfügung des A über denselben Gegenstand – mangels der sich aus der Berechtigung ergebenden Verfügungsmacht - unwirksam wäre (von Rechtsscheintatbeständen abgesehen). Überträgt A aber den Gegenstand aufschiebend bedingt an B, und verfügt er anschließend erneut über den Gegenstand, so ist die zweite Verfügung zwar zunächst wirksam, im Falle des Bedingungseintritts aber wird sie unwirksam, da sie mit der zeitlich früher durchgeführten Übertragung auf B kollidiert. Für den Fall der aufschiebend bedingten

---

133 *Mala fides superveniens non nocet.* Dementsprechend ist z.B. die aufschiebend bedingte Eigentumsübertragung des nur vermeintlichen Eigentümers, §§ 929, 158 I, 932 BGB, wirksam, wenn der Erwerber zwar bei Einigung und Übergabe gutgläubig, bei Bedingungseintritt aber bösgläubig war, BGH Z 10, S. 69 ff. (S. 72 ff.); *Flume*, AcP 161 (1962), S. 385 ff. (S. 392 f.); *Baur/Stürner*, Sachenrecht, S. 667; *Wiegand*, JuS 1974, S. 201 ff. (S. 207). Alle jedoch (lediglich) mit der Begründung, dass die subjektiven Voraussetzungen auf Erwerberseite gemäß § 932 I BGB zu der Zeit gegeben sein müssten, „zu der er nach diesen Vorschriften das Eigentum erwerben würde". Diese Vorschriften (also die in § 929 BGB geregelten Eigentumsübertragungstatbestände) stellten aber lediglich die Tatbestandserfordernisse Einigung und (bei § 929 S. 1 BGB) Übergabe auf. Auf das dahinter stehende Prinzip der Unterscheidung von Tatbestandsmerkmalen und Wirksamkeitsvoraussetzungen wird jedoch nicht hingewiesen.

134 Zum Begriff des Gegenstandes ausführlich unten S. 56 ff.

135 Siehe dazu *Egert*, Die Rechtsbedingung, S. 83 ff.; *Marotzke*, Das Anwartschaftsrecht – ein Beispiel sinnvoller Rechtsfortbildung?, S. 18 ff.; *Staudinger-Gursky*, § 185 Rn. 86 ff.; *Flume,* Allgemeiner Teil des Bürgerlichen Rechts, Bd. II, S. 143 f.

Verfügung stellt § 161 I BGB diese Konsequenz aus dem Prioritätsprinzip lediglich klar.[136]

Überträgt A als Nichtberechtigter (wiederum abgesehen von Rechtsscheintatbeständen) einen Gegenstand auf B, und belastet denselben Gegenstand anschließend zugunsten des C, so ergibt sich ebenfalls aus dem Prioritätsprinzip der Vorrang der Erstverfügung für den Fall der Konvaleszenz, § 185 II BGB. Dementsprechend ist die Belastung zugunsten des C unwirksam.[137]

Indem die Rechtsordnung dem Einzelnen ermöglicht, durch die Vornahme bestimmter Handlungen (d.h. die Erfüllung des entsprechenden rechtsgeschäftlichen Tatbestandes) über seine Vermögensgegenstände zu disponieren, räumt sie ihm insoweit Verfügungsmacht über eben diese Gegenstände ein. Der Einzelne hat Verfügungsmacht über Gegenstände, weil bzw. sobald sie ihm zugeordnet sind. In der Konsequenz aber geht diese Verfügungsmacht verloren, wenn er die für die Disposition hierüber erforderlichen Handlungen ausgeführt hat. Ob die entsprechende Rechtsfolge sofort oder – wegen des Ausstehens einer Wirksamkeitsvoraussetzung – erst später eintritt, macht dabei keinen Unterschied.[138] Da der Einzelne sich durch die Erfüllung eines Verfügungstatbestandes an diese Rechtshandlung gebunden hat, besteht seine Verfügungsmacht bezüglich dieses Gegenstandes nur insoweit fort, als die bereits vorgenommene Verfügung hiervon nicht beeinträchtigt wird.

Somit ist das Prioritätsprinzip letztlich Ausdruck des dem Vermögensrecht allgemein zugrunde liegenden, rechtslogischen Gedankens, dass niemand mehr

---

136 Allerdings kann durch den Rechtsscheintatbestand des § 161 III BGB diese aus dem Prioritätsprinzip folgende Wirkung bei bedingten Verfügungen zugunsten des Rechtsverkehrs überwunden werden. Siehe dazu ausführlich unten S. 93 ff. In der Rechtswissenschaft wird die Frage, ob § 161 I BGB lediglich deklaratorischen Charakter haben könnte, nicht erörtert. Vielmehr wird - soweit ersichtlich - davon ausgegangen, dass hierdurch der Schutz des Anwärters vor Zwischenverfügungen konstitutiv (als Ausnahmevorschrift?) normiert wird, vgl. *Raiser*, Dingliche Anwartschaften, S. 18; *Flume*, AcP 161 (1962), S. 385 ff. (S. 390); *Hübner*, NJW 1980, S. 729 ff. (S. 731); *Münch. Komm.-Westermann*, BGB, § 161 Rn. 5; *Staudinger-Bork*, vor §§ 158 ff. Rn. 55 ff.

137 Teilweise wird hier die Auffassung vertreten, B würde für den Fall der Konvaleszenz lediglich einen belasteten Gegenstand erwerben, da die Übertragung und die Belastung eines Gegenstandes „miteinander im Einklang stünden" i.S.d. § 185 II S. 2 BGB, da die Rechtsfolgen beider Verfügungen nebeneinander denkbar seien. Dabei wird aber übersehen, dass § 185 II S. 2 BGB ebenso wie § 161 I BGB Ausdruck des Prioritätsprinzips ist, weshalb sich die Wirksamkeit der Verfügungen allein aus der zeitlichen Abfolge ihrer Durchführung ergibt, vgl. *Marotzke*, Das Anwartschaftsrecht – ein Beispiel sinnvoller Rechtsfortbildung?, S. 18 ff. m.w.N. Umgekehrt steht selbstverständlich eine frühere Belastung mit einer späteren Übertragung im Einklang.

138 *Egert*, Die Rechtsbedingung, S. 83 f.

Rechte übertragen kann, als er selbst hat.[139] Denn derjenige, der den Tatbestand einer rechtsgeschäftlichen Verfügung verwirklicht hat, hat bereits die für diese - um im Bild des Rechtssatzes zu bleiben - Übertragung erforderlichen Willenshandlungen vollzogen, auch wenn möglicherweise noch Wirksamkeitsvoraussetzungen ausstehen. Eine nun folgende zweite tatbestandliche Verfügungshandlung muss daher gegenüber der ersten nachrangig sein, da das Rechtssubjekt in diesem Sinne bereits „das Recht übertragen" hat.[140]

Das Prioritätsprinzip ist als notwendiges Korrelat zu der dem Einzelnen durch die Rechtsordnung eingeräumten Dispositionsfreiheit bezüglich seines Vermögens anzusehen. Durch das geschlossene Verfügungsgeschäft entsteht bereits eine Bindungswirkung für den Verfügenden. Dementsprechend besteht für seinen Vertragspartner die Sicherheit, dass eine erneute Verfügung über denselben Gegenstand diejenige zu seinen Gunsten nicht mehr beeinträchtigen kann, selbst wenn die zeitlich erste Verfügung noch nicht wirksam sein sollte (weil noch eine Wirksamkeitsvoraussetzung aussteht). Sobald also der Verfügende seine Dispositionsfreiheit zugunsten eines anderen Rechtssubjektes ausgeübt hat, hat dieses die Rechtssicherheit, dass jene Dispositionsfreiheit nicht zu einem späteren Zeitpunkt erneut – und im Widerspruch hierzu – ausgeübt werden kann.

4. Der scheinbare Widerspruch des § 184 II BGB zum Prioritätsprinzip

Scheinbar im Widerspruch zu den obigen Ausführungen steht die Norm des § 184 II BGB. Gem. § 184 I BGB wirkt zwar bei einer Verfügung, die ohne eine dafür erforderliche Einwilligung getroffen wird, die Genehmigung auf den Zeitpunkt der Vornahme der Verfügung zurück. Allerdings bleibt gem. § 184 II BGB eine in der Zwischenzeit getroffene weitere Verfügung, auch wenn sie im Widerspruch zu der vorhergehenden Verfügung steht, trotz der inzwischen genehmigten Erstverfügung wirksam, was dann - je nach Fallkonstellation - wiederum zu einer (zumindest teilweisen) Unwirksamkeit der Erstverfügung führt. Ein Ergebnis, das scheinbar im Widerspruch zu oben beschriebenem Prioritätsprinzip steht.[141]

---

139 *nemo plus iuris ad alium transferre potest quam ipse habet*, vgl. *Mugdan*, Die gesamten Materialien zum BGB für das deutsche Reich, Band III, S. 189.

140 Dieser Rechtsgedanke wird freilich durch Rechtsscheintatbestände - wie etwa § 932 ff. BGB - im Einzelfall zugunsten des gutgläubigen Rechtsverkehrs durchbrochen. Jedoch stellen diese Rechtsscheintatbestände jeweils Ausnahmen dieses Rechtsgedankens da. Siehe auch unten S. 86 ff.

141 § 184 II BGB wird daher teilweise als Durchbrechung des Prioritätsprinzips angesehen, vgl. dazu die Ausführungen von *Egert*, Die Rechtsbedingung, S. 83 ff. m.w.N.

Das Prioritätsprinzip gilt jedoch gerade deshalb, weil hinsichtlich der zeitlich früher vorgenommenen Verfügung der Verfügende durch die Erfüllung des Tatbestands (im engeren Sinne) bereits seine Dispositionsfreiheit ausgeübt hat, bevor er eine zweite, hierzu im Widerspruch stehende Verfügung über denselben Gegenstand trifft.[142] In dem Fall aber, in dem für die Wirksamkeit einer Verfügung die Zustimmung eines Dritten erforderlich ist, steht eben diese Dispositionsfreiheit nicht (allein) dem Verfügenden zu, sondern (zumindest auch) dem Dritten, da dann (auch) eine Rechtsposition oder ein schutzwürdiges Interesse des Dritten von der Verfügung betroffen ist.[143] Erst wenn dieser die Verfügung genehmigt, haben alle betroffenen Personen ihre Dispositionsfreiheit – und damit auch ihre Verfügungsmacht - bezüglich des Gegenstands ausgeübt, die entsprechenden Konsequenzen hieraus können demnach erst jetzt eintreten. Wird in der Zwischenzeit ein weiterer Verfügungstatbestand über denselben Gegenstand vorgenommen - die also weiterhin bestehende Verfügungsmacht im Widerspruch hierzu ausgeübt - so genießt diese Verfügung gerade entsprechend dem Prioritätsprinzip den Vorrang, § 184 II BGB.[144]

III. Konsequenzen für die zu untersuchende Konstellation des Eigentumsvorbehaltskaufs

Somit ist die Konstellation, in der die herrschende Lehre von der Entstehung eines Anwartschaftsrechts beim Eigentumsvorbehaltskauf ausgeht, exakt beschrieben: Es handelt sich um ein Rechtsgeschäft (Verfügungsgeschäft), dessen Tatbestandsmerkmale zwar vollständig gegeben sind, bei dem allerdings noch eine Wirksamkeitsvoraussetzung aussteht.

Aus dieser Analyse ergibt sich die Reichweite der hieraus resultierenden rechtlichen Wirkungen: Die Parteien des Vorbehaltskaufs sind an die durchgeführte Eigentumsübertragung gebunden, ein einseitiges Loslösen vom Verfü-

142 Siehe oben S. 44 ff.

143 *Münch. Komm.-Bayreuther*, BGB, § 184 Rn. 32. Beispielsweise sind die gesetzlichen Vertreter eines beschränkt Geschäftsfähigen durch ein von diesem geschlossenes Rechtsgeschäft – wenn es nicht lediglich rechtlich vorteilhaft ist - in ihrem Recht der erzieherischen Sorge, konkret der Sorge für das Vermögen des beschränkt Geschäftsfähigen, betroffen, vgl. *Staudinger-Knothe*, § 107 Rn. 4. Somit müssen bei einer rechtsgeschäftlichen Verfügung auch die gesetzlichen Vertreter über den betreffenden Gegenstand durch ihre Zustimmung disponieren, erst dann ist die Dispositionsfreiheit vollständig ausgeübt.

144 vgl. *Staudinger-Gursky*, § 184 Rn. 23 f., 45 ff.; *Egert*, Die Rechtsbedingung, S. 84 f.; *Flume*, Allgemeiner Teil des Bürgerlichen Rechts, Bd. II, S. 909 ff.

gungsgeschäft ist nicht mehr möglich. Die eventuell erforderliche Gutgläubigkeit des Vorbehaltskäufers (im Rahmen eines gutgläubigen Erwerbs der Kaufsache) muss nicht bis zum Bedingungseintritt fortbestehen, um einen Eigentumsübergang zu ermöglichen. Sämtliche Verfügungen, die der Vorbehaltsverkäufer während der Schwebezeit über die Kaufsache trifft, werden – im Falle des Bedingungseintritts – unwirksam, da jede weitere Verfügung sich gemäß dem Prioritätsprinzip nicht mit der bereits vorgenommenen Eigentumsübertragung vereinbaren lässt.[145] § 161 I BGB hat somit nicht etwa konstitutive, sondern lediglich deklaratorische Bedeutung. Daher kann die Existenz eines eigenständigen Anwartschaftsrechts auch nicht mit der Existenz des § 161 I BGB begründet werden.[146]

Doch eben weil es sich um ein noch nicht wirksames Rechtsgeschäft handelt, kann seine Rechtsfolge – eine durch die Verfügung bewirkte gegenständliche Rechtsänderung an der Kaufsache – auch noch nicht eintreten. Diese ist durch den ausstehenden Bedingungseintritt zwingend suspendiert.

Wenn man nun wieder von dem bereits erwähnten Rechtssatz, dass niemand mehr Rechte übertragen kann, als er selbst hat,[147] ausgeht, so bedeutet dies für die Konstellation des Eigentumsvorbehalts mit anschließender Zwischenverfügung bzw. für § 161 I BGB folgendes: Natürlich „hat" der Vorbehaltsverkäufer auch nach der aufschiebend bedingten Übereignung an den Vorbehaltskäufer die Sache noch, d.h. das Eigentum an der Sache ist ihm weiterhin gegenständlich[148] zugeordnet. Bei Vornahme der Zwischenverfügung „hat" er die Sache noch, er verfügt ja als Berechtigter. Dennoch geht die Übereignung an den Vorbehaltskäufer im Falle des Bedingungseintritt der Zwischenverfügung im Sinne des Prioritätsprinzips vor, da bei der ersten Verfügung die Tatbestandsmerkmale im engeren Sinne bereits vollständig erfüllt wurden und daher der Vorbehaltsverkäufer seine Dispositionsfreiheit hinsichtlich seines Eigentums bereits ausgeübt hat.[149] In diesem Moment „hat" er das Eigentum an der Sache im Sinne des genannten Rechtssatzes entsprechend den obigen Ausführungen nicht mehr, obwohl ihm dieses (zunächst) weiterhin gegenständlich zugeordnet bleibt.

Dennoch geht die herrschende Lehre bereits zum Zeitpunkt der aufschiebend bedingten Übereignung von einer gegenständlichen Rechtsänderung an dem Verfügungsobjekt aus, indem sie annimmt, die zwar weiterhin im Eigentum des Vorbehaltsverkäufers stehende Kaufsache sei nun mit einem Anwartschaftsrecht des Vorbehaltskäufers „belastet". Weiterhin soll dieses Anwartschaftsrecht

145 vorbehaltlich des § 161 III BGB, siehe oben Fn. 136 und ausführlich unten S. 93 ff.

146 anders aber die herrschende Lehre, vgl. oben Fn. 136.

147 vgl. oben Fn. 139

148 zu diesem Begriff ausführlich unten S. 56 ff.

149 siehe oben S. 45 ff.

auch eigenständiges Objekt von Verfügungen sein können, und zwar unabhängig von der Rechtszuständigkeit an der Kaufsache selbst.[150]

150 siehe oben S. 19 ff.

D. Das Anwartschaftsrecht als Fremdkörper in der zivilrechtlichen Systematik

Nun erfolgt eine systematische Auseinandersetzung mit diesem von der herrschenden Lehre entwickelten Anwartschaftsrecht. Es wird dargestellt, warum diese Rechtsfigur – abgesehen von dem Widerspruch zu den oben dargestellten Wirkungen eines durchgeführten Rechtsgeschäfts, bei dem jedoch der Eintritt einer Wirksamkeitsvoraussetzung noch aussteht – auch als Konstruktion selbst mit wesentlichen Grundsätzen der Zivilrechtssystematik unvereinbar ist.

I. Das Anwartschaftsrecht als nicht-akzessorisches, aber von der Kaufpreisforderung abhängiges Recht

Das BGB unterscheidet zwischen akzessorischen und nicht-akzessorischen Rechten.

Die Besonderheit eines akzessorischen Rechts besteht darin, in seiner Existenz abhängig zu sein von dem Bestehen einer Forderung, welche wiederum durch das akzessorische Recht gesichert wird. Dementsprechend kann das akzessorische Recht überhaupt nur bestehen, wenn und soweit das dadurch gesicherte Recht besteht. Das BGB kennt an akzessorischen Rechten die Bürgschaft, das Pfandrecht an Fahrnis, an Forderungen, an (sonstigen) Rechten, als Grundpfandrecht die Hypothek und schließlich die Vormerkung. Als Konsequenz der Akzessorietät ist eine Verfügung über das akzessorische Recht selbst nicht möglich (abgesehen von dessen Aufhebung). Da es nie selbst Gegenstand einer Verfügung sein kann,[151] bestimmt sich die Rechtslage an einem akzessorischen Recht stets nach der Verfügung über das gesicherte Recht,[152] §§ 401 I, 1153, 1250 BGB.

Demgegenüber sind die übrigen (nicht-akzessorischen) Rechte in ihrer Existenz unabhängig von dem Bestehen oder Nichtbestehen eines anderen Rechts. Dabei ist es gleichgültig, ob das betreffende Recht – durch vertragliche Vereinbarung - zur Sicherung eines anderen Rechts bestimmt ist (Sicherungsgrundschuld, Sicherungseigentum, sicherungshalber gegebenes abstraktes Schuldversprechen). Eine dem zugrunde liegenden Sicherungsvertrag möglicherweise zuwiderlaufende Verfügung des Sicherungsnehmers über das (nicht-akzessorische) Sicherungsrecht kann zwar relativ zwischen Sicherungsgeber und Sicherungsnehmer obligatorische Konsequenzen (Schadensersatzansprüche etc.) haben, die

151 siehe dazu auch unten, S. 59.

152 Zum Prinzip der Akzessorietät grundsätzlich *Gernhuber*, Bürgerliches Recht, S. 234 ff.

Wirksamkeit der Verfügung über das Sicherungsrecht bleibt davon jedoch unberührt.

Eine nach dieser Kategorisierung „dritte Gruppe" von Rechten ist dem BGB fremd.

Bei näherem Hinsehen lässt sich das Anwartschaftsrecht jedoch keiner dieser beiden Gruppen zuordnen. Einerseits besteht eines seiner grundsätzlichsten Wesensmerkmale darin, ein eigenständiges Verfügungsobjekt zu sein. Es ist also gerade isoliert und unabhängig von der Forderung auf Eigentumsverschaffung aus dem Eigentumsvorbehaltskauf übertragbar, belastbar und pfändbar. Andererseits aber ist es wiederum in seinem Bestand abhängig von der Existenz der Kaufpreisforderung aus dem Vorbehaltskauf. Denn das Anwartschaftsrecht kann nur dann zum Vollrecht „erstarken", wenn die Bedingung, an die die Übereignung geknüpft ist, noch eintreten kann. Geht aber die Kaufpreisforderung unter (ohne dass die Bedingung „vollständige Erfüllung der Kaufpreisforderung" eintritt), so kann denklogisch auch kein Anwartschaftsrecht mehr existieren.[153]

Entscheidend ist hierfür also der Bestand der Forderung gem. § 433 II BGB. Der Eigentumserwerb des Anwartschaftsberechtigten tritt (nur) durch Erfüllung dieser Forderung ein, nicht etwa – wie teilweise vertreten wird[154] - durch Zahlung der Kaufpreis*summe* an den Vorbehaltsverkäufer. Zwar sind die Parteien des Vorbehaltskaufs selbstverständlich frei, als Bedingung des Eigentumsübergangs anstelle der „vollständigen *Erfüllung* der Kaufpreis*forderung*" die „vollständige *Zahlung* der Kaufpreis*summe*" zu setzen. Dies entspricht aber regelmäßig nicht dem Interesse des Vorbehaltsverkäufers, da dieser die Sache nur übereignen will, wenn gegen ihn keine Rückgewähransprüche hinsichtlich des empfangenen Kaufpreises bestehen. Geht jedoch die Kaufpreisforderung aus einem anderen Grund als durch Erfüllung unter, so sieht er sich regelmäßig einem Kondiktions- oder Rückabwicklungsanspruch, §§ 812, 346 BGB, ausgesetzt. Für diesen Fall möchte er jedoch weiterhin durch sein vorbehaltenes Eigentum an der Sache gesichert bleiben, weshalb die Bedingung, § 158 I BGB, unter der das Verfügungsgeschäft geschlossen wird, stets als „vollständige Erfüllung der Kaufpreisforderung" auszulegen ist.[155]

Das Anwartschaftsrecht ist somit einerseits zwar nicht-akzessorisch, andererseits aber abhängig von dem Bestehen eines anderen Rechts, nämlich der

153 *Schmidt-Recla*, JuS 2002, S. 759 ff. (S. 762); *Wolf*, Sachenrecht (23. Auflage, 2007), S. 303; *Habersack*, Sachenrecht, S. 122 m.w.N.

154 *Rinke*, Die Kausalabhängigkeit des Anwartschaftsrechts aus Eigentumsvorbehalt, S. 127 ff., 140 ff. m.w.N.

155 *Wolf*, Sachenrecht (23. Auflage, 2007), S. 303; *Münch. Komm.-Westermann*, BGB, § 449 Rn. 7.

Kaufpreisforderung, § 433 II BGB. Eine Eigenschaft, die sich nicht in die Systematik des BGB einfügt.

II. Der Rechtserwerb durch „Erstarken" eines wesensgleichen Minus

Ebenfalls mit den systematischen Grundsätzen des BGB nicht vereinbar ist die Art des Eigentumserwerbs des Anwartschaftsberechtigten an der Kaufsache bei Bedingungseintritt.

Grundsätzlich kennt das deutsche Zivilrecht zwei verschiedene Arten des Rechtserwerbs: Ein Rechtssubjekt kann entweder *rechtgeschäftlich* durch Einigung (und ggf. der Erfüllung weiterer Voraussetzungen, etwa Übergabe, Eintragung, Formerfordernisse etc.) mit einem anderen Rechtssubjekt willentlich den Erwerb eines Rechts vereinbaren (Rechtsübertragung, Rechtsbestellung, Vereinbarung einer Verpflichtung). Ein Recht kann aber auch allein aufgrund des Vorliegens von sämtlichen Merkmalen eines Tatbestandes, dessen Rechtsfolge den Rechtserwerb eines Rechtssubjektes vorsieht, *durch Gesetz* erworben werden (Ersitzung, Verarbeitung, Entstehung deliktischer und bereicherungsrechtlicher Ansprüche, *cessio legis*, dingliche Surrogation, Erbfall etc.), ohne dass eine hierauf gerichtete Erklärung eines Rechtssubjekts erforderlich ist.

Nach der Lehre vom Anwartschaftsrecht aber erwirbt der Anwartschaftsberechtigte das Eigentum an der Sache, indem das Anwartschaftsrecht mit Bedingungseintritt zum Eigentum an der Sache wird. Der Eigentumserwerb soll sich danach gerade nicht aufgrund der bereits vorgenommenen, aufschiebend bedingten Übereignung des Vorbehaltsverkäufers vollziehen (also als Rechtsfolge der Verfügung, deren bisher fehlende Wirksamkeitsvoraussetzung nun eingetreten ist). Vielmehr erwirbt der Anwartschaftsberechtigte das Eigentum deshalb, weil das Anwartschaftsrecht als „wesensgleiches Minus" zum Vollrecht mit Bedingungseintritt zu diesem „erstarkt" ist.[156] Der Rechtserwerb durch „Erstarken" eines anderen Rechts ist jedoch nach der zivilrechtlichen Erwerbssystematik nicht vorgesehen.

Darüber hinaus kann diese Lehre nicht erklären, in welchem Verhältnis dieser von ihr postulierte Eigentumserwerb durch „Erstarken" des Anwartschaftsrechts zu der (ja wohl?) nach wie vor wirksamen bedingten Übereignung durch den Vorbehaltsverkäufer steht. Besonders deutlich wird dies in der Konstellation, in der ein vom Vorbehaltskäufer verschiedener Dritter (durch zwischenzeit-

156 siehe oben S. 18; *Mülbert*, AcP 202 (2002), S. 938, kritisiert zu Recht dieses den zivilrechtlichen Erwerbsgrundsätzen widersprechende „Metamorphose-Modell".

lich erfolgte Weiterübertragung) Inhaber des Anwartschaftsrechts ist: Mit Bedingungseintritt (i.d.R. Zahlung der letzten Kaufpreisrate) „erstarkt“ nach dieser Lehre beim Dritten das Anwartschaftsrecht zum (Voll)Eigentum. Eine Sukzession in die Eigentümerstellung erfolgt somit unmittelbar vom Vorbehaltsverkäufer auf den Dritten als Folge vollständigen „Erstarkens“.[157] Jedoch stellt sich hierbei die Frage, wie sich dies zu der aufschiebend bedingten Eigentumsübertragung, §§ 929, 158 I BGB, im Verhältnis der Kaufparteien verhält? Denn diese ist eben mit dem Bedingungseintritt nun auch wirksam geworden. Es ist somit systematisch kein Grund ersichtlich, warum deren Rechtsfolge – der Eigentumsübergang *auf den Vorbehaltskäufer* – nicht eintreten sollte. Denn die zwischenzeitliche Weiterübertragung des *Anwartschaftsrechts* auf den Dritten kann grundsätzlich keinerlei Auswirkungen auf die bereits vorgenommene Verfügung über das hiervon ja verschiedene *Eigentum* haben. Warum dennoch diese nun vollendete Verfügung über das Eigentum keine Wirksamkeit haben soll bzw. in welchem Verhältnis sie zu dem Eigentumserwerb des Dritten steht, vermag die Lehre vom Anwartschaftsrecht nicht dogmatisch überzeugend zu beantworten.

III. Die Generierung eines zusätzlichen Gegenstands

Vor allem aber ist der Lehre vom Anwartschaftsrecht der methodische Vorwurf zu machen, einen zusätzlichen Gegenstand zu erzeugen, und damit eine durch die Zivilrechtsordnung gewährleistete klare und eindeutige Vermögenszuordnung zu unterlaufen.

Um die Verständlichkeit der weiteren Ausführungen gewährleisten zu können, müssen zunächst die Begriffe *subjektives Recht, Gegenstand* und *Vermögen* dargelegt werden:

1. Das subjektive Recht

Der Begriff des subjektiven Rechts ist ein sehr weiter. Von einem subjektiven Recht kann man bereits dann sprechen, wenn die Interessen des Einzelnen in einer Weise durch die Rechtsordnung geschützt werden, dass diese dem Einzelnen ein Herrschaftsgebiet zuweist, auf welchem sein Wille zu gelten hat.[158] Die

157 Sog. Direkterwerb des Eigentumsrechts durch den Anwartschaftsberechtigten nach herrschender Lehre, vgl. *Lux*, Jura 2004, S. 145 ff. (S. 147); *Bülow*, Recht der Kreditsicherheiten, S. 241; *Wilhelm*, Sachenrecht, S. 912.

158 *v. Tuhr*, Allgemeiner Teil des Deutschen Bürgerlichen Rechts, S. 54; *Larenz/Wolf*, Allgemeiner Teil des Bürgerlichen Rechts, S. 239 ff.; *Medicus*, Allgemeiner Teil des BGB, S. 33 ff.

objektive Rechtsordnung weist dem einzelnen Teilnehmer des Rechtsverkehrs jeweils einen bestimmten Machtbereich zu, um ihm die Wahrnehmung seiner individuellen Interessen zu ermöglichen, obwohl er der objektiven Rechtsordnung unterworfen ist. Ein subjektives Recht ist also jede durch die Rechtsordnung bewusst einem Einzelnen vermittelte Rechtsmacht, ohne dass dabei ein übergeordnetes Allgemeininteresse dahinter steht. Es stellt eine konkret gewordene Berechtigung dar, durch die einer Person die Möglichkeit gegeben wird, rechtserheblich zu handeln.[159] Die Gewährleistung von subjektiven Rechten durch die Rechtsordnung ist die Grundlage von Privatautonomie, die Sicherstellung von individuellen Freiheitssphären.

Somit sind subjektive Rechte von solchen Rechtsnormen zu unterscheiden, die ausschließlich im Interesse der Allgemeinheit bestehen. Durch diese mag zwar unter Umständen auch der Einzelne einen Vorteil genießen, indem etwa ein bestimmtes Verhalten generell verboten oder eingeschränkt wird, durch das die Interessen eines Einzelnen beeinträchtigt werden.[160] Ein solcher Vorteil für den Einzelnen besteht dabei aber nur deshalb, weil allgemeine Interessen durch bestimmte Rechtsnormen geschützt werden sollen und sich das subjektive Interesse des Einzelnen im konkreten Fall mit den allgemeinen Interessen deckt. Der Unterschied besteht somit darin, dass das subjektive Recht dem Einzelnen von der Rechtsordnung zielgerichtet zur Verfügung gestellt wird, um in dem jeweiligen Rahmen seine freie individuelle Willensherrschaft zu gewährleisten, während das rein objektive Recht die Interessen der Allgemeinheit schützt, woraus dem Einzelnen im konkreten Fall möglicherweise ein Vorteil erwächst.

Als Konsequenz daraus unterliegt die Einhaltung und Durchsetzung der objektivrechtlichen Vorschriften nicht der Willensherrschaft des Einzelnen, sondern ausschließlich den staatlichen Institutionen. Erst wenn eine Vorschrift ver-

---

159 *Windscheid/Kipp*, Lehrbuch des Pandektenrechts, Bd. 1, S. 155 ff.; *Enneccerus/Nipperdey*, Allgemeiner Teil des Bürgerlichen Rechts, 1. Halbbd., S. 428 ff. Dieses Verständnis des subjektiven Rechts geht letztlich auf die von *Savigny* geprägte Willenstheorie zurück, vgl. *Savigny*, System des heutigen römischen Rechts, Bd. 1, S. 6 ff. Andere Sichtweisen gehen vom subjektiven Recht als durch die Rechtsordnung geschütztes Interesse aus. Da der menschliche Wille als abstraktes Gebilde keine taugliche Abgrenzung des Rechts sein könne, sei vielmehr auf den Zweck einer Rechtsnorm abzustellen. Dieser Zweck, also das Motiv eines Rechtssatzes, bestimme das jeweils hieraus folgende subjektive Recht, vgl. zusammenfassend zum Ganzen *Füller*, Eigenständiges Sachenrecht?, S. 28 ff.

160 z.B. bestehen Geschwindigkeitsbegrenzungen nicht im Interesse eines Einzelnen, sondern im Interesse der Allgemeinheit. Dennoch begünstigen sie im konkreten Fall den jeweiligen Verkehrsteilnehmer, weil dieser vor einer Gefährdung durch überhöhte Geschwindigkeit anderer Verkehrsteilnehmer geschützt wird. Auch die Anwohner an der betreffenden Straße werden dadurch vor übermäßigem Verkehrslärm geschützt.

letzt wird, die im Einzelfall die Interessen eines konkret Betroffenen schützen soll, und dieser hieraus einen Schaden erleidet, so gewährt die Rechtsordnung diesem einen entsprechenden Schadensersatzanspruch, § 823 II BGB[161] (der wiederum dann ein subjektives Recht darstellt, da seine Durchsetzung der freien Willensherrschaft des Betroffenen unterliegt).

2. Der Gegenstand

Demgegenüber ist der Begriff des Gegenstandes ein wesentlich engerer. Ein Gegenstand i. S. d. BGB ist nur ein solches subjektives Recht, das *an* einem Vermögensobjekt (Sachen, Forderungen, sonstige Immaterialgüter) bestehen kann.[162] Nur über einen Gegenstand ist prinzipiell eine Verfügung möglich.[163] Unter einer Verfügung ist dabei nach gängiger Definition jede unmittelbare rechtsgeschäftliche Übertragung, Belastung, Inhaltsänderung oder Aufhebung eines bereits bestehenden „Rechts" zu verstehen.[164] Der Gebrauch des Begriffes „Recht" in diesem Zusammenhang ist jedoch irreführend. Denn eine Verfügung ist gerade nicht über jedes (subjektive) Recht denkbar, sondern eben nur über Gegenstände. Eine Verfügung hat notwendigerweise einen Gegenstand zum Objekt, nur über einen Gegenstand kann verfügt werden. Dementsprechend spricht auch das Gesetz, wenn es Regelungen bezüglich einer Verfügung aufstellt, von Verfügungen *über Gegenstände*, §§ 135 I, 161 I, 185, 816 I, 2040 I, 2112, 2113 II, 2115, 2129 I, 2205, 2211 I BGB, 81 I InsO.[165] Eine korrekte Definition der

---

161 *Larenz/Wolf*, Allgemeiner Teil des Bürgerlichen Rechts, S. 239.

162 Dabei darf nicht übersehen werden, dass auch die Gegenstände als subjektive Rechte an Vermögensobjekten stets nur Rechtsbeziehungen zwischen Rechtssubjekten regeln. Zwar bezieht sich ein solches subjektives Recht auf ein bestimmtes Rechtsobjekt, hierdurch wird aber letztlich die rechtliche Beziehung dieses Rechtssubjektes zu den übrigen Rechtssubjekten bestimmt. Ein Rechtsverhältnis zum Rechtsobjekt selbst bestimmt sich hierdurch nicht und widerspricht auch dem oben beschriebenen Verständnis des subjektiven Rechts: Denn das subjektive Recht als durch die Rechtsordnung geschützte Willensmacht kann denklogisch nur gegenüber anderen Rechtssubjekten existieren, die zur Bildung eines entgegenstehenden Willens fähig sind, so dass überhaupt Raum für die Ausübung einer Willensmacht besteht. Da bloße Objekte hierzu nicht fähig sind, bestehen zu diesen selbst auch keinerlei Rechtsbeziehungen. Zum Ganzen vgl. *Hadding*, JZ 1986, S. 926 ff.

163 Umfassend zum Begriff des Gegenstandes *Sohm*, Der Gegenstand – ein Grundbegriff des Bürgerlichen Gesetzbuches.

164 BGH Z 1, S. 294 ff. (S. 304); *Flume*, Allgemeiner Teil des Bürgerlichen Rechts, Bd. II, S. 140; *Medicus*, Bürgerliches Recht, S. 13; *Haedicke*, Der bürgerlich-rechtliche Verfügungsbegriff, JuS 2001, S. 966 ff. (S. 967).

165 Teilweise spricht das Gesetz auch von Verfügungen, ohne dabei explizit auszusprechen,

Verfügung muss den Begriff des „Rechts“ durch den des „Gegenstandes“ ersetzen.[166]

Bei einem Gestaltungsrecht etwa – wie Anfechtungsrecht, Rücktrittsrecht, Kündigungsrecht -, dem Recht, eine Einrede zu erheben oder dem allgemeinen Persönlichkeitsrecht handelt es sich unzweifelhaft um subjektive Rechte. Dennoch sind dies keine Gegenstände im Rechtssinne, da sie nicht *an* Vermögensobjekten bestehen. Der Berechtigte kann somit zwar – in aller Regel[167] – auf sie verzichten (eine diesbezügliche Aufhebung ist zwar möglich), er kann sie aber nicht auf andere Personen übertragen, eine Verfügung hierüber ist eben nicht denkbar. Nur die Gegenstände im Sinne des BGB sind die Gegenstände des verfügungsgeschäftlichen Verkehrs.[168] Der Gegenstand ist demnach ein soweit verselbstständigtes subjektives Recht, dass es Verfügungsobjekt sein kann. Seine Rechtslage kann durch hierüber getroffene Verfügungen unmittelbar verändert werden.[169]

Gegenstände im Sinne des Zivilrechts sind nur die Rechte *an* Vermögensobjekten. Vermögensobjekte sind nur diejenigen, *an* denen Rechte denkbar sind (Sachen, Forderungen, sonstige Immaterialgüter).

Die Gegenstände lassen sich unterteilen in einerseits diejenigen Rechte, die die umfassende Rechtsinhaberschaft an einem Vermögensobjekt darstellen und als solche auch übertragbar und belastbar sind. Andererseits können an einem Vermögensobjekt auch beschränkte Rechte bestehen, die hinsichtlich eines Teilaspekts eine Machtbefugnis über das entsprechende Vermögensobjekt nach sich ziehen.[170]

Zur ersten Gruppe zählen die sog. Vollrechte an einem Vermögensobjekt. Vermögensobjekte sind dabei einerseits die körperlichen, abgrenzbaren und

---

dass über einen Gegenstand verfügt wird, etwa in § 2113 I BGB, teilweise (aber selten) spricht das Gesetz sogar von „Verfügungen über ein Recht“, so in § 2367 BGB. Dabei handelt es sich jedoch zwingend um Verfügungen über Gegenstände. Eine Verfügung über einen Nicht-Gegenstand ist nicht denkbar.

166 Unten S. 126 ff. wird außerdem gezeigt, dass eine Verfügung nicht notwendig rechtsgeschäftlicher Natur ist, sondern gleichermaßen Zwangsverfügungen umfasst sind.

167 einige subjektive Rechte sind derart elementar für das Rechtssubjekt, dass auf sie nicht verzichtet werden kann, z. B. das allgemeine Persönlichkeitsrecht (im Gegensatz zu den einzelnen, aus seiner Verletzung resultierenden Schadensersatzansprüchen), familienrechtliche Unterhaltsansprüche für die Zukunft (§ 1614 I BGB) oder das Recht der elterlichen Sorge (welches zugleich eine Pflicht darstellt), *Larenz/Wolf*, Allgemeiner Teil des Bürgerlichen Rechts, S. 248.

168 *Sohm*, a. a. O., S. 7.

169 *Sohm*, a. a. O., S. 5 f., S. 7 ff..

170 Eine ähnliche Einteilung nimmt *Sohm*, a. a. O., S. 21 ff. vor.

durch den Menschen tatsächlich beherrschbaren Objekte (Sachen)[171], also Fahrnis und Grundstücke. Weiterhin zählen hierzu die unkörperlichen Objekte, die als individualisierter und verselbstständigter Teil der Güterwelt der Herrschaft eines Rechtssubjekts unterliegen und als solche selbstständig übertragbar und belastbar sind,[172] also Forderungen[173] und sonstige, nach § 413 BGB übertragbare Immaterialgüter (Patentrecht, Urheberrecht, Verlagsrecht, Markenrecht, oder auch Gesellschaftsanteile[174]). Diese Inhaber- oder Vollrechte (also Eigentum bzw. Inhaberschaft) sind Ausdruck unmittelbarer und umfassender Herrschaft über ein Vermögensobjekt und seiner Zuordnung zu einen bestimmten Rechtssubjekt.

Zur zweiten Gruppe zählen die beschränkten Rechte an den Vermögensobjekten, also Verwertungsrechte (Pfandrecht), Dienstbarkeiten (Nießbrauch, Grund- und beschränkt persönliche Dienstbarkeit), das Vorkaufsrecht (nur an Grundstücken sowie deren Zubehör denkbar[175]), das Erbbaurecht oder die Reallast (ebenfalls nur an Grundstücken denkbar). Die meisten dieser beschränkten Rechte sind – mit Ausnahme von Grundschuld, Erbbaurecht, und unter gewissen Voraussetzungen ausnahmsweise auch Nießbrauch, §§ 1059 a ff. BGB, und Vorkaufsrecht, §§ 1098 I S. 1, 473 S. 1 BGB - nicht übertragbar (und damit einhergehend auch nicht belastbar). Dies liegt aber keineswegs daran, dass sie nicht

---

171 So definiert *Wieling*, Sachenrecht, Bd. 1, S. 21 f. (zutreffend) die Sache im Rechtssinne. Daher sind die Himmelskörper, die Ozeane etc. keine Sachen im Rechtssinne. Gase und Flüssigkeiten sind nur dann Sachen im Rechtssinne, wenn sie durch Behältnisse in abgrenzbarer Weise isoliert sind. Auch die wesentlichen Bestandteile i. S. d. §§ 93, 94 BGB sind keine Sachen im Rechtssinne, da keine selbstständigen Rechte an ihnen denkbar sind, sondern nur an der dazugehörigen Hauptsache.

172 Ähnlich *Wilhelm*, Sachenrecht, S. 29; *Wieacker*, AcP 148 (1943), S. 57 ff.

173 Eine Forderung kann zwar im Einzelfall nicht übertragbar, §§ 399, 400 BGB, und damit auch nicht belastbar, §§ 1069 II, 1274 II BGB, sein. Dies folgt aber nie aus dem Wesen des Forderungsrechts selbst, sondern durch einen im Einzelfall hinzutretenden Tatbestand, der dann erst die Unübertragbarkeit/Unbelastbarkeit begründet (wie etwa die Vereinbarung zwischen Schuldner und Gläubiger, § 399 2. Alt. BGB).

174 Gesellschaftsanteile an Personengesellschaften sind – im Gegensatz zu Anteilen an Kapitalgesellschaften – in der Regel nicht übertragbar. Doch auch dies liegt nicht im Wesen eines Gesellschaftsanteils als solchem begründet, sondern in der für Personengesellschaften hinzutretenden Besonderheit der (nach dem gesetzlichen Leitbild gegebenen) engen persönlichen Verbundenheit der Gesellschafter. Dementsprechend ist diese (Un-)Übertragbarkeit parteidispositiv, die Gesellschafter können im Gesellschaftsvertrag abweichendes festlegen, vgl. *Staudinger-Habermeier*, § 719 Rn. 3.

175 Vorkaufsrechte gem. §§ 463 ff., § 577 sowie §§ 2034 ff. BGB begründen keine Rechte an dem betreffenden Vermögensobjekt, sie begründen lediglich relativ für den Vorkaufsberechtigten gegenüber dem Vorkaufsverpflichten ein Vorkaufsrecht in Ansehung des jeweiligen Vermögensobjekts.

ebenso wie die sog. Vollrechte gegenständlicher Natur wären. Vielmehr gibt es jeweils besondere Grundsätze, die einer Übertragbarkeit (und Belastbarkeit) entgegenstehen: So unterliegen etwa die Pfandrechte (mit Ausnahme der Grundschuld) dem Grundsatz der Akzessorietät und sind eben deshalb nie selbstständig veräußerbar. Bei den Dienstbarkeiten steht das besondere Vertrauensverhältnis zwischen Vollrechtsinhaber und Inhaber der Dienstbarkeit einer Übertragbarkeit entgegen.[176] Da die Dienstbarkeit als Nutzungsrecht in gewissem Umfang eine Einwirkung auf die Sache ermöglicht, soll der Eigentümer stets die konkrete Person bestimmen können, die auf seine Sache einwirken darf. Falls die Ausübung der Dienstbarkeit einem Dritten überlassen wird, §§ 1059 S. 2, 1092 I S. 2 BGB, soll der Inhaber der Dienstbarkeit weiterhin dem Eigentümer gegenüber verpflichtet bleiben. Daher hat sich der Gesetzgeber – entgegen der ursprünglich beabsichtigten Regelung[177] - letztendlich für die Unübertragbarkeit der Dienstbarkeiten entschieden. In ähnlicher Weise soll es dem Vorkaufsverpflichteten, der sich noch nicht zum endgültigen Verkauf des Grundstücks entschlossen hat, nicht zugemutet werden, sich im Vorkaufsfalle einem anderen Vertragspartner als dem von ihm gewählten gegenüber zu sehen,[178] weshalb das dingliche Vorkaufsrecht ebenfalls grundsätzlich nicht verkehrsfähig ist.

Dem Wesen nach ist jedoch jeder Gegenstand auch auf ein anderes Rechtssubjekt übertragbar, teilweise treten lediglich besondere Prinzipien und Wertentscheidungen hinzu, die letztlich zu einer Unübertragbarkeit des Gegenstandes führen.

3. Der *numerus clausus* der Gegenstände im Zivilrecht

Es gibt also nur eine begrenzte Anzahl von Gegenstandstypen. In diesem Zusammenhang wird oft vom „*numerus clausus* der Sachenrechte“ und dem damit einhergehenden Typenzwang im „Sachenrecht“ (im Gegensatz zur - angeblich - im Schuldrecht gegebenen Vertragsfreiheit) gesprochen.[179] Dies ist freilich zu eng. Vielmehr handelt es sich um einen *numerus clausus* der Gegenstände, korrespondierend mit einem *numerus clausus* denkbarer Verfügungen. Denn genauso, wie die möglichen Rechte an Sachen sowohl nach ihrer Anzahl als auch nach ihrem Inhalt begrenzt sind, gibt es nur eine abschließende Zahl von möglichen

---

176 *Staudinger-Frank*, § 1059 Rn. 1; *Münch. Komm.-Joost*, BGB § 1092 Rn. 1.

177 Vgl. *Mugdan*, Die gesamten Materialien zum BGB für das deutsche Reich, Band III, S. 293 f.

178 *Staudinger-Schermaier*, § 1097 Rn. 21; *Münch. Komm.-Westermann*, BGB, § 1094 Rn. 12.

179 *Vieweg/Werner*, Sachenrecht, S. 4; *Schwab/Prütting*, Sachenrecht, S. 9 f.; *Baur/Stürner*, Sachenrecht, S. 3 ff.; *Soergel-Stadler*, Einleitung zum Sachenrecht, Rn. 41 f.

Rechten an Forderungen und sonstigen, einer Verfügung zugänglichen Immaterialgüterrechten (i.S.d. § 413 BGB). So sind an einer Forderung oder z.B. an einem Gesellschaftsanteil ebenfalls nur die Inhaberschaft, ein Nießbrauch oder ein Pfandrecht denkbar. Insoweit unterliegen Rechte an Vermögensobjekten generell einer Typenfixierung.[180]

Dieser *numerus clausus* ist kein Selbstzweck. Die Kernaufgabe des Vermögensrechts, die Zuordnung der Vermögensobjekte, soll mit größtmöglicher Klarheit erfolgen. Für die am Wirtschaftsleben teilnehmenden Rechtssubjekte muss klar sein, welche Art von Vermögen wie erworben, veräußert und vererbt werden kann bzw. demnach auch als Vollstreckungsobjekte zur Verfügung steht. Indem das BGB bestimmte Gegenstände definiert, erkennt es diese - und nur diese - gleichzeitig an, und schließt damit zugleich andere „Vermögensrechte“ aus seiner Zuordnungssystem aus. [181]

Die irreführende Bezeichnung „*numerus clausus* der Sachenrechte“ stammt vermutlich daher, dass der Aufbau des BGB nicht strikt an die Trennung zwischen den Regelungen bezüglich obligatorischer Verpflichtungen einerseits und den Regelungen über die Gegenstände und die Verfügungsgeschäfte hierüber andererseits orientiert ist. Vielmehr trennt das BGB zwischen Schuld- und Sachenrecht. Dabei werden aber sowohl im Schuldrecht rechtsgeschäftliche Verfügungen geregelt (etwa der Erlassvertrag, § 397 BGB, oder die Abtretung, § 398 BGB), als auch im Sachenrecht obligatorische Rechtsbeziehungen zwischen

---

180 *Wilhelm*, Sachenrecht, S. 7 ff.

181 Vielfach ist zu lesen, der *numerus clausus* der Verfügungen sei einer Erweiterung durch Rechtsprechung und Lehre zugänglich, was auch bereits geschehen sei, wie man am Beispiel der Sicherungsübereignung sehe. Diese sei aus praktischen Bedürfnissen als Alternative zum im BGB vorgesehenen Faustpfand dergestalt entwickelt worden, dass der Erwerber das Eigentum nur zur Sicherheit erhalte, vgl. Flume, Allgemeiner Teil des Bürgerlichen Rechts, Bd. II, S. 24; *Serick*, Eigentumsvorbehalt und Sicherungsübertragung, Bd. I, S. 2; *Soergel-Henssler*, Anh. zu § 930 Rn. 2; *Baur/Stürner*, Sachenrecht, S. 785. Freilich handelt es sich hierbei keineswegs um eine Erweiterung der gesetzlich vorgesehenen Typen von Verfügungsgeschäften, sondern um eine „normale“ Mobiliarübereignung gem. §§ 929 S.1, 930 BGB. Wie fast alle zivilrechtlichen Verfügungsgeschäfte ist auch dieses (innerlich) abstrakt, d.h. der Rechtsgrund für die vorgenommene Verfügung liegt außerhalb seines rechtsgeschäftlichen Tatbestandes. Somit beinhaltet das Übereignungsgeschäft, §§ 929 S. 1, 930 BGB, gerade nicht den rechtlichen Zweck seiner Vornahme, sein Rechtsgrund besteht vielmehr in der Forderung auf Bestellung dieser Sicherheit (die wiederum aus der zugrunde liegenden Sicherungsabrede resultiert), und somit außerhalb des Tatbestandes von §§ 929 S. 1, 930 BGB. Zutreffend *Staudinger-Wiegand*, Anh. zu §§ 929 ff. BGB Rn. 54 f. Zum Prinzip der Abstraktion von Rechtsgeschäften grundsätzlich *Maurer*, Die Prinzipien der Abstraktion, Kausalität und Trennung, insbesondere bei Verfügungen, S. 15 ff.

Rechtssubjekten geregelt (etwa die Regelungen über das Eigentümer-Besitzer-Verhältnis, §§ 987 ff. BGB).

4. Vermögenszuordnung und Vermögensbegriff im juristischen Sinne

Dieser *numerus clausus* der Gegenstände ist Grundlage der Vermögenszuordnung im deutschen Zivilrecht. Die Zuordnung von Vermögensobjekten unter den Rechtssubjekten ist elementare Kernaufgabe des BGB. Es ist insoweit Vermögenszuweisungsordnung.[182] Der Begriff des Vermögens ist hier im juristischen Sinne zu verstehen: Das Vermögen eines Rechtssubjekts bestimmt sich durch die Summe aller ihm zugeordneten Gegenstände.[183] Diese Zuordnung der Gegenstände erfolgt im Sinne einer größtmöglichen Rechtsklarheit. Dies wird gewährleistet, indem *ein* Gegenstand in eindeutiger Weise *einem* Rechtssubjekt oder *einer* fest bestimmten Gruppe von Rechtssubjekten[184] zugeordnet wird.[185]

Dieser juristische Vermögensbegriff im Sinne einer klaren Vermögenszuordnung ist zu unterscheiden von einem wirtschaftlichen Vermögensbegriff im Sinne der ökonomischen Wertigkeit von Rechtspositionen, also von wirtschaftlicher Macht. Denn die im Zivilrecht vorgenommene Vermögenszuordnung berücksichtigt dies gerade nicht. So mag etwa die Position desjenigen, der Nacherbe eines Erblassers mit großem Nachlass ist, bereits unmittelbar nach dem Erbfall als unter wirtschaftlichen Gesichtspunkten äußerst lukrativ bewertet werden. Es erscheint als wahrscheinlich, dass er später die Nachlassgegenstände erwerben wird, seine faktische Nähe zum Nachlass wird durch das Gesetz geschützt, indem es dem Vorerben Verfügungsbeschränkungen auferlegt. Ebenso mag derjenige, dessen Eigentumsübertragungsanspruch durch Vormerkung gesichert ist, eine gesicherte Erwerbsposition und damit eine faktische Nähe zu dem Eigentum am Grundstück haben, was wirtschaftlich selbstverständlich von großer Bedeutung ist.

Die Vermögenszuordnung des Zivilrechts vollzieht sich aber von derartigen wirtschaftlich bedeutsamen Erwerbspositionen unabhängig. Ein Rechtssubjekt ist entweder (vollständiger) Inhaber eines Vermögensobjektes oder eben nicht, (vollständiger) Inhaber einer daran bestehenden Belastung oder eben nicht. Einen „zwar noch nicht fertigen, aber bereits in der Entstehung begriffenen Gegenstand“ kennt das Zivilrecht nicht. Liegen die Voraussetzungen für den Erwerb eines Gegenstandes (noch) nicht vor, wird dem (künftigen) Erwerber eben

182 *Lobinger*, Rechtsgeschäftliche Verpflichtung und autonome Bindung, S. 89.

183 *Sohm*, Der Gegenstand – Ein Grundbegriff des Bürgerlichen Gesetzbuches, S. 23; *Wieacker*, AcP 148 (1943), S. 57 f.

184 Miteigentum, Mitgläubiger, Gesamthand, Gesamtgläubiger.

185 *Staudinger-Wiegand*, Anh. zu §§ 929-931 Rn. 3 ff. m.w.N. zu den Motiven zum BGB.

gerade nicht bereits jetzt schon ein „verminderter, aber wesensgleicher Gegenstand“ zugeordnet.

Besonders deutlich wird dies etwa an der Regelung des § 1163 BGB: Solange ein bestimmtes Tatbestandsmerkmal (im weiteren Sinne) für den Erwerb einer Hypothek fehlt (das Bestehen der zu sichernden Forderung, die Übergabe des Briefes), steht die Hypothek dem Eigentümer zu (als Eigentümergrundschuld, § 1177 I BGB)[186], und zwar vollumfänglich. Das Gesetz verzichtet für diese Zeitspanne auf jegliche Vermögenszuordnung auf Seiten des (künftigen) Erwerbers.

5. Vermögenszuordnung bei der aufschiebend bedingten Eigentumsübertragung

Ebenso verhält es sich mit der Vermögenszuordnung bei der aufschiebend bedingten Übereignung aufgrund eines Eigentumsvorbehaltskaufs. Bei einer „normalen“ Übereignung von Mobiliar vollzieht sich der Eigentumswechsel, sobald der konkrete Übereignungstatbestand, §§ 929 ff. BGB, vollständig gegeben ist und damit eine wirksame Verfügung vorliegt. Wird die Sache aufschiebend bedingt übereignet, § 158 I BGB, so hängt die Wirksamkeit der Verfügung von der zusätzlichen, parteiautonom bestimmten Wirksamkeitsvoraussetzung „Bedingungseintritt“ ab. Bis dahin verbleibt die Rechtszuständigkeit an der Sache konsequenterweise beim bisherigen Eigentümer, dem Verkäufer.

Durch die Verselbständigung der Erwerbsposition des Vorbehaltskäufers zu einem Anwartschaftsrecht, welches nach dieser Lehre selbständig *neben* dem Eigentum besteht, wird diese klare und eindeutige Vermögenszuordnung des Zivilrechts unterlaufen. Die Rechtszuständigkeit bezüglich der Sache wird plötzlich verdoppelt, ein zusätzlicher Gegenstand wird „geboren“, der nun „in Konkurrenz“ zum Eigentum tritt.[187] Die Rechtszuständigkeit an der Sache teilt sich auf einmal zwischen einem „Noch-Vollrechtsinhaber“ und einem „Alsbald-Vollrechtsinhaber“ auf. Diese Verdoppelung der Rechtszuständigkeit widerspricht aber elementar dem Grundsatz des Zivilrechts, *einen* Gegenstand vollständig *einem* Rechtssubjekt oder *einer* fest bestimmten Gruppe von Rechtssubjekten zuzuordnen.

Zwar sieht das Zivilrecht durchaus die Möglichkeit vor, dass hinsichtlich eines Vermögensobjektes mehrere Rechtssubjekte berechtigt sind, wenn diesen

---

186 *Soergel-Konzen*, § 1163 Rn. 1 ff.

187 so auch die Kritik bei *Flume,* AcP 161 (1962), S. 390 ff.; *ders.*, Allgemeiner Teil des BGB, Bd. II, S. 709 ff.; *Habersack*, Sachenrecht, S. 121; *Füller,* Eigenständiges Sachenrecht?, S. 518.

Rechtssubjekten dabei jeweils andere, voneinander klar unterscheidbare Befugnisse in Bezug auf das Vermögensobjekt zugewiesen sind. Selbstverständlich kann es etwa hinsichtlich einer Sache einen Eigentümer sowie einen (oder mehrere) Pfandrechtsinhaber und/oder Nießbraucher geben, eben weil sich hieraus unterschiedliche Befugnisse ergeben, die auf eine konkrete Zuständigkeit beschränkt sind und klar von denen des Eigentümers abgegrenzt sind. Soweit an einem Rechtsobjekt die Verwertungs-, Nutzungs-, oder Verfügungszuständigkeit unter mehreren aufgeteilt ist, so folgt hieraus keineswegs ein systematischer Bruch in der oben beschriebenen Weise, sondern eben eine solche Aufspaltung verschiedener Befugnisse, wie sie das Vermögensrecht vorsieht. Eine systemwidrige „Verdopplung" der Rechtszuständigkeit tritt aber durch das Hinzusetzen eines neben dem Eigentümer stehenden, diesen „langsam und schleichend ersetzenden" Nachfolgers auf, weil dieser eben kein echter Nachfolger in diesem Sinne ist, sondern bereits Inhaber des einen gedanklichen Eigentumsteils ist, während der (eigentliche) Eigentümer noch den anderen gedanklichen Teil innehat.

Systematisch korrekt ist die Rechtsposition des Vorbehaltskäufers durchaus (mit Recht) in die Gruppe der subjektiven Rechte – im Sinne der oben[188] gegebenen Definition - einzuordnen. Doch ist hierbei scharf zu unterscheiden:

Diese Rechtsposition vermittelt gerade kein subjektives Recht in Bezug auf die zu erlangende Kaufsache selbst, also dem Eigentum hieran. Das Eigentum spiegelt grundsätzlich die unbeschränkte Herrschaftsmacht über die Sache wider, § 903 BGB. Daraus erwachsen dem Eigentümer bei Hinzutreten weiterer Tatsachen abgeleitete Ansprüche, etwa bei Beschädigung, Besitzentziehung, unberechtigter Nutzung, wirksamer Verfügung durch Dritte etc. (§§ 823 I, 985 ff., 816 I BGB etc.). Hinsichtlich des Eigentums hat der Vorbehaltskäufer zwar eine gesicherte Erwerbsposition, es liegt aber aktuell noch kein solches subjektives Recht vor, denn es ist dem Vorbehaltskäufer eben *noch nicht* (158 I BGB) zugeordnet.[189] Dementsprechend dürfen ihm auch die daraus erwachsenden weiteren Befugnisse noch nicht zustehen.

Doch die Rechtsposition des Vorbehaltskäufers eröffnet diesem die Rechtsmacht, eigenständig den Eigentumserwerb herbeizuführen, der nun allein von seinem Willen abhängt. Es unterliegt völlig seiner Disposition, den Bedingungseintritt herbeizuführen oder eben nicht. Aufgrund des bereits erfüllten Tatbestands (im engeren Sinne) des Verfügungsgeschäfts ist dieser Machtbereich des Vorbehaltskäufers durch das Prioritätsprinzip vor der Willkür anderer geschützt,

---

188 S. 54 ff.

189 so auch *Würdinger*, Die privatrechtliche Anwartschaft als Rechtsbegriff, S. 61: „Die Anwartschaft befugt als solche zu gar nichts."

§ 161 I BGB.[190] (Nur) unter diesem Gesichtspunkt ist die Rechtsposition des Vorbehaltskäufers tatsächlich als subjektives Recht zu kategorisieren, als von der Rechtsordnung geschützte Willensmacht, den Eigentumserwerb eigenständig herbeiführen zu können.

Dieses subjektive Recht aber zu einem eigenständigen Gegenstand zu erheben, widerspricht der Systematik des Zivilrechts elementar.

190 Siehe oben S. 48 f.

E. (Weitere) Systemwidrige Konstruktionen zur Rechtsposition des Vorbehaltskäufers

I. Systemwidrigkeit der Annahme eines „bedingten Rechts“

1. Das bedingte Recht als Widerspruch zur zivilrechtlichen Vermögenszuordnung

Teilweise wird die Rechtsposition des durch ein bedingtes Rechtsgeschäft Begünstigten nicht als „Anwartschaftsrecht“, sondern – vor allem in früheren Werken - als sog. „bedingtes Recht“ bezeichnet.[191] Jedoch ist auch die Annahme eines „bedingten Rechts“ mit der Systematik unseres Zivilrechts unvereinbar.

Diesem Begriff liegt bereits eine schiefe Betrachtungsweise zugrunde. Denn ein „bedingtes Recht“ gibt es nach der Vermögenszuordnung des BGB nicht. Nur ein Rechtsgeschäft kann mit einer Bedingung versehen werden, § 158 BGB, ein Recht (der Klarheit halber müsste man hier wieder den engeren Begriff des „Gegenstandes“ verwenden) selbst ist niemals in sich bedingt, es (bzw. er) existiert entweder oder eben nicht.[192] Ein - in diesem Zusammenhang sei um der Genauigkeit willen wiederum dieser Begriff gebraucht - „bedingter Gegenstand“ ist ein Widerspruch in sich. Wenn A ein „bedingtes Pfandrecht“ an einem Vermögensobjekt hat, hat er es dann, oder hat er es nicht? Er hat es, aber nur bedingt? Da die Bedingung *ex nunc* wirkt, wird es mit Bedingungseintritt unbedingt? Und davor? Die erhebliche Schwierigkeit, sich einen solchen bedingten Gegenstand als gegenwärtig existent überhaupt vorzustellen, zeigt deutlich die darin liegende logische Widersprüchlichkeit. Denn lediglich das Rechtsgeschäft kann bedingt sein, nie aber der Gegenstand selbst.

Folge des bedingten Rechtsgeschäfts ist – bei Eintritt der Bedingung als letzter noch ausstehender Wirksamkeitsvoraussetzung – das (*ex nunc*) Entstehen der durch das Rechtsgeschäft beabsichtigten Rechtsfolge. Spricht man für die Zwischenzeit vor Eintritt der Bedingung von einem „bedingten Recht“, so erweckt man den unzutreffenden Eindruck, es existiere auch vor Bedingungseintritt schon etwas Gegenständliches, das bereits jetzt dem Begünstigten zuzuordnen wäre.

---

191 *Endemann*, Lehrbuch des Bürgerlichen Rechts, 1. Band, 8. Aufl., S. 380 ff.; *Minas*, Theorie der bedingten Rechtsgeschäfte, S. 61 ff.; *Oertmann*, Die Rechtsbedingung, S. 183, wonach die Übertragung eines bedingten Rechts zwar für möglich, aber kaum dem Parteiwillen entsprechend gehalten wird.

192 *Flatau*, Die Zwangsvollstreckung in Leihmöbel, S. 14 f.

2. Der gesetzliche Begriff des „bedingten Rechts"

Dem könnte man freilich entgegenhalten, dass das Gesetz selbst an einigen Stellen von der Möglichkeit eines in sich bedingten Gegenstandes auszugehen scheint. Wenn das BGB in den §§ 765 II, 883 I S. 2, 1113 II, 1204 II von der Sicherung einer „bedingten Forderung"[193] spricht, so ist dies jedoch lediglich eine verkürzte Ausdrucksweise dafür, dass die tatbestandlichen Erfordernisse des Rechtsgeschäfts, das auf die Bestellung des akzessorischen Sicherungsrechts gerichtet ist, bereits vorgenommen werden können, ohne dass auch die zu sichernde Forderung zu diesem Zeitpunkt schon existent sein müsste.[194] Die Existenz der zu sichernden Forderung stellt bei der Bestellung einer akzessorischen Sicherheit in der Einteilung der Rechtsgeschäftslehre eine Wirksamkeitsvoraussetzung des hierauf gerichteten Rechtsgeschäfts dar. Für die Wirksamkeitsvoraussetzungen ist jedoch grundsätzlich das Prinzip der Nichtnachholbarkeit maßgeblich,[195] d.h. sollte der Tatbestand eines Rechtsgeschäfts erfüllt sein, ohne dass dabei auch sämtliche Wirksamkeitsvoraussetzungen gegeben sind, so führt dies grundsätzlich zur Nichtigkeit des Rechtsgeschäfts (und ein nachträgliches Hinzutreten der fehlenden Wirksamkeitsvoraussetzung hat diesbezüglich keine heilende Wirkung). Indem das Gesetz aber die Möglichkeit der Bestellung einer akzessorischen Sicherheit für eine „bedingte Forderung" vorsieht, ordnet es entgegen diesem allgemeinen Prinzip die Nachholbarkeit dieser Wirksamkeitsvoraussetzung an.

Somit kommt der gesetzlichen Regelung, eine akzessorische Sicherheit könne auch für ein „bedingtes Recht" bestellt werden, konstitutive Wirkung zu. Die auf die Bestellung eines akzessorischen Rechts gerichteten Rechtshandlungen können bereits in einem Zeitpunkt vorgenommen werden, in dem das hierfür zentrale Element – die zu sichernde Forderung – noch nicht gegeben ist. Das

193 bzw. bedingte Verbindlichkeit (§ 765 BGB), bedingter Anspruch (§ 883 BGB).

194 So auch *Oertmann*, Die Rechtsbedingung, S. 186 ff.; *Egert*, Die Rechtsbedingung, S. 80 ff.; *Rüll*, Das Pfandrecht an Fahrnis für künftige oder bedingte Forderungen gemäß § 1204 Absatz II BGB, S. 45 ff.; anders jedoch die h. M., nach der das für eine bedingte Forderung bestellte Pfandrecht sofort mit dem Zeitpunkt der Bestellung existent ist, vgl. BGH Z 86, S. 340 ff. (S. 346); BGH NJW 1983, S. 1619 ff. (S. 1620); BGH NJW 1988, S. 3260 ff. (S. 3262); *Staudinger-Wiegand*, § 1204 Rn. 23 a m.w.N.; Für die Bürgschaft wird dergleichen allerdings nicht behauptet, vgl. *Staudinger-Horn*, § 767 Rn. 1; Für die Hypothek ist die Rechtslage eindeutig (und im Übrigen in einer der h. M. widersprechenden Weise) in § 1163 I S. 1 BGB geregelt.

195 *Egert*, Die Rechtsbedingung, S. 13, 28 ff.; *Manigk*, Handwörterbuch der Rechtswissenschaft, Bd. V, S. 847 ff. (S. 855). Siehe auch oben S. 42 f.

Sicherungsrecht selbst kann jedoch aufgrund seiner Akzessorietät erst mit dem Bestehen der Forderung gegenständlich existent sein.

Die §§ 765 II, 883 I S. 2, 1113 II, 1204 II BGB stellen entsprechend der Einordnung der zu sichernden Forderung als Wirksamkeitsvoraussetzung für die Bestellung des Sicherungsrechts klar, dass die Vornahme aller rechtskonstitutiven Akte durch die Parteien trotz noch nicht bestehender Forderung eine Bindung der Parteien an das Rechtsgeschäft zur Folge hat. Das auf die Bestellung des Sicherungsrechts gerichtete Rechtsgeschäft ist dann einem einseitigen Widerruf einer Partei nicht mehr zugänglich, die Parteien haben insoweit bereits ihre Dispositionsfreiheit abschließend ausgeübt.[196]

Ebenso wird entsprechend dem Prioritätsprinizip[197] klargestellt, dass sich der Rang mehrerer Sicherungsrechte an demselben Gegenstand anhand der zeitlichen Abfolge der Bestellungen (Erfüllung des Tatbestands im engeren Sinne) ergibt. So normiert § 1209 BGB (deklaratorisch) eine rangwahrende *ex tunc*-Wirkung des Pfandrechts, das für eine noch nicht existente Forderung bestellt wurde. Würde man allerdings die Betrachtung der h.M. zugrunde legen, die in diesem Fall bereits zum Zeitpunkt der Bestellung von einem gegenwärtig existenten Pfandrecht ausgeht,[198] so käme § 1209 BGB noch nicht einmal mehr deklaratorische Wirkung zu, sondern wäre schlichtweg überflüssig.[199]

Die Annahme eines in sich bedingten Gegenstandes ist somit ebenfalls mit den Grundsätzen der zivilrechtlichen Vermögenszuordnung unvereinbar.

II. Systemwidrigkeit der Annahme eines „künftigen Rechts“

1. Verfügung über das „zeitlich segmentierbare, künftige Eigentum“?

Teilweise wird in der Literatur die rechtstechnische Konstruktion eines Anwartschaftsrechts - sehr überzeugend und dogmatisch zutreffend - als systemwidrig abgelehnt, und als Alternative hierzu die Verfügung über ein „künftiges Recht“ postuliert. Dementsprechend soll etwa der Vorbehaltskäufer, der seine „durch die bedingte Übereignung erlangte Rechtsposition“ übertragen möchte, sein „zu-

196 Siehe ausführlich oben S. 43 f.

197 Siehe ausführlich oben S. 45 ff.

198 siehe oben Fn. 194.

199 *Egert*, Die Rechtsbedingung, S. 81; *Rüll*, Das Pfandrecht an Fahrnis für künftige oder bedingte Forderungen gemäß § 1204 Absatz II BGB, S. 16 ff.

künftiges Eigentum" als diesbezüglich bereits in der Gegenwart Berechtigter übertragen.[200]

Es handelt sich bei dieser Konstruktion nicht etwa um den gesetzlich geregelten Fall des § 185 II, S. 1, 2. Alt. BGB, bei dem der Übertragende über einen Gegenstand als Nichtberechtigter verfügt, den er dann zeitlich nach der rechtsgeschäftlichen Verfügung erwirbt, womit die Verfügung konvaleszíert.[201] Vielmehr soll danach das Eigentum zeitlich segmentierbar sein, d.h. es existiere sowohl das gegenwärtige, als auch das zukünftige Eigentum. Beide könnten hiernach unterschiedlichen Rechtsinhabern zustehen und Objekt unterschiedlicher Verfügungen sein, die der jeweilige Rechtsinhaber als Berechtigter vornehme. Eine solche zeitliche Segmentierung ergebe sich immer dann, wenn über einen Gegenstand bereits aufschiebend bedingt oder befristet verfügt wurde, mit der Folge, dass dieses Verfügungsgeschäft bereits im Zeitpunkt seiner Vornahme wirksam sei bezüglich des künftigen „Rechtspartikels".[202]

Vielfach ist zu lesen, es sei inzwischen in der Rechtswissenschaft anerkannte Auffassung, dass die Verfügung über ein „künftiges Recht" nach dem geltenden Zivilrecht zulässig sei.[203] Ein diesbezüglicher Streit[204], der nach Inkrafttreten des BGB entbrannte, sei inzwischen zugunsten der Möglichkeit der sog. Vorausverfügung entschieden.

Es ist hierbei jedoch genau zu differenzieren: Bei diesem Streit ging es lediglich um die Frage, ob die für das Verfügungsgeschäft erforderlichen Rechts-

---

200 *Mülbert*, Das inexistente Anwartschaftsrecht und seine Alternativen, AcP 202 (2002), S. 912 ff. (S. 942 ff.); *Brecht*, Bedingung und Anwartschaft, JJb 1912, S. 263 ff. (265 ff.); *Raape*, Das gesetzliche Veräußerungsverbot des Bürgerlichen Gesetzbuches, S. 137 ff.; *Letzgus*, Die Anwartschaft des Käufers unter Eigentumsvorbehalt, S. 14, bezeichnet als Anwartschaftsrecht den künftigen Teil des Eigentums durch seine „Aufspaltung in zeitlicher Hinsicht". Auch *Lempenau*, Direkterwerb oder Durchgangserwerb bei Übertragung künftiger Rechte, S. 12 ff., und *Lieb*, Das künftige Recht als Rechtsfigur des Privatrechts, S. 32 ff., nehmen die Existenz und Relevanz eines „künftigen Rechts" an. Allerdings hat auch nach deren Ansicht die Verfügung über ein solches „künftiges Recht" keine selbstständige gegenwärtige Auswirkung auf die Vermögenszuordnung bezüglich des Verfügungsgegenstandes, vgl. *Lempenau*, a.a.O., S. 69 ff.; *Lieb*, a.a.O., S. 123 ff.

201 dazu unten S. 69 ff. und S. 124 ff.

202 *Mülbert*, Das inexistente Anwartschaftsrecht und seine Alternativen, AcP 202 (2002), S. 912 ff. (S. 945 ff.).

203 vgl. statt vieler *Staudinger-Gursky*, § 185 Rn. 71.

204 Als Hauptvertreter des Streits standen sich einerseits für die Möglichkeit der Vorausverfügung *v. Tuhr*, Verfügung über künftige Forderungen, DJZ 1904, S. 426 ff., und dagegen *Eccius*, Zur Frage der Abtretbarkeit künftiger Forderungen, DJZ 1904, S. 53 ff., gegenüber. Eine kurze Darstellung und weitere Nachweise finden sich bei *Lieb*, Das künftige Recht als Rechtsfigur des Privatrechts, S. 115 f.

handlungen bereits zu einem Zeitpunkt vorgenommen werden können, zu dem der Gegenstand der Verfügung noch gar nicht existiert, dann aber die Verfügung trotzdem wirksam wird, wenn der verfügende Teil den Gegenstand erwirbt. Dieser Frage wiederum lag die damalige – auch von den Befürwortern der Möglichkeit einer Vorausverfügung vertretene[205] - Auffassung zugrunde, § 185 II S. 1, 2. Alt. BGB erfasse lediglich den Fall der Verfügung über ein (existentes) fremdes Recht, nicht aber den Fall der Verfügung über ein noch nicht existentes Recht, weshalb eine Gleichbehandlung fraglich erschien.

Eine völlig andere Frage ist es jedoch, ob eine Verfügung über ein „künftiges Recht" in dem Sinne denkbar ist, dass diese Verfügung bereits im Zeitpunkt der Vornahme der für das Verfügungsgeschäft erforderlichen Rechtshandlungen eine gegenwärtige Veränderung der Vermögenszuordnung bewirkt.[206] Konsequenz dieser Auffassung wäre tatsächlich eine zeitliche Segmentierung der Rechtszuständigkeit an dem betreffenden Gegenstand in einen „gegenwärtigen Rechtspartikel" und einen „zukünftigen Rechtspartikel".

2. Bedeutung des § 185 II BGB

Als Argument für die Möglichkeit einer Verfügung über ein „künftiges Recht" (und als logische Voraussetzung für die Existenz eines solchen) wird wiederum auf die Bestimmung des § 185 II BGB verwiesen. Anhand dieser Vorschrift ergebe sich, dass der Gesetzgeber neben den Verfügungen über bestehende Rechte auch die Verfügung über künftige Rechte bedacht hätte und zulassen wollte.[207] Bei genauer Betrachtung ergibt sich jedoch das exakte Gegenteil aus der Norm: Das Gesetz knüpft an die Verfügung eines Nichtberechtigten nur dann eine Rechtsfolge, wenn der Verfügende die fehlende Verfügungsmacht nachträglich noch erlangt (sei es durch Genehmigung des Berechtigten, 1. Alt., oder nachträglichen Erwerb des Gegenstandes, 2. Alt.), bzw. der Berechtigte den Verfügenden beerbt (3. Alt.). Somit entscheidet es sich gerade nicht dazu, der Verfügung eines Nichtberechtigten bereits eine gegenwärtige Wirkung zu verleihen in Bezug auf einen „zeitlich künftigen Partikel" des entsprechenden Gegenstandes. Denn einen solchen sieht das System der zivilrechtlichen Vermögenszuordnung

205 *v. Tuhr*, Verfügung über künftige Forderungen, DJZ 1904, S. 427. Es erscheint allerdings schwer nachvollziehbar, warum diese Auffassung damals vorherrschend war. § 185 II S. 2 BGB spricht allgemein von der Verfügung eines Nichtberechtigten, der später den Gegenstand erwirbt. Für eine Einschränkung dahingehend, dass der Gegenstand bereits existent sein müsste, ist nichts ersichtlich.

206 In diesem Sinne nämlich in der Tat nur die in Fn. 200 genannten.

207 *Mülbert*, Das inexistente Anwartschaftsrecht und seine Alternativen, AcP 202 (2002), S. 942 ff.

nicht vor. Vielmehr ist die Vermögenszuordnung des BGB ausschließlich eine gegenwärtige. Der Möglichkeit oder Wahrscheinlichkeit, erst in der Zukunft Inhaber eines Gegenstandes zu sein, entspricht das Zivilrecht nicht etwa durch eine diesbezügliche, schon gegenwärtige Vermögenszuordnung.

Die Regelung des § 185 II BGB hat vielmehr – ähnlich den oben behandelten §§ 765 II, 883 I S. 2, 1113 II, 1204 II BGB – wiederum den Zweck, entgegen dem für Wirksamkeitsvoraussetzungen eines Rechtsgeschäfts grundlegenden Prinzip der Nichtnachholbarkeit der Verfügung eines Nichtberechtigten nachträgliche Wirksamkeit zukommen zu lassen.

Die Verfügungsmacht[208] des Verfügenden ist bei einem Verfügungsgeschäft eine Wirksamkeitsvoraussetzung im Sinne der Rechtsgeschäftslehre.[209] Tritt sie erst hinzu, nachdem die tatbestandlichen Rechtshandlungen der Verfügung durch die Parteien getätigt wurden, kann somit das bis dahin unwirksame Rechtsgeschäft geheilt werden. Die Verfügung konvalesziert, und die Rechtsfolge tritt *ex nunc* ein.

Gleichfalls wird wiederum klargestellt, dass die Erfüllung der Tatbestandsmerkmale im engeren Sinne durch die Parteien eine diesbezügliche Bindungswirkung auslöst. Ein Widerruf der Einigung ist nicht mehr möglich, obwohl die Rechtsfolge des Verfügungsgeschäfts mangels bestehender Verfügungsmacht (noch) nicht eintreten konnte.[210]

---

208 § 185 II BGB behandelt eigentlich nicht (nur) die Verfügung eines Nichtberechtigten, der nachträglich zum Berechtigten wird, sondern - genau betrachtet - das nachträgliche Hinzutreten der Verfügungsmacht durch gewisse Umstände bei einer Verfügung ohne Verfügungsmacht. Denn auch wenn die Verfügung eines Nichtberechtigten vom Berechtigten genehmigt wird (1. Alt.), bleibt dies nach der gesetzlichen Terminologie die Verfügung eines Nichtberechtigten, vgl. auch den Wortlaut von § 185 I BGB. Insofern meint „Nichtberechtigter" nach der gesetzlichen Terminologie den Nicht-Rechtsinhaber. Daher sind auch für den Fall, dass ein Eigentümer, der ohne Verfügungsmacht über seine Sache verfügt, nicht etwa die gesetzlichen Rechtsscheintatbestände, §§ 892 f., 932 ff. BGB etc., direkt anzuwenden, sondern nur entsprechend durch Verweisnormen, § 135 II, 2129 II S. 1, 2211 II BGB. Denn dann geht es nicht um die Verfügung eines Nichtberechtigten, sondern um die Verfügung des Berechtigten ohne Verfügungsmacht. Wie hier entgegen der h.M. auch *Berger*, Rechtsgeschäftliche Verfügungsbeschränkungen, S. 31 (Fn. 13).

209 Selbstverständlich kann die fehlende Verfügungsmacht überwunden werden durch die gesetzlichen Rechtsscheintatbestände, die eine wirksame Verfügung eines Nichtberechtigten (bzw. eines Berechtigten ohne Verfügungsmacht) ermöglichen, vgl. Fn. 121. Diese weichen aber als Ausnahmetatbestände den auch im deutschen Zivilrecht geltenden Grundsatz *nemo potest plus iuris transferre quam ipse habet* lediglich an einzelnen Stellen zugunsten des gutgläubigen Rechtsverkehrs auf.

210 Siehe oben S. 43 ff.

Dabei ist es grundsätzlich für den späteren Eintritt der Rechtsfolge gleichgültig, aus welchem Grund die für die wirksame Verfügung erforderliche Wirksamkeitsvoraussetzung noch nicht gegeben ist. Dementsprechend entspricht es der heute einhelligen Ansicht, dass gem. § 185 II S. 1, 2. Alt. BGB eine Verfügung unabhängig davon konvalesziert, ob zum Zeitpunkt der hierauf gerichteten Rechtshandlungen der betreffende Gegenstand schon existent war, oder nicht.[211]

211 *Staudinger-Gursky*, § 185 Rn. 71.

F. Zusammenfassung der systematischen Auseinandersetzung mit der Lehre vom Anwartschaftsrecht

Die herrschende Lehre vom Anwartschaftsrecht ist – neben der Tatsache, dass das Anwartschaftsrecht sich nicht eindeutig in die Gruppe der akzessorischen oder nicht-akzessorischen Rechte einordnen lässt und die Art und Weise des späteren (vollständigen) Eigentumserwerbs im Widerspruch zu den Grundsätzen möglichen Rechtserwerbs im BGB steht – vor allem deshalb abzulehnen, weil sie das Prinzip einer klaren, eindeutigen Vermögenszuordnung unter den Rechtssubjekten, die die Zivilrechtsordnung gewährleisten will, unterläuft. Vermögenszuordnung bedeutet eindeutige und vor allem vollständige Zuordnung eines Gegenstandes zu einem Rechtssubjekt (oder einer festen Gruppe von Rechtssubjekten). Dies wird maßgeblich durch den *numerus clausus* der Gegenstände, bzw. dem *numerus clausus* der denkbaren Verfügungsgeschäfte gewährleistet. Dieser *numerus clausus* ist daher kein beliebiger Selbstzweck, kein zufälliges normatives Kuriosum. Die Annahme eines gegenständlichen Anwartschaftsrechts neben dem entsprechenden (demgegenüber meist als „Vollrecht“ bezeichneten) Gegenstand ist mit dieser Systematik der Vermögenszuordnung unvereinbar.

Aus dem gleichen Grund sind ähnlich gelagerte Rechtsfiguren abzulehnen, wie die Annahme eines gegenständlichen „bedingten Rechts“ oder eines gegenständlichen „künftigen Rechts“. Die Regelungen des BGB, die die Sicherung „bedingter“ oder „künftiger“ Forderungen betreffen, oder die die Konvaleszenz von Verfügungen bei erst nachträglich hinzutretender Verfügungsbefugnis anordnen, können nicht zur Begründung solcher Rechtsfiguren herangezogen werden. Diese Regelungen untermauern vielmehr grundlegende Prinzipien der rechtsgeschäftlichen Dogmatik, sie entsprechen dem genannten Prinzip des *numerus clausus* der Gegenstände.

Selbstverständlich kann bei einer Verfügung die Rechtsfolge mit dem Eintritt bestimmter Ereignisse immer näher rücken, so dass man auf Seiten des Erwerbers der Anschaulichkeit halber bildhaft von einer heranwachsenden Anwartschaft sprechen kann, die schließlich im vollständigen Rechtserwerb aufgeht. Selbstverständlich kann ein Verfügungsgeschäft unter einer aufschiebenden Bedingung stehen, so dass der entsprechende Rechtserwerb nur noch allein vom Eintritt dieser Bedingung abhängt. Selbstverständlich kann einem Rechtssubjekt in der Zukunft (möglicherweise, wahrscheinlich) ein bestimmter Gegenstand zugeordnet sein, von dem man heute bereits als seinem „künftigen Recht“ sprechen mag. Um aber die Grundprinzipien der zivilrechtlichen Vermögenszuordnung nicht zu unterlaufen, verbietet es sich, diese Denkfiguren zu eigenen, der Verfügung hierüber zugänglichen Gegenständen zu verselbständigen.

Die herrschende Lehre geht von der Existenz eines solchen Anwartschaftsrechts beim Eigentumsvorbehaltskauf aus, wenn die Kaufsache an den Vorbehaltskäufer bedingt übereignet wurde, und der Eigentumswechsel nur noch vom Eintritt der Bedingung abhängt. Dabei handelt es sich bei genauer Betrachtung jedoch lediglich um ein (noch) unwirksames Verfügungsgeschäft. Die Tatbestandsmerkmale des Verfügungsgeschäfts sind vollständig gegeben, eine seiner Wirksamkeitsvoraussetzungen steht allerdings noch aus. Dementsprechend ist auch die rechtliche Relevanz der bereits durchgeführten Rechtshandlungen zu bestimmen: Durch den bereits erfüllten Tatbestand sind die Parteien an die Verfügung gebunden. Gegebenenfalls erforderliche, besondere subjektive Anforderungen an die Parteien müssen bei Bedingungseintritt nicht mehr vorliegen. Kollidierende Zwischenverfügungen über die Kaufsache werden gemäß dem Prioritätsprinzip bei Bedingungseintritt unwirksam.[212] Die Rechtsfolge des Verfügungsgeschäfts bleibt allerdings bis zum Hinzutreten der ausstehenden Wirksamkeitsvoraussetzung – dem Bedingungseintritt – suspendiert. Dementsprechend kann solange auch keine gegenständliche Rechtsänderung an dem Verfügungsobjekt eintreten.

212 vorbehaltlich des § 161 III BGB, siehe oben Fn. 136 und ausführlich unten S. 93 ff.

Teil 2: Die einzelnen Problemfelder hinsichtlich der Rechtsposition des Vorbehaltskäufers

Im Folgenden sollen die verschiedenen Problemfelder, die hinsichtlich der Behandlung der Rechtsposition des Vorbehaltskäufers bestehen, untersucht werden. Dabei wird dargelegt, dass die Lehre vom Anwartschaftsrecht - auch über die oben angeführte grundsätzliche Kritik an der Rechtsfigur des Anwartschaftsrechts hinaus – immer wieder gegen Grundprinzipien zivilrechtlicher Dogmatik verstößt. Bei den nun folgenden Ausführungen wird also die Existenz eines Anwartschaftsrechts als gegenständliches Recht an der Kaufsache als gegeben hingenommen. Davon ausgehend werden aber die Konsequenzen, die sich aus dieser Grundannahme nach der h. L. für die jeweiligen Fallgestaltungen ergeben, in systematischer Hinsicht hinterfragt.

A. Der Besitzschutz des Vorbehaltskäufers

In der klassischen Fallkonstellation des Eigentumsvorbehaltskaufs erhält der Vorbehaltskäufer sofort den Besitz an der Kaufsache, die Übergabe im Rahmen der aufschiebend bedingten Übereignung findet sofort statt. Nach der h. L. wird der Vorbehaltskäufer durch diesen Vorgang Inhaber eines Anwartschaftsrechts an der Sache selbst. Die überwiegende Zahl der Vertreter dieser Lehre folgert daraus ein eigenständiges „dingliches“[213] Besitzrecht, welches einerseits als Einwendung i.S.d. § 986 BGB gegen die Vindikation, § 985 BGB, durchgreift, andererseits bei Besitzverlust gegen den jetzigen Besitzer einen Herausgabeanspruch § 985 BGB analog gewährt.[214] Im Folgenden wird untersucht, ob – unter

213 Gemeint ist der Gegensatz zum (bloß) obligatorischen Besitzrecht gegenüber bestimmten Rechtssubjekten. Richtigerweise müsste man von einem gegenständlichen Recht sprechen. Die Bezeichnung „dinglich“ existiert in den Normen des BGB nicht. Sie hielt lediglich Einzug in die (erst seit 2002) amtlichen Paragraphenüberschriften, die maßgeblich von denen des Beck-Verlages übernommen wurden, wie etwa die Überschrift zu § 1094 BGB. Die genaue Bedeutung des Begriffes ist aber streitig, vgl. *Staudinger-Seiler*, Einl. zum Sachenrecht, Rn. 17; *Picker*, in FS Bydlinski, S. 270 ff. Mit Recht kritisch zum Begriff des „dinglichen“ Rechts auch *Füller*, Eigenständiges Sachenrecht?, S. 107 f.

214 Dafür etwa *Raiser*, Dingliche Anwartschaften, S. 75 ff.; *Bauknecht*, NJW 1955, S. 1251 f.; *Wieling*, Sachenrecht, Bd. 1, S. 803 ff.; *Baur/Stürner*, Sachenrecht, S. 850 f.; dagegen etwa *Zeranski*, AcP 203 (2003), S. 693 ff. (S. 706 ff.); *Brox*, JuS 1984, S. 657 ff. (S. 659); Ausführliche Darstellung des Meinungsstreits m.w.N. bei *Soergel-Henssler*, Anh. zu § 929 Rn. 77 ff.

Zugrundelegung seiner Existenz – aus dem Anwartschaftsrecht selbst tatsächlich ein gegenständliches Besitzrecht gegenüber jedermann zu folgern wäre.[215]

I. Das Anwartschaftsrecht als gegenständliches Besitzrecht

1. Die Legitimation eines gegenständlichen Besitzrechts

Ein aus dem Anwartschaftsrecht resultierendes Besitzrecht wird vor allem aufgrund praktischer Erwägungen postuliert: Der Erwerb eines Anwartschaftsrechts sei nur dann sinnvoll, wenn damit auch die „mit diesem verbundenen Befugnisse dinglich gesichert"[216] einher gingen. Auch bei anderen beschränkten dinglichen Rechten stünden dem Inhaber die Befugnisse des Eigentümers entsprechend zu, weshalb auch das Anwartschaftsrecht als ein solches Recht ein Besitzrecht nach sich ziehen müsse.[217]

Dieser pauschale Verweis auf andere beschränkte dingliche Rechte greift jedoch zu kurz. Denn ein Recht an einer Sache zieht nicht etwa *per se* ein Besitzrecht nach sich, quasi zwangsläufig allein aufgrund seines Wesens als gegenständliches Recht. Vielmehr geht damit (nur) deshalb ein Besitzrecht einher, weil der mit der Inhaberschaft verbundene Zweck den Besitz der Sache gerade erfordert. So folgt aus dem Nießbrauch oder dem Pfandrecht an einer Sache ein Recht zum Besitz, weil der jeweils damit verbundene Zweck ohne den Besitz an der Sache nicht verwirklicht werden könnte.

Für den Nießbrauch an Mobiliar ist dies wohl evident. Er berechtigt genau deshalb zum Besitz, § 1036 I BGB, damit dem Nießbrauchberechtigten die Nutzung der Sache ermöglicht wird. Anderenfalls würde der Zweck des Nießbrauchs vollständig unterlaufen werden.

Für das Pfandrecht an Mobiliar ist dies auf den ersten Blick dagegen weniger einsichtig. Da das Pfandrecht ein Sicherungs- und Verwertungsrecht darstellt, liegt dem Pfandrechtsinhaber eigentlich nichts am Besitz an sich, weil er die Sache lediglich gegebenenfalls verwerten, aber nicht nutzen will. Der Besitz ist daher für ihn – zumindest solange, bis der Sicherungsfall eintritt – kein zwingendes Erfordernis, um den mit dem Pfandrecht verbundenen Zweck erreichen

215 Dagegen wird auf eine Darstellung des possessorischen Besitzschutzes, §§ 858 ff. BGB, oder petitorischen Besitzschutzes, § 1007 BGB, verzichtet. Denn dort ist Anknüpfungspunkt lediglich der Besitz als solcher, nicht aber die Berechtigung des Besitzes. Die hier zu behandelnde Problematik hat aber lediglich Auswirkungen auf eine eventuelle Berechtigung des Besitzers.

216 *Baur/Stürner*, Sachenrecht, S. 850 f.

217 *Baur/Stürner*, Sachenrecht, S. 850 f.

zu können. Dennoch ist das Pfandrecht in der Zivilrechtsordnung als Faustpfand, §§ 1204 ff. BGB (insb. §§ 1205, 1253 BGB), ausgestaltet. Die Anforderungen an die im Rahmen seiner Bestellung erfolgende(n) Übergabe(surrogate) sind gegenüber der Übereignung und der Nießbrauchbestellung wesentlich strenger. Entsprechend ist auf Seiten des Verpfänders eine gesteigerte Form des Besitzverlustes erforderlich. Die Verpfändung einer Sache durch Vereinbarung eines Besitzmittlungsverhältnisses ist entgegen §§ 930, 1032 S. 2 BGB überhaupt nicht möglich, die Verpfändung durch Abtretung des Herausgabeanspruchs kann gegenüber §§ 931, 1032 S. 2 BGB nur erfolgen, wenn der Erwerber auch tatsächlich mittelbaren Besitz vom Verfügenden erlangt. § 1205 II BGB setzt daher den mittelbaren Besitz des Verpfänders voraus, zudem muss die Verpfändung dem unmittelbaren Besitzer angezeigt werden, um die im Rahmen der §§ 1204 ff. BGB zwingend erforderliche Publizität der Pfandrechtsbestellung zu gewährleisten, die bei einer bloßen Abtretung des Herausgabeanspruchs an sich fehlen würde.[218] Zudem gewährt das Gesetz dem Pfandrechtsinhaber bei Besitzverlust den Herausgabeanspruch §§ 1227, 985 BGB. Auch bei der Entstehung gesetzlicher Pfandrechte ist eine solche gesteigerte Publizität erforderlich.[219]

Dem mit dem Pfandrecht verbundenen Sicherungszweck wird nach der Vorstellung des Gesetzgebers nur dann ausreichend entsprochen, wenn dem Verpfänder weitestgehend die Möglichkeit genommen wird, über die Sache im Widerspruch zu der bereits vorgenommenen Verpfändung anderweitig zu verfügen. Dies soll erreicht werden, indem ihm der Besitz der Sache entzogen und auf den Pfandrechtsinhaber übertragen wird. Außerdem soll hierdurch erreicht werden, dass weitere potentielle Kreditgeber des Verpfänders die Sache nicht mehr als mögliche Sicherheit ansehen können.[220] Somit ist auch das mit dem Pfandrecht verbundene Besitzrecht kein aus seinem Wesen als gegenständliches Recht an der Sache folgender Automatismus. Vielmehr ist dies Konsequenz des mit dem Pfandrecht verbundenen Zwecks.

2. Die fehlende Notwendigkeit eines aus dem Anwartschaftsrecht zu folgernden Besitzrechts

Ob auch das Anwartschaftsrecht selbst zum Besitz der Sache berechtigt, hängt – wenn man seine gegenständliche Existenz grundsätzlich anerkennen möchte – also davon ab, ob der Zweck des Anwartschaftsrechts nur dann verwirklicht

---

218 *Staudinger-Wiegand*, § 1205 Rn. 27 ff.

219 dazu ausführlich unten, S. 110 f.

220 *Mugdan*, Die gesamten Materialien zum BGB für das deutsche Reich, Band III, S. 447; ausführlich zum Faustpfandrecht *Rudolph Schmidt*, AcP 134 (1931), S. 1 ff.

werden kann, wenn damit auch der Besitz der Sache einhergeht. Das Anwartschaftsrecht ist nach dem Selbstverständnis der h. L. ein Recht, vermöge dessen der Inhaber eine gesicherte *Erwerbs*position hinsichtlich des Eigentums innehat. Es handelt sich danach also um ein „gegenständliches Erwerbsrecht an der Sache".

Es ist jedoch nicht ersichtlich, warum der Erwerb einer Sache es erfordern sollte, bereits vor Vollendung des Erwerbsvorgangs im Besitz der Sache zu sein, um den Zweck dieses Erwerbsrechtes nicht zu unterlaufen. Der Eigentumserwerb vollzieht sich nach h. L. durch Erstarken des Anwartschaftsrechts zum (Voll-)Eigentum bei Bedingungseintritt. Damit wird der Anwartschaftsberechtigte nun Eigentümer und kann das damit verbundene Besitzrecht bzw. den damit verbundenen Herausgabeanspruch, § 985 BGB, geltend machen. Es besteht allerdings kein Bedürfnis, aus dem Anwartschaftsrecht vor Bedingungseintritt bereits ein gegenüber jedermann geltendes Besitzrecht zu folgern, um seinem Zweck als reinem Erwerbsrecht zu entsprechen.[221] Es berechtigt seinen Inhaber weder zur Nutzung, noch sind andere gesetzlichen Prinzipien (wie beim Pfandrecht) gegeben, die ohne den Besitz an der Sache nicht gewährleistet wären. Somit kann auch nach der h. L. ein solches Besitzrecht nach dogmatischen Grundsätzen nicht aus dem Anwartschaftsrecht als solchem resultieren, selbst wenn man es als beschränktes gegenständliches Recht an der Sache ansehen möchte. Es wäre diesbezüglich von Nießbrauch und Pfandrecht an beweglichen Sachen zu unterscheiden.

II. Das rein obligatorische Besitzrecht des Vorbehaltskäufers

1. Das im Vorbehaltskaufvertrag vereinbarte Besitzrecht

Dennoch kann dem Vorbehaltskäufer - bzw. demjenigen, der dessen Position aus der aufschiebend bedingten Eigentumsübertragung erworben hat - in einigen Fallkonstellationen ein Recht zum Besitz zustehen. Es handelt sich dann allerdings nicht um ein gegenständliches, sondern um ein (lediglich) obligatorisches Besitzrecht, das gegenüber dem Eigentümer der Sache besteht.

Gegenüber dem Vorbehaltsverkäufer lässt sich ein solches obligatorisches Besitzrecht unschwer aus dem zugrunde liegenden Kaufvertrag ableiten. Typischerweise soll der Vorbehaltskäufer bereits bei Vertragsschluss den unmittelbaren Besitz der Sache erhalten. Denn er soll die Sache – auch im Interesse des

221 so auch *Münch. Komm. – Baldus*, BGB, § 986 Rn. 10; *Marotzke*, Das Anwartschaftsrecht – ein Beispiel sinnvoller Rechtsfortbildung?, S. 118.

Vorbehaltsverkäufers - bereits jetzt wirtschaftlich nutzen und dafür einsetzen, seine Kaufpreisraten pünktlich zurückzahlen zu können. Dementsprechend erwächst dem Vorbehaltskäufer aus dem Kaufvertrag auch ein Anspruch gegen seinen Vertragspartner, ihm gegenüber zum Besitz berechtigt zu sein, § 986 BGB, solange das Kausalverhältnis ordnungsgemäß abgewickelt wird.[222]

Auch bei einer erneuten (dann unbedingten) Übertragung des Eigentums durch den Vorbehaltsverkäufer auf einen Dritten während der Schwebezeit[223] - dann gem. §§ 929 S. 1, 931 BGB – kann der Vorbehaltskäufer dem Erwerber dieses aus dem Kaufvertrag resultierende obligatorische Besitzrecht gleichermaßen entgegenhalten, § 986 II BGB. Selbst wenn die Sache kurzfristig in den Besitz des Vorbehaltsverkäufers zurückgelangt und dieser sie dann gem. §§ 929 S. 1, 930 BGB an einen Dritten veräußert, bevor sie dem Vorbehaltskäufer zurückgegeben wird, bleibt das obligatorische Besitzrecht aus dem Kaufvertrag weiter bestehen. Denn § 986 II BGB ist nach ganz h.M. auch auf Übereignungen gem. § 930 BGB analog anwendbar.[224]

Übertragt der Vorbehaltskäufer „seine Erwerbsposition" auf einen Dritten – wird also (nach h. L.) das Anwartschaftsrecht gem. § 929 ff. BGB analog auf einen Dritten übertragen -, und wird dabei auch der Besitz übertragen, so stellt sich die Frage, ob der Erwerber der Vindikation des Eigentümers, § 985 BGB, gleichermaßen dieses obligatorische Besitzrecht seines Vertragspartners entgegenhalten kann. Gem. § 986 I S. 1, 2. Alt. BGB kann er die Herausgabe ebenso verweigern wie der mittelbare Besitzer (Vorbehaltskäufer), von dem er sein Recht zum Besitz ableitet, soweit dieser zur Überlassung des Besitzes an Dritte gegenüber dem Vorbehaltsverkäufer befugt ist.[225] Es ist also – bei einer fehlenden ausdrücklichen Abrede der Parteien – der Kaufvertrag dahingehend auszulegen, ob dem Vorbehaltskäufer bei der Übertragung „seiner Erwerbsposition" an Dritte auch eine Übertragung des Besitzes gestattet sein soll. Anderenfalls wäre der Eigentümer berechtigt, zumindest die Rückgabe an den Vorbehaltskäufer zu fordern, § 986 I S. 2 BGB.

Die (ergänzende) Auslegung des Kaufvertrages wird aber in der Regel ergeben, dass eine derartige Gestattung beim einfachen Eigentumsvorbehalt nicht

---

222 Dies ist – unabhängig von der Frage, ob aus dem Anwartschaftsrecht selbst ein gegenständliches Besitzrecht folgt – unbestritten, vgl. *Staudinger-Gursky*, § 986 Rn. 13; *Serick*, Eigentumsvorbehalt und Sicherungsübertragung, Bd. I, S. 276, *Jauernig-Berger*, § 929 Rn. 59.

223 Zur (zumindest vorübergehenden) Wirksamkeit dieser Verfügung ausführlich unten S. 93 und S. 99 f.

224 BGHZ 111, S. 142 ff. (S. 145 ff.); *Staudinger-Gursky*, § 986 Rn. 55; *Münch. Komm. – Baldus*, BGB, § 986 Rn. 26.

225 *Staudinger-Gursky*, § 986 Rn. 40; *Brox*, JuS 1984, S. 657 ff. (S. 659).

vorliegt.[226] Der Verkäufer behält sich gerade deshalb das Eigentum an der Kaufsache vor, um dadurch seinen Kaufpreisanspruch gesichert zu wissen und im Sicherungsfall sein Eigentum heraus verlangen zu können. Dementsprechend besteht für den Vorbehaltskäufer die Obhutspflicht, mit der Kaufsache sorgsam und schonend umzugehen, solange dieser den Besitz dem Vorbehaltsverkäufer als Fremdbesitzer mitteln muss.[227] Darum soll nach dem Willen des Vorbehaltsverkäufers nur derjenige, mit dem er sich als Vertragspartner eingelassen hat, auch den unmittelbaren Besitz ausüben, denn nur diesem ist – bis zum (ungewissen) Eintritt der Bedingung – die Einwirkung auf seine Sache überlassen. Einem unbekannten Dritten jedoch soll dies nicht gestattet sein, da dieses besondere Vertrauen nur dem Vertragspartner des Vorbehaltsverkäufers gegenüber besteht.

Ein Wertungswiderspruch besteht auch nicht in folgendem Fall: Der Kaufvertrag ist zwar schon geschlossen, die Sache wird aber dem Käufer vor der Kaufpreiszahlung nicht etwa zwecks aufschiebend bedingter Übereignung, sondern ohne eine solche übergeben. Der Käufer überlässt nun den Besitz einem Dritten, wobei er diesem auch den Verschaffungsanspruch, §§ 433 I BGB, aus dem Kaufvertrag abtritt. Auch hier würde der Verkäufer mit der Vindikation gem. § 986 I S. 2 BGB durchdringen. Denn die oben beschriebene Interessenlage der Parteien, und damit die gem. § 986 I S. 2 BGB vorzunehmende Auslegung des Parteiwillens wird auch hier regelmäßig ergeben, dass der Käufer die Sache vor der Kaufpreiszahlung nicht aus der Hand geben darf. Auch aus der Abtretung des Anspruchs §§ 433 I BGB – sofern dieser nicht bereits ein in dieser Konstellation eventuell anzunehmendes Abtretungsverbot gem. § 399 2. Alt. BGB entgegensteht - ergibt sich kein Besitzrecht des Dritten. Denn Inhalt dieses Anspruchs ist hinsichtlich der damit einhergehenden Besitzverschaffung, dass (nur) derjenige im unmittelbaren Besitz der Sache sein soll, der auch für den Bedingungseintritt, also die Ratenzahlungen, Sorge zu tragen hat. Demnach kann sich hieraus für den Dritten kein Recht zum unmittelbaren Besitz ergeben, das er dem Vorbehaltsverkäufer entgegenhalten könnte.

Auch in der Fallkonstellation, in der „die Rechtsstellung“ des Vorbehaltskäufers von einem Nichtberechtigten erworben wurde,[228] kann gegenüber dem wahren Berechtigten mangels obligatorischer Rechtsbeziehung zu diesem kein hieraus resultierendes Besitzrecht bestehen. Lediglich gegenüber dem Vorbe-

---

226 *Flume*, AcP 161 (1962), S. 385 ff. (S. 399); *Lempenau*, Direkterwerb oder Durchgangserwerb bei Übertragung künftiger Rechte, S. 35 f.; *Staudinger-Gursky*, § 986 Rn. 40 m.w.N. Kritisch aber *Derleder*, ZHR 139 (1975), S. 20 ff. (S. 35 ff.).

227 BGH WM 1961, S . 1197 f.; BGH NJW 1961, S .1252 f.

228 Dies ist nach richtiger Ansicht nur in der Konstellation des sog. gutgläubigen Ersterwerbs möglich, siehe ausführlich unten S. 84 ff.

haltsverkäufer ist ein obligatorisches Besitzrecht aufgrund des Kaufvertrages gegeben, welches aber gegenüber dem wahren Berechtigten als rein relative Rechtsposition selbstverständlich bedeutungslos ist. Die Vindikation des Eigentümers wäre also begründet, obwohl der Vorbehaltskäufer weiterhin durch Herbeiführung des Bedingungseintritts die Wirksamkeit des Übereignungsgeschäfts herbeiführen kann, § 158 I BGB. Damit aber würde der bisherige Berechtigte sein Eigentum verlieren und wäre nun seinerseits der Vindikation des Erwerbers ausgesetzt, ohne ihr eine Einwendung entgegenhalten zu können.

Etwas anderes könnte sich allenfalls aufgrund der Wertung der §§ 932 ff., 816 I BGB ergeben. Denn würde in derselben Fallkonstellation diese Übereignung nicht aufschiebend bedingt, sondern unbedingt geschehen, so würde der (bisherige) Eigentümer sein Eigentum - vorbehaltlich des § 935 BGB - verlieren. Ihm bliebe lediglich gegen den Veräußerer der Anspruch auf den Erlös, § 816 I S. 1 BGB. Nun könnte man argumentieren, dass es ja aus Sicht des Eigentümers lediglich vom Zufall abhängt, ob diese Übereignung aufschiebend bedingt oder unbedingt war. Man könnte fragen, warum der Eigentümer bei einer aufschiebend bedingten Übereignung schutzwürdiger sein soll als bei der entsprechenden unbedingten Übereignung. Würde man beide Konstellationen gleich behandeln wollen, so könnte man den Eigentümer auch in diesem Fall auf Ansprüche gegen den Veräußerer beschränken. Dieser hätte dann gem. § 816 I S. 1 BGB an den (Noch-)Eigentümer bereits gezahlte Raten auszukehren, die (restliche) Kaufpreisforderung, § 433 II BGB, abzutreten sowie seine Rücktrittsmöglichkeit und -ansprüche, § 346 BGB, zu übertragen.

Eine solche Betrachtung würde jedoch einen effektiven Eigentumsschutz unterlaufen. Denn im Unterschied zum Fall des § 816 I BGB ist ja gerade kein Eigentumsverlust eingetreten, dieser liegt allenfalls in der Zukunft und hängt vom - ungewissen - Eintritt eines Ereignisses ab. Zwar ist in der Tat das zwischen dem Veräußerer und dem Erwerber getätigte Rechtsgeschäft für den Eigentümer nicht beeinflussbar und erscheint somit für diesen als zufällig. Doch eine Vindikation als elementares Recht des Eigentümers darf diesem erst dann versagt werden, wenn die Interessen des Besitzers demgegenüber höher zu bewerten sind. Wie oben gezeigt hat der Vorbehaltskäufer aber gerade kein gegenständliches Besitzrecht an der Sache. Ein obligatorisches Besitzrecht besteht lediglich gegenüber seinem Vertragspartner und kann dem Eigentümer daher nicht entgegengehalten werden. Die Position des Vorbehaltskäufers in dieser Situation ist nicht vergleichbar mit der des § 816 I S. 1 BGB, da ein Eigentumsverlust eben nicht eingetreten ist, sondern als ungewisses Ereignis in der Zukunft liegt.[229] Lediglich dann, wenn der Vorbehaltskäufer den überwiegenden Teil der

229 Allerdings hat der Eigentümer in dieser Konstellation natürlich auch die Möglichkeit,

Kaufpreisforderung bereits getilgt hat und zudem die restliche Tilgung nicht aufgrund von Liquiditätsschwierigkeiten in Frage steht, wäre den Interessen des Besitzers - trotz fehlendem Besitz*recht* - ausnahmsweise der Vorzug zu geben. In diesem Fall stünde dem Vorbehaltskäufer die *dolo-agit*-Einrede zu.[230]

Bei konsequenter Anwendung der Gesetzesdogmatik bleibt es bei diesem Ergebnis. Der Vindikationsanspruch steht dem Eigentümer zu und ist - ohne entgegenstehendes Besitzrecht des Vorbehaltskäufers auch durchsetzbar. Erst wenn das Eigentum (bei Bedingungseintritt) übergeht, steht der Vindikationsanspruch nunmehr dem neuen Eigentümer zu.

2. Die *dolo-agit*-Einrede

In denjenigen Fallkonstellationen, in denen der Eigentümer mit dem Vindikationsanspruch die Herausgabe an sich selbst (oder zumindest seinen Vertragspartner, § 986 I S. 2 BGB) durchsetzen kann, kann es zu einer Extremsituation kommen: Dem Eigentümer kann zwar kein aufgrund des Kaufvertrags bestehendes Besitzrecht entgegengehalten werden, allerdings kann der zum Eigentumswechsel führende Bedingungseintritt womöglich unmittelbar bevorstehen, etwa wenn nur noch die letzte Rate der Kaufpreisforderung zu begleichen ist. Der Vorbehaltskäufer (oder ein Dritter, der „dessen Rechtsposition" erworben hat) befände sich nun in der Situation, die Sache herausgeben zu müssen, obwohl sein Eigentumserwerb unmittelbar bevorsteht und daraufhin wiederum sein Vindikationsanspruch begründet wäre. Ein „hin und her" der Besitzlage wäre so vorgezeichnet.

Um dieses Ergebnis zu vermeiden, steht in diesen Fällen dem Besitzer gegen den Vindikationsanspruch des Eigentümers die *dolo-agit*-Einrede zu.[231] Das Herausgabeverlangen des Eigentümers wird als rechtsmissbräuchlich angesehen, wenn es in einer Situation erhoben wird, in der der herausverlangte Besitz der Sache in unmittelbarer zeitlicher Nähe wieder zurückverlangt werden könnte. Ein solches Verhalten ist durch kein schutzwürdiges Interesse des Anspruchsstellers mehr gedeckt und verstößt somit gegen Treu und Glauben, § 242 BGB.

---

sein noch bestehendes Eigentum gem. §§ 929, 931 BGB auf den Vorbehaltsverkäufer zu übertragen, Zug um Zug gegen Auskehr des bereits erzielten Erlöses sowie Abtretung der restlichen Kaufpreisforderung. Dies entspräche für diesen Fall der aufschiebend bedingten Veräußerung des Nichtberechtigten einer Genehmigung des Berechtigten bei der Anwendung von § 816 I S. 1 BGB (vgl. *Staudinger - Lorenz*, § 816 BGB, Rn. 9).

230 Siehe hierzu sogleich unten.

231 *Dolo agit, qui petit, quod statim redditutus est.* BGH Z 10, S. 69 ff. (S. 75); *Münch. Komm. – Baldus*, BGB, § 986 Rn. 9.

Eine solche Einrede gegen den Vindikationsanspruch des Eigentümers muss aber auf extreme Einzelfälle beschränkt bleiben. Denn der Bedingungseintritt ist – selbst wenn er nahe bevorsteht – nach wie vor ungewiss. Der Vindikationsanspruch als elementares Recht des Eigentümers darf aber nur dann versagt werden, wenn sein (baldiger) Eigentumsverlust als nahezu sicher anzusehen ist. Dies wird regelmäßig nur dann der Fall sein, wenn der überwiegende Teil der Kaufpreisforderung bereits getilgt ist und zudem die restliche Tilgung nicht durch Liquiditätsschwierigkeiten in Frage gestellt ist.[232]

232 So auch *Münch. Komm. – Baldus*, BGB, § 986 Rn. 10.

B. Der Erwerb der Rechtsposition des Vorbehaltskäufers nach Rechtsscheingrundsätzen?

Die Rechtsposition des Vorbehaltskäufers entsteht durch eine - aufschiebend bedingte – Eigentumsübertragung der Kaufsache. Der Vorbehaltskäufer ist dann in der Lage, wiederum über „seine Erwerbsposition“ zu verfügen, was nach der herrschenden Lehre eine rechtsgeschäftliche Verfügung über das Anwartschaftsrecht, das aufgrund der aufschiebend bedingten Übereignung entstanden ist, darstellt. Untersucht man nun die Frage, ob diese Verfügung auch vom Nichtberechtigten nach Rechtsscheingrundsätzen wirksam getroffen werden kann, so sind dabei zwei Konstellationen zu unterscheiden: Die aufschiebend bedingte Eigentumsübertragung des nur vermeintlichen Eigentümers (sog. gutgläubiger Ersterwerb) und die rechtsgeschäftliche Verfügung desjenigen, der nur vermeintlich eine solche Erwerbsposition innehat (sog. gutgläubiger Zweiterwerb).

I. Der sog. gutgläubige Ersterwerb

Diese Fallkonstellation wird in der Literatur einheitlich behandelt, der Erwerb nach Rechtsscheingrundsätzen wird allgemein für zulässig erachtet.[233] Da es sich bei der Verfügung des Vorbehaltsverkäufers, der auch tatsächlich Eigentümer der Sache ist, um eine – wenn auch aufschiebend bedingte – Eigentumsübertragung gem. § 929 S. 1 BGB handelt, kann die Sache dementsprechend von einem nichtberechtigten Vorbehaltsverkäufer gem. § 932 BGB gutgläubig erworben werden.

Die Gutgläubigkeit des Erwerbers muss dabei nur während der Einigung und der Übergabe vorliegen, eine im Zeitpunkt des Bedingungseintritts bestehende Bösgläubigkeit dagegen hindert diesen Erwerb nach Rechtsscheingrundsätzen nicht. Zur Begründung wird im Allgemeinen auf den Wortlaut des § 932 I BGB verwiesen.[234] Denn die subjektiven Voraussetzungen auf Erwerberseite müssen gemäß § 932 I BGB zu der Zeit gegeben sein, „zu der er nach diesen Vorschriften das Eigentum erwerben würde“. *Diese Vorschriften* (also die in § 929 BGB geregelten Eigentumsübertragungstatbestände) stellen aber lediglich die Tatbestandserfordernisse Einigung und (bei § 929 S. 1 BGB) Übergabe auf.

---

233 *Staudinger-Beckmann*, § 449 Rn. 76; *Münch. Komm.–Westermann*, BGB, § 449 Rn. 63; *Wilhelm*, Sachenrecht, S. 910; BGH Z 10, S. 69 ff. (S. 72 ff.)

234 BGH Z 10, S. 69 ff. (S. 72 ff.); *Flume*, AcP 161 (1962), S. 385 ff. (S. 392 f.); *Wiegand*, JuS 1974, S. 201 ff. (S. 207).

Dieses Ergebnis folgt jedoch bereits aus der grundsätzlichen Unterscheidung zwischen Tatbestandsmerkmalen einerseits und Wirksamkeitserfordernissen andererseits im Rahmen der Rechtsgeschäftslehre. Bei dem für die aufschiebend bedingte Eigentumsübertragung erforderlichen Bedingungseintritt, § 158 I BGB, handelt es sich in diesem Sinne um eine Wirksamkeitsvoraussetzung. Generell muss die für einen Rechtsscheintatbestand erforderliche Gutgläubigkeit des am Rechtsgeschäft Beteiligten aber nur im Zeitpunkt der Vornahme der Tatbestandsmerkmale (im engeren Sinne) vorliegen. Denn entsprechend dem Verkehrsschutzzweck der Rechtsscheintatbestände ist nur insoweit das Vorliegen der für den Eintritt der gewollten Rechtsfolge subjektiven Voraussetzungen zu fordern.[235]

Letztendlich kann es für die Anwendung des § 932 BGB auf die hier zu untersuchende Fallkonstellation keinen Unterschied machen, ob es sich um eine (normale) unbedingte oder um eine aufschiebend bedingte Eigentumsübertragung handelt. Der vom Besitz des Vorbehaltsverkäufers ausgehende Rechtsschein, der aus Sicht des Rechtsverkehrs auf seine Eigentümerstellung schließen lässt,[236] ist jedenfalls gegeben. Es ergeben sich dabei auch keinerlei Besonderheiten durch die Lehre vom Anwartschaftsrecht, nach der die Entstehung eines solches Anwartschaftsrechts erst das Produkt einer solchen (wirksamen) Verfügung darstellt.

II. Der sog. gutgläubige Zweiterwerb

In der Konstellation des sog. gutgläubigen Zweiterwerbs überträgt ein nur vermeintlicher Inhaber eines Anwartschaftsrechts ein solches auf ein anderes Rechtssubjekt. Tatsächlich aber ist entweder ein Dritter der Inhaber dieses Anwartschaftsrechts, oder es existiert überhaupt nicht. Diese Fallkonstellation wird innerhalb der Lehre vom Anwartschaftsrecht durchaus unterschiedlich behandelt, wobei aber nach überwiegender Ansicht – zumindest wenn ein Anwartschaftsrecht an der betreffenden Sache überhaupt existiert – auch hier ein gutgläubiger Erwerb analog §§ 932 ff. BGB möglich sein soll.[237]

Ob tatsächlich eine Übertragung des Anwartschaftsrechts durch einen Nichtberechtigten auf einen gutgläubigen Erwerber möglich ist, kann sich nur danach bestimmen, ob eine analoge Anwendung der Rechtsscheintatbestände §§ 932 ff. BGB auf diesen Fall nach den allgemeinen Grundsätzen des Rechtsscheinprinzips zulässig ist.

---

235 siehe oben S. 44 f. und besonders Fn. 133.

236 *Wiegand*, JuS 1974, S. 201 ff. (S. 206 ff.); *Wieling*, Sachenrecht, Bd. I, S. 123.

237 Zum Meinungsstand vgl. *Staudinger-Wiegand*, § 932 Rn. 130.

1. Das Prinzip des Rechtsscheins als allgemeines Gerechtigkeitsprinzip

Das Prinzip des Rechtsscheins[238] im deutschen Zivilrecht dient dem Schutz des Rechtsverkehrs bei rechtsgeschäftlichem Handeln. In bestimmten Fallkonstellationen wird das Vertrauen des Rechtsverkehrs in eine vermeintliche Rechtslage - die objektiv gar nicht oder anders vorliegt - geschützt, so dass der Rechtsverkehr letztlich im Rahmen eines Rechtsgeschäfts so behandelt wird, als würde jene vermeintliche Rechtslage tatsächlich vorliegen. Dieser Vertrauensschutz wird jeweils durch einen sog. Rechtsscheintatbestand gewährleistet.

Jeder im deutschen Zivilrecht existierende Rechtsscheintatbestand erfordert auf Seiten des Rechtsverkehrs zunächst die Gutgläubigkeit bezüglich dieser vermeintlich vorliegenden (und für ihn günstigen) Rechtslage. Dies allein reicht jedoch regelmäßig nicht aus. Erst wenn ein Rechtsschein nach außen erkennbar ist, der objektiv auf jene Rechtslage schließen lässt, auf die der Rechtsverkehr gutgläubig vertraut, und dieser Rechtsschein weiterhin von demjenigen, zu dessen Lasten nun nicht mehr die tatsächlich bestehende Rechtslage maßgeblich ist, zurechenbar gesetzt wurde,[239] ist der Rechtsscheintatbestand erfüllt. Unter diesen Voraussetzungen bestimmt sich die daraus ergebende Rechtsfolge nach dieser vermeintlich bestehenden Rechtslage. Es besteht also ein Spannungsverhältnis zwischen dem Schutz des Rechtsverkehrs einerseits, der gutgläubig auf eine vermeintliche Rechtslage vertraut, und dem Schutz des am konkreten Rechtsge-

---

238 vgl. grundsätzlich zum Prinzip des Rechtsscheins *Westermann*, JuS 1963, S. 1 ff.

239 Daher wird auch von einer gewichtigen Meinung in der Literatur zu Recht die Anwendung des § 366 HGB auf den Fall, in dem ein Scheinkaufmann über fremde bewegliche Sachen verfügt, abgelehnt. Denn hier ist die Person, die den Rechtsschein zurechenbar setzt (Scheinkaufmann) nicht identisch mit der Person, die den Rechtsverlust erleidet, vgl. *Bülow*, AcP 186 (1986), S. 577 ff. (581 ff.); *Münch. Komm.–Welter*, HGB, § 366 Rn. 28 m.w.N.; ausdrücklich offen gelassen in BGH NJW 1999, S. 425 ff. Bei einigen Rechtsscheintatbeständen wird allerdings bewusst auf das Erfordernis der Zurechnung verzichtet, so bei §§ 892, 893, 935 II, 2366, 2367 BGB, § 15 I HGB. Diese folgen dem sog. „reinen Rechtsscheinsprinzip", da die sich nach dem Rechtsschein ergebende Rechtsfolge unabhängig davon eintritt, ob derjenige, der von dem unrichtigen Rechtsschein betroffen wird, das Auseinanderfallen von wirklicher Rechtslage und Rechtsschein veranlasst hat (bzw. vorwerfbar dessen Beseitigung unterlassen hat). Diese Besonderheit lässt sich (abgesehen von dem Spezialfall des § 935 II BGB) dadurch erklären, dass es sich bei einem öffentlichen Register (Grundbuch, Handelsregister) bzw. einer öffentlichen Urkunde (Erbschein) um besonders „starke", für den Rechtsverkehr äußerst aussagekräftige Rechtsscheinträger handelt, so dass ein Verzicht auf das Erfordernis der Zurechenbarkeit letztlich entbehrlich erscheint. Vgl. zum „reinen Rechtsscheinprinzip" *Westermann*, JuS 1963, S. 6; *Gernhuber*, Bürgerliches Recht, S. 69.

schäft unbeteiligten Dritten, der darauf vertraut, dass sich seine Rechtsposition nicht zu seinem Nachteil verändert, ohne dass er selbst hierüber disponiert. Dieses Spannungsverhältnis wird aber nur dann zugunsten des Rechtsverkehrs aufgelöst, wenn dessen Vertrauen an einem objektiven, regelmäßig durch den Dritten zurechenbar gesetzten Rechtsschein festzumachen ist.

Hinter dieser dogmatischen Grundkonstruktion steht die Abwägung zweier Gerechtigkeitspostulate: Der Schutz des auf den Rechtsschein Vertrauenden gegenüber dem Schutz des von dem Rechtsschein Betroffenen. Die Existenz des konkreten Rechtsscheintatbestandes entspricht für den jeweiligen Lebenssachverhalt der legislativen Entscheidung, den Vertrauenden zu schützen, das Fehlen eines Rechtsscheintatbestandes entspricht dagegen jeweils der legislativen Entscheidung, den Betroffenen zu schützen. Das Schweigen des Gesetzes hat insoweit institutionelle Wirkung.[240]

Dieses Grundprinzip gilt für die gesetzlichen Rechtsscheintatbestände[241] wie die die mangelnde Vertretungsmacht überwindenden §§ 169-173 BGB, die die mangelnde Gläubigerstellung überwindenden §§ 405, 407, 408 BGB, den gutgläubigen Erwerb an Immobiliarrechten §§ 892 f., 1138, 1155, 1157 S.2 BGB oder an Mobiliarrechten §§ 932 ff., 1032 S. 2, 1207 f. BGB, den gutgläubigen Erwerb kraft Erbscheines (bzw. gutgläubige Leistung an den Erbscheininhaber) §§ 2366 f. BGB, die Publizität des Handelsregisters § 15 HGB, den die Beschränkung der Handlungsvollmacht überwindenden § 54 III HGB, den gutgläubigen Erwerb von einem Kaufmann in Betrieb seines Handelsgewerbes § 366 HGB und die die mangelnde Inhaberschaft überwindenden Art. 16, 17 WG. Gleichermaßen gilt dieses Grundprinzip aber auch für außergesetzliche, von Rechtsprechung und Literatur entwickelte Rechtsscheintatbestände, wie Anscheins- und Duldungsvollmacht,[242] Scheingesellschaft,[243] Scheingesellschafter,[244] Scheinkaufmann.[245]

---

240 *Westermann*, JuS 1963, S. 1 f.

241 Zur Systematik der gesetzlichen Vorschriften zum gutgläubigen Erwerb siehe auch die Aufsatzreihe von *Wiegand*, JuS 1974, S. 201 ff.; JuS 1974, S. 545 ff.; JuS 1975, S. 205 ff.; JuS 1975, S. 283 ff.; JuS 1978, S. 145 ff.

242 *Staudinger-Schilken*, § 167 Rn. 28 ff. m.w.N.

243 *Staub-Schäfer*, HGB, § 105 Rn. 367 ff.

244 *Münch. Komm.-K. Schmidt*, HGB, § 128 Rn. 5; § 105 Rn. 260.

245 *Staub–Oetker*, HGB, § 5 Rn. 24 ff.

2. Das Prinzip des Rechtsscheins in seiner konkreten Ausformung der §§ 932 ff. BGB

Den dieser Grundsystematik entsprechenden Rechtsscheinträger, durch den das Vertrauen des Rechtsverkehrs in die Berechtigung des Verfügenden objektiv manifestiert wird, stellt im Rahmen der §§ 932 ff. BGB der *Besitz* des Verfügenden dar; genauer gesagt die Möglichkeit des Verfügenden, seinem Vertragspartner den Besitz an der Sache zu verschaffen (*Besitzverschaffungsmacht*).[246] Maßgeblich für den Rechtsschein ist nicht nur die Vermutung, dass Besitz und Eigentum regelmäßig zusammenfallen, § 1006 BGB, sondern darüber hinaus die Macht, über den Besitz auch disponieren zu können. Vor allem anhand der Regelung des § 933 BGB wird deutlich, dass erst die Verschaffung des Besitzes durch den Veräußerer die Rechtsscheinwirkung entfaltet, die den gutgläubigen Erwerb letztlich legitimiert.[247] Dabei kann schon die Verschaffung mittelbaren Besitzes ausreichen, wenn damit gleichzeitig der Verlust der Besitzposition des Veräußerers einhergeht bzw. der Erwerber in eine nähere Besitzposition hinsichtlich der Sache gelangt.[248]

Zwar war der 1. Kommission zum Entwurf des BGB die geringere Tauglichkeit der Anknüpfung an den Besitz für die Gutgläubigkeit des Erwerbers gegenüber anderen Rechtsscheinträgern wie etwa dem *Grundbuch* durchaus bewusst. Daher hielt man es auch für geboten, im Rahmen der §§ 932 ff. BGB im Gegensatz zu den §§ 892 ff. BGB bereits grob fahrlässige Unkenntnis von der fehlenden Berechtigung für eine Bösgläubigkeit ausreichen zu lassen.[249] Den-

---

246 *Staudinger-Klinck*, Eckpfeiler des Zivilrechts, W., Rn. 41 ff; *Staudinger–Wiegand*, Vorbem. zu §§ 932 ff. Rn. 12 ff.; *Hager*, Verkehrsschutz durch redlichen Erwerb, S. 243 ff. „Bei beweglichen Sachen bildet an Stelle des Grundbuchs die Inhabung und der Besitz des Veräußerers, welche denselben befähigen, den Erfordernissen des dinglichen Vertrages in der Uebergabe zu genügen, die Grundlage des zu schützenden guten Glaubens.“, *Mugdan*, Motive zum BGB III, S. 191.

247 vgl. *Gernhuber*, Bürgerliches Recht, S. 72; *Wadle*, JZ 1974, S. 689 ff. (S. 695); *Martinek*, AcP 188 (1988), S. 575 ff. (S. 629 ff.).

248 siehe unten, S. 101 ff.

249 “...eine solche den Vorzug der Einfachheit tragende Regelung [ist] wegen der Verschiedenheit des Grundbuches und des Besitzstandes als Grundlagen des guten Glaubens nicht angängig. ... Hierin liegt eine Abweichung vom Immobilienrechte, welche sich dadurch rechtfertigt, dass das Grundbuch den Zweck hat, die gesammten Rechtsverhältnisse zur Kunde zu bringen, während bei beweglichen Sachen der Besitzstand einen weit unsicheren Schluß auf den Rechtsbestand zuläßt.“, *Mugdan*, Die gesamten Materialien zum BGB für das deutsche Reich, Band III, S. 191 f.. Im ersten Entwurf zum BGB war sogar vorgesehen, die Beweislast für die Gutgläubigkeit dem Erwerber aufzuerlegen. Erst die 2. Kommission hat sich dann mit der denkbar knappen Mehrheit von 9

noch geht der Gesetzgeber von der Grundannahme aus, dass der Eigentümer *in der Regel* auch den Besitz der Sache innehat, da er die Sache *in der Regel* selbst nutzen möchte.[250] Zwar ist es selbstverständlich auch denkbar, dass im Fall der Eigentumsübertragung der Erwerber nicht sofort den (unmittelbaren) Besitz an der Sache erhält (§§ 930, 931 BGB). Dabei geht das Gesetz aber davon aus, dass der Erwerber "über kurz oder lang" den Besitz erlangen wird,[251] denn schließlich will er die Sache nutzen.

Genauso geht das Gesetz von dem Regelfall aus, dass derjenige, dem ein beschränktes Recht an der Sache i.S.d. § 936 BGB (Nießbrauch oder Pfandrecht) zusteht, *in der Regel* auch Besitzer ist. Auch dies schlägt sich jeweils in gesetzlichen Vermutungen nieder, denn § 1006 BGB gilt über die Verweisungen §§ 1065, 1227 BGB auch zugunsten desjenigen, der ein beschränktes Recht an der Sache behauptet.[252] Für den Nießbrauch gilt das eben Gesagte, der Nießbraucher möchte "über kurz oder lang" den Besitz, um die Sache nutzen zu können. Der Pfandrechtsinhaber hat zwar kein Nutzungsrecht, allerdings soll er nach der gesetzlichen Wertung auch den Besitz der Sache erhalten, um den damit verbundenen Sicherungszweck effektiv zu gewährleisten.[253] Daher geht das Gesetz vom „Faustpfand" aus, auch der Pfandrechtsinhaber ist *in der Regel* im Besitz der Sache.

Selbstverständlich ist ein gutgläubiger (Zweit-)Erwerb weder bei Nießbrauch, noch beim Pfandrecht möglich. Dies liegt aber - wie gerade gezeigt - nicht daran, dass es an einem entsprechenden Rechtsscheinträger mangeln würde. Vielmehr ist der Nießbrauch als besondere Form der Dienstbarkeit schon grundsätzlich nicht übertragbar, weil dem das besondere Vertrauensverhältnis gegenüber dem Eigentümer entgegensteht.[254] Da das Pfandrecht dem Grundsatz der Akzessorietät unterliegt, muss ein gutgläubiger Zweiterwerb systematisch ausscheiden, da nur im rechtsgeschäftlichen Bereich überhaupt Raum für Vertrauensschutz bestehen kann.

---

zu 8 Stimmen für die heute geltende Beweislastumkehr entschieden, *Mugdan*, Die gesamten Materialien zum BGB für das deutsche Reich, Band III, S. 631 f.

250 *Mugdan*, Die gesamten Materialien zum BGB für das deutsche Reich, Band III, S. 191 ff.

251 Aus Sicht des Gesetzgebers stellt das dadurch entstehende Besitzmittlungsverhältnis zwischen Veräußerer und Erwerber ein Rechtsverhältnis dar, „auf Grund dessen der Veräußerer die veräußerte Sache zunächst noch zu behalten und demnächst herauszugeben habe.", *Mugdan*, Die gesamten Materialien zum BGB für das deutsche Reich, Band III, S. 625.

252 *Staudinger-Gursky*, § 1006 Rn. 6; *Münch. Komm.-Damrau*, BGB, § 1227 Rn. 5; *Wieling*, Sachenrecht, S. 196; *ders.*, Sachenrecht, Bd. I § 13 I 4 b.

253 *Staudinger-Frank*, § 1065 Rn. 14; *Münch. Komm.-Damrau*, BGB, § 1227 Rn. 5. Siehe auch oben S. 76 ff.

254 *Staudinger-Frank*, § 1059 Rn. 1; *Münch. Komm.-Joost*, BGB, 1092 Rn. 1.

Der Besitz kann also sowohl hinsichtlich des Eigentums, als auch hinsichtlich eines bestehenden Nießbrauchs oder Pfandrechts tauglicher Rechtsscheinträger sein. Hierin liegt kein logischer Widerspruch. Denn der bestehende Rechtsschein stützt immer nur die jeweilige Behauptung desjenigen, der zugunsten des gutgläubigen Rechtsverkehrs verfügt. Derjenige, der an einen Gutgläubigen ein solches Recht übertragen will, behauptet - zumindest konkludent - aber immer nur, entweder Eigentümer oder Nießbraucher oder Pfandgläubiger zu sein, niemals aber alles drei zugleich. Für jede einzelne dieser Behauptungen würde der Besitz - wie gezeigt - jeweils einen tauglichen Rechtsscheinträger darstellen.

Demnach geht das Gesetz also für die §§ 932-936 BGB davon aus, dass der Besitz - bzw. die Möglichkeit, diesen dem Erwerber zu verschaffen - an einer beweglichen Sache einen tauglichen Rechtsscheinträger dafür liefert, dass der Besitzer auch *wahrscheinlich* der Eigentümer ist und darüber hinaus die Sache auch lastenfrei ist. Wäre die Sache nämlich mit dem Recht eines Dritten belastet, so wäre *wahrscheinlich* dieser Dritte im Besitz der Sache. Aufgrund dieser objektiven Aussagekraft aus Sicht des Rechtsverkehrs macht das Gesetz den gutgläubigen Mobiliarerwerb – neben der Gutgläubigkeit des Erwerbers - vom Rechtsschein des Besitzes (bzw. der Besitzverschaffungsmacht) abhängig.

Das grundsätzliche Erfordernis der Zurechnung im Rahmen eines Rechtsscheintatbestandes wird dabei durch § 935 I BGB gewährleistet. Nur wenn der (bisherige) Rechtsinhaber den – zumindest unmittelbaren - Besitz an der Sache bewusst aufgegeben hat, ist der Rechtsscheintatbestand für den gutgläubigen Mobiliarerwerb erfüllt, denn nur dann ist der Rechtsschein auch zurechenbar gesetzt worden.[255]

3. Systemwidrigkeit der analogen Anwendung der §§ 932 ff. BGB auf das Anwartschaftsrecht

Entsprechend den oben dargestellten Grundsätzen müsste also für einen gutgläubigen Zweiterwerb die Besitzverschaffungsmacht als maßgeblicher Rechtscheinträger gleichermaßen auch auf die Inhaberschaft eines Anwartschaftsrechts schließen lassen, um eine analoge Anwendung der §§ 932 ff. BGB zu ermöglichen. Anderenfalls wäre ein Vorzug des Vertrauensschutzes des Rechts-

255 Nur bei bewusster Besitzaufgabe durch den Eigentümer (oder dem von diesem verschiedenen unmittelbaren Besitzer, § 935 I S. 2 BGB) trägt dieser „an dem Irrthume des Erwerbers über das Eigentum der Veräußerers…in der Regel…in höherem Grade Schuld als der Erwerber; deshalb ist es der Billigkeit mehr entsprechend, den Nachteil von dem Ersteren tragen zu lassen.“, *Mugdan*, Die gesamten Materialien zum BGB für das deutsche Reich, Band III, S. 191.

verkehrs gegenüber dem von dem gutgläubigen Erwerb Betroffenen nicht zu rechtfertigen. Der Rechtsverkehr müsste also berechtigterweise davon ausgehen können, dass der Inhaber eines Anwartschaftsrechts *in der Regel* auch den Besitz an der Sache verschaffen kann, genauso wie er dies bezüglich eines vermeintlichen Eigentümers, Pfandrechtsberechtigten oder Nießbrauchsberechtigten annehmen darf.

Diese Annahme ist jedoch für einen vermeintlichen Anwartschaftsberechtigten gerade nicht gerechtfertigt. Wie oben beschrieben streitet der Besitz an einer beweglichen Sache deshalb sowohl für die behauptete Eigentümerstellung wie auch für die behauptete Nießbraucherstellung, weil der Inhaber in beiden Fällen *in der Regel* die Sache für sich nutzen möchte. Die Sache befindet sich deshalb *in der Regel* in seinem Besitz, um eben diese Nutzung zu ermöglichen, auch wenn der Erwerb dabei jeweils ohne sofortige Erlangung des unmittelbaren Besitzes möglich ist.[256] Ein Pfandrecht dagegen berechtigt zwar lediglich gegebenenfalls zur Verwertung einer Sache, nicht aber zu deren Nutzung. Dennoch streitet der Besitz auch für einen vermeintlichen Pfandgläubiger, da das Gesetz in den §§ 1204 ff. BGB vom Faustpfandrecht ausgeht, und somit der Pfandgläubiger ebenfalls *in der Regel* im Besitz der Sache ist,[257] was dementsprechend auch mit der Pflicht zu Verwahrung der Sache einhergeht, § 1215 BGB.

Für ein behauptetes Anwartschaftsrecht an der Sache ist dieser Zusammenhang jedoch nicht gegeben, selbst wenn man von der gegenständlichen Existenz eines solchen Rechts tatsächlich ausgehen wollte. Denn das Anwartschaftsrecht berechtigt den Inhaber gerade nicht dazu, die Sache zu nutzen, und es sind auch keine anderen gesetzlichen Prinzipien (wie beim Pfandrecht) gegeben, die ein regelmäßiges Zusammenfallen von Besitz und Eigentum gewährleisten würden. Richtigerweise folgt aus dem Anwartschaftsrecht selbst kein Besitzrecht für seinen Inhaber, da es sich um ein reines Erwerbsrecht handelt, dessen Zweck unabhängig vom Besitz an der Sache verwirklicht werden kann.[258]

Somit kann der Besitz an einer beweglichen Sache (bzw. die Möglichkeit, diesen dem Erwerber zu verschaffen) kein tauglicher Rechtsscheinträger für die Inhaberschaft eines Anwartschaftsrechts sein.[259] Dies ist mit dem hinter dem Anwartschaftsrecht stehenden Zweck nicht in Einklang zu bringen. Auch existieren selbstverständlich für das Anwartschaftsrecht keinerlei besondere gesetzliche Maßgaben, die ein regelmäßiges Zusammenfallen von Besitz und Inhaber-

256 Eben weil der Eigentumserwerb regelmäßig zu dem Zweck erfolgt, die Sache nutzen zu können, geht der Gesetzgeber davon aus, dass der Berechtigte in diesen Fällen „über kurz oder lang“ den unmittelbaren Besitz an der Sache erhalten wird, vgl. oben S. 89.

257 Siehe oben S. 76 f.

258 Siehe oben S. 78 ff.

259 *Wiegand*, JuS 1974, S. 201 ff. (S. 211 f.); *Wilhelm*, Sachenrecht, S. 913 ff.

schaft gewährleisten würden, so wie dies beim Pfandrecht der Fall ist. Eine analoge Anwendung der §§ 932 ff. BGB auf den gutgläubigen Erwerb des Anwartschaftsrechts von einem nur vermeintlichen Inhaber ist somit mit den Grundsätzen des Rechtsscheinprinzips nicht zu vereinbaren und darf daher auch keine Anerkennung finden.

C. Der Schutz des Vorbehaltskäufers vor Zwischenverfügungen des Vorbehaltsverkäufers über die Kaufsache

Der Vorbehaltsverkäufer übereignet dem Vorbehaltskäufer die Sache aufschiebend bedingt. Dadurch ist der Eintritt der Rechtsfolge bis zum Bedingungseintritt suspendiert, § 158 I BGB. Da der Vorbehaltsverkäufer zunächst also Eigentümer bleibt, ist es jedenfalls denkbar, dass dieser – seine Pflicht aus dem Kaufvertrag verletzend – über sein Eigentum in der Zwischenzeit weitere rechtsgeschäftliche Verfügungen trifft. Dabei handelt es sich um Verfügungen des Berechtigten. Fraglich ist daher, in welchem Verhältnis diese Verfügungen zueinander stehen bzw. inwieweit der Vorbehaltskäufer von einer solchen Zwischenverfügung tatsächlich in seinem späteren Eigentumserwerb betroffen sein kann.

I. Der gesetzliche Verweis des § 161 III BGB für kollidierende Zwischenverfügungen

Zunächst ist festzustellen, dass eine eventuelle Kollision der Verfügungen des Vorbehaltsverkäufers überhaupt erst vorliegen kann, wenn die Bedingung – vollständige Erfüllung der Kaufpreisforderung – auch tatsächlich eintritt. Denn erst dann tritt die Rechtsfolge der bedingten Übereignung (Übergang des Eigentums) ein, die möglicherweise mit der Rechtsfolge der Zwischenverfügung kollidiert. In § 161 BGB, der die Wirksamkeit von Zwischenverfügungen während der Schwebezeit einer bedingten Verfügung regelt, wird die Unwirksamkeit der Zwischenverfügung dementsprechend nur „im Falle des Bedingungseintritts" angeordnet. Gem. § 161 III BGB kann allerdings die Zwischenverfügung bei Gutgläubigkeit des Erwerbers auch unabhängig von dem späteren Bedingungseintritt wirksam bleiben.

Exkurs: Die Systematik des § 161 III BGB[260]

1. Der vermeintliche Widerspruch des § 161 III BGB zum Rechtsscheinprinzip bei Verfügungen über Mobiliar

§ 161 III BGB stellt systematisch betrachtet eine Norm dar, durch die das Prioritätsprinzip[261], das grundsätzlich für im Widerspruch zueinander stehende Verfügungen gilt, zugunsten desjenigen überwunden werden kann, der durch die zeitlich später vorgenommene Verfügung begünstigt ist. Die konkreten Voraussetzungen, unter denen dabei das Prioritätsprinzip überwunden werden kann, stellt diese Norm jedoch nicht selbst auf, sondern ordnet hierfür eine entsprechende Anwendung der „Vorschriften zugunsten derjenigen, welche Rechte von einem Nichtberechtigten herleiten" an; also eben jener Normen, die „originär" den rechtsgeschäftlichen Erwerb eines Gegenstandes regeln, obwohl die entsprechende Berechtigung auf Seiten des Verfügenden nicht bzw. nicht im vollen Umfang vorhanden ist. Gem. § 161 III BGB muss sich die bei dem jeweiligen Rechtsscheintatbestand erforderliche Gutgläubigkeit nun auf das Nicht-Vorhandensein einer bereits vorgenommenen, bedingten Verfügung über den betreffenden Gegenstand beziehen.[262] Weiterhin müssen natürlich auch die übrigen Voraussetzungen des entsprechenden Tatbestandes, auf den jeweils verwiesen wird, gegeben sein, um zugunsten des gutgläubigen Erwerbers das Prioritätsprinzip zu überwinden.

Für Verfügungen über Mobiliar wird dabei also auf das Normkonstrukt der §§ 932 ff. BGB verwiesen.[263] Die erforderliche Gutgläubigkeit des Rechtsver-

---

260 Die Ausführungen im folgenden Exkurs sind gleichermaßen übertragbar auf weitere Normen, die „die Vorschriften zugunsten derjenigen, welche Rechte von einem Nichtberechtigten herleiten" für entsprechend anwendbar erklären. Dies sind neben § 161 III BGB auch die §§ 135 II, 2113 III, 2129 II S. 1, 2211 II BGB, 325 II ZPO. All diesen Normen liegt eine einheitliche Systematik im Hinblick auf ihre Funktion als Rechtsscheintatbestände zugrunde.

261 siehe oben S. 45 ff.

262 wann dabei eine Gut- bzw. Bösgläubigkeit (also ob grob fahrlässige Unkenntnis oder positive Kenntnis erforderlich ist) gegeben ist, hängt von den Anforderungen des konkreten Rechtsscheintatbestandes ab, auf den jeweils verwiesen wird. Wird in der konkreten Fallkonstellation etwa auf § 2366 BGB verwiesen, so ist für die Bösgläubigkeit des Erwerbers positive Kenntnis erforderlich. Wird dagegen etwa auf §§ 932 ff. BGB verwiesen, so reicht bereits grob fahrlässige Unkenntnis aus.

263 selbstverständlich auch auf §§ 1207 f. und § 1032 S. 2 BGB, z.B. verweist § 161 III BGB auf § 1207 BGB, wenn eine Sache verpfändet werden soll, die bereits aufschiebend bedingt übereignet wurde. Der Einfachheit halber soll im Folgenden aber lediglich der Verweis auf §§ 932 ff. BGB untersucht werden, da es sich jeweils um denselben

kehrs muss sich nun darauf beziehen, dass der Verfügende nicht bereits bedingt über die bewegliche Sache verfügt hat, und es sich damit bei der nun vorgenommenen Verfügung um eine Zwischenverfügung während der Schwebezeit handelt. Entsprechend der Systematik des oben dargelegten Rechtsscheinprinzips müsste aber außerdem der maßgebliche Rechtsscheinträger - die Möglichkeit des Verfügenden, dem Erwerber den Besitz zu verschaffen - das Vertrauen des Rechtsverkehrs in diese Annahme objektiv manifestieren, um einen privilegierten Erwerb legitimieren zu können.[264]

Bei näherem Hinsehen stellt man allerdings fest, dass gerade diese Verknüpfung zwischen der von dem Rechtsverkehr angenommenen Rechtslage und einem von der Besitzverschaffungsmacht ausgehenden Rechtsschein hier fehlt. Der Besitz an einer Sache kann schlechterdings keine Aussage darüber treffen, ob bereits eine bedingte Verfügung über die bewegliche Sache getroffen wurde, oder ob dies nicht der Fall ist. Der Besitz stellt nur deshalb einen tauglichen Rechtsscheinträger für ein behauptetes (lastenfreies) Eigentum, Nießbrauchs- oder Pfandrecht dar, weil es dem tatsächlichen Regelfall entspricht, dass diese Rechte mit dem Besitz zusammenfallen.[265] Für den Fall einer bedingten Verfügung über eine bewegliche Sache ist jedoch keine solche Regelmäßigkeit gegeben, dass sich der Besitz in der Regel noch beim Verfügenden oder schon bei seinem Vertragspartner befinden würde: Die Übertragung von Eigentum und die Bestellung eines Nießbrauchs sind – im Gegensatz zur Verpfändung – sowohl durch sofortige Einräumung des unmittelbaren Besitzes, als auch durch Einräumung von lediglich mittelbaren Besitz möglich, §§ 930, 931, 1032 S. 2 BGB. Zwar geht der Gesetzgeber bei diesen Verfügungsgeschäften davon aus, dass der Erwerber alsbald auch den unmittelbaren Besitz an der Sache erlangen wird. Dies genau deswegen, weil das Eigentum/der Nießbrauch regelmäßig erworben wurde, um die Sache tatsächlich nutzen zu können.[266] Wird die Verfügung aber nur bedingt vorgenommen, so hängt der Verfügungserfolg - und damit der Erwerb des Gegenstandes, der die Regelvermutung nach sich zieht – nach dem Parteiwillen noch von einem künftigen, ungewissen Ereignis ab. Solange diese Bedingung aber noch nicht eingetreten ist, ist auch nicht davon auszugehen, dass die Sache dem (künftigen) Erwerber *regelmäßig* bereits übergeben wurde. Somit kann in diesem Fall der Besitz der beweglichen Sache keine Aussagekraft haben bezüglich der Frage, ob über die Sache möglicherweise bereits eine bedingte Verfügung getroffen wurde.

Rechtsscheinträger handelt und somit die Problematik jeweils identisch ist.

264 siehe oben S. 86 ff.

265 siehe oben S. 88 ff.

266 siehe oben S. 88 f.

Es handelt sich somit bei § 161 III BGB zwar um einen Rechtsscheintatbestand, da sich die Rechtsfolgen der Zwischenverfügung nach der vom Rechtsverkehr vorgestellten Rechtslage, nicht aber nach der tatsächlichen Rechtslage bestimmen. Allerdings existiert dabei – da außer dem Besitz kein anderer Anknüpfungspunkt für die dabei erforderliche Gutgläubigkeit in Frage kommt – gerade kein tauglicher Rechtsscheinträger.[267]

2. Die unterschiedliche Behandlung von Mobiliar und Forderungen trotz gleichermaßen fehlendem Rechtsscheinträger

Angesichts dieser Feststellung ist es zunächst erstaunlich, dass § 161 III BGB einen gutgläubigen Erwerb - trotz eines hier völlig fehlenden Rechtsscheinträgers - nur insoweit anordnet, als „originäre" Rechtsscheintatbestände existieren, die den gutgläubigen Erwerb des jeweiligen Gegenstandes, über den verfügt wird, überhaupt ermöglichen. Mit anderen Worten kann gemäß § 161 III BGB zwar z.B. Mobiliar, nicht aber eine Forderung unabhängig von einer bereits vorgenommenen, bedingten Verfügung hierüber erworben werden. Eben weil es für Mobiliar mit den §§ 932 ff., 1032 S. 2, 1207 f. BGB Vorschriften gibt, „welche Rechte von einem Nichtberechtigten herleiten", nicht aber (mit Ausnahme der Spezialfälle §§ 405, 2366 BGB und Art. 16 II, 17 WG) für Forderungen. Dies wiederum ist damit begründet, dass es im Rahmen der §§ 932 ff. 1032 S. 2, 1207 f. BGB mit jenem „Besitzelement" einen Rechtsscheinträger gibt, der für Forderungen aber nicht existiert.

Diese Differenzierung erscheint aber insoweit als nicht gerechtfertigt, als es ja bei der Verweisnorm des § 161 III BGB einen Rechtsscheinträger überhaupt nicht gibt, sowohl was Verfügungen über Mobiliar betrifft, als auch was Verfü-

267 noch deutlicher ist dies bei anderen, systematisch gleichlaufenden Normen, die ebenfalls auf „die Vorschriften zugunsten derjenigen, welche Rechte von einem Nichtberechtigten herleiten" verweisen, vgl. §§ 135 II, 2113 III, 2129 II S. 1, 2211 II BGB, 325 II ZPO: Wird etwa eine Nacherbschaft angeordnet, so ist der jetzige Eigentümer (Vorerbe) regelmäßig im Besitz der Sache, genauso wie er es wäre, wenn keine Nacherbschaft angeordnet wäre (§ 2113 III BGB). Ebenso hat der Besitz keinerlei Aussagekraft über die Frage, ob die Sache streitbefangen ist oder nicht (§ 325 II ZPO). Ebenso kann der Besitz an einer Sache kein Indiz über die Verfügungsmacht des Verfügenden geben, da die Sache typischerweise im Besitz desjenigen verbleibt, dem die Verfügungsmacht entzogen wurde (§§ 135 II, 2129 II S. 1, 2211 II BGB). Obwohl es zu diesen Normen mitunter umfangreiche Literatur gibt, existieren lediglich vereinzelt knappe Hinweise auf die mangelnde Aussagekraft des Rechtsscheinträgers „Besitz" in diesen Fällen, vgl. *Stein/Jonas - Leipold*, § 325 Rn. 40; *Hager*, „Verkehrsschutz durch redlichen Erwerb", S. 240; *Berger*, „Rechtsgeschäftliche Verfügungsbeschränkungen", S. 35; *Paulus*, in FS für Nipperdey I, S. 909 ff. (S. 915 ff.).

gungen über Forderungen betrifft.[268] Daher sollte man an sich auch eine einheitliche gesetzliche Behandlung dieses Falles erwarten, da letztendlich nur die Verschiedenartigkeit des jeweiligen Rechtsscheinträgers einen Unterschied in der Ausgestaltung des jeweiligen Rechtsscheintatbestandes rechtfertigen kann.

Für eine Korrektur dieses aufgezeigten Widerspruchs durch eine „berichtigende" Auslegung des § 161 III BGB dahingehend, dass auch Verfügungen über Forderungen und sonstige Rechte von der Verweisung umfasst wären, ist dabei aber kein Raum. Der Gesetzgeber hat diese Differenzierung bewusst und in eindeutiger Weise angeordnet. Er hat nicht etwa stattdessen normiert, dass „gem. § 161 III BGB die Wirkung der § 161 I, II BGB bei Vorliegen einer diesbezüglichen Gutgläubigkeit auf Seiten des Erwerbers nicht eintritt", was ausnahmslos alle Verfügungen erfasst hätte. Etwa in § 2366 BGB hat der Gesetzgeber genau eine solche Regelung getroffen, die sämtliche Verfügungen des Scheinerben unabhängig vom konkreten Verfügungsgegenstand erfasst.[269] Dies erscheint auch konsequent, da es sich im Rahmen des § 2366 BGB mit dem Erbschein um immer denselben Rechtsscheinträger handelt, der über die fehlende Erbenstellung hinwegtäuscht, egal über welchen Erbschaftsgegenstand der Scheinerbe verfügt. Die unterschiedliche Formulierung des § 2366 BGB einerseits und des § 161 III BGB andererseits ist zu deutlich, so dass eine Ausweitung des Anwendungsbereichs durch „berichtigende" Auslegung nicht in Betracht kommt.

3. Normzweck des § 161 III BGB und Legitimation der unterschiedlichen Behandlung von Mobiliar und Forderungen

Dieser in § 161 III BGB – scheinbar – enthaltene logische Widerspruch ist jedoch aus seinem legislatorischen Motiv heraus verständlich: Bei einer Verfügung über einen Gegenstand ist der wohl schwerwiegendste Hinderungsgrund für den Eintritt des Verfügungserfolges die fehlende Berechtigung – also das Nichtvorhandensein eben dieses Gegenstandes auf Seiten des Verfügenden. Wenn aber sogar diese fehlende Wirksamkeitsvoraussetzung für einige Verfügungen durch Rechtsscheintatbestände, §§ 892 f., 932 ff. BGB etc., überwunden werden kann, so erscheint es konsequent, dass erst recht ein weniger schwerwiegender Hinderungsgrund für den (dauerhaften) Erfolg der Verfügung durch einen Rechtsscheintatbestand überwunden werden kann. Es erscheint also konsequent, dass durch § 161 III BGB eine Verfügung z.B. über das Eigentum an

---

268 Für Verfügungen über Immobiliar stellt sich dieses Problem nicht. Hier kann die entsprechende Tatsache, die einem (dauerhaften) Erwerb des Immobiliarrechtes entgegenstehen könnte, im Grundbuch eingetragen werden (Rechtshängigkeitsvermerk, Testamentsvollstreckervermerk, Nacherbenvermerk etc.).

269 vgl. statt aller *Soergel-Zimmermann*, § 2366 Rn. 6.

einer beweglichen Sache mit einem dauerhaften Erfolg ermöglicht wird, obwohl bereits eine aufschiebend bedingte, der jetzigen Verfügung entgegenstehende Verfügung über das Eigentum erfolgt ist. Denn wegen der §§ 932 ff. BGB kann die Verfügung ja sogar dann Erfolg haben, wenn der Verfügende von vorne herein überhaupt nie Eigentümer der Sache war.

Doch gerade aus der Betrachtung des § 161 III BGB aus seinem legislatorischen Motiv heraus erklären sich die – scheinbaren – logischen Widersprüche seiner rechtstechnischen Umsetzung. Da § 161 III BGB nur für diejenigen Fälle relevant wird, in denen das Gesetz einen gutgläubigen Erwerb des Gegenstandes als solchen kennt, soll dadurch ein Widerspruch zwischen den „originären" Vorschriften des gutgläubigen Erwerbs und den auf diese Vorschriften verweisenden Normen vermieden werden.[270] Als ein solcher Widerspruch wäre es etwa zu sehen, wenn einerseits wegen der §§ 932 ff. BGB ein Eigentumserwerb sogar unabhängig von der Tatsache erfolgreich sein kann, ob der Verfügende Eigentümer ist oder nicht (wenn die Voraussetzungen der §§ 932 ff. BGB gegeben sind), der (dauerhafte) Eigentumserwerb aber wegen § 161 I BGB davon abhängen würde, ob bereits eine aufschiebend bedingte Eigentumsübertragung an einen Dritten vorgenommen wurde. Ein solcher Widerspruch kann bei Verfügungen über eine Forderung oder ein sonstiges Recht mangels den §§ 932 ff. BGB entsprechenden Vorschriften hierfür naturgemäß erst gar nicht entstehen.

Somit ist die Anwendung des § 161 III BGB – genau wie §§ 135 II, 2113 III, 2129 II S. 1, 2211 II BGB, 325 II ZPO - stets als Zusammenspiel mit (für Mobiliar) der originären Anwendung der §§ 932 ff. BGB zu sehen, da er letztlich (nur) die Funktion hat, ein Unterlaufen der §§ 932 ff. BGB zu verhindern. Denn wenn eine Verfügung sogar gänzlich ohne Berechtigung des Verfügenden aufgrund eines Rechtscheintatbestands wirksam sein kann (was wohl an sich den „bedeutsamsten" Unwirksamkeitsgrund für eine Verfügung darstellt), so wäre es widersinnig, wenn ein weniger „bedeutsamer" Unwirksamkeitsgrund (§ 161 I BGB) bei derselben Verfügung nicht durch einen Rechtsscheintatbestand überwunden werden könnte.

Exkurs Ende

270 einen ähnlichen Ansatz verfolgt auch *v. Olshausen*, JZ 1988, S. 584 ff. (S. 586 ff.), der allerdings seine Untersuchung dieser Fragen im Hinblick auf den fehlenden Rechtsscheinträger lediglich auf die Norm des § 325 II ZPO beschränkt. Diese ist aber in ihrer Systematik mit § 161 III BGB völlig gleichlaufend, vgl. oben Fn. 260.

Den wohl relevantesten Fall einer kollidierenden Zwischenverfügung des Vorbehaltsverkäufers stellt die Eigentumsübertragung auf einen Dritten dar. Da sich die Sache durch die regelmäßig bereits durchgeführte Übergabe im Rahmen der bedingten Übereignung bereits im unmittelbaren Besitz des Vorbehaltskäufers befindet, handelt es sich hierbei um eine Eigentumsübertragung gem. §§ 929 S. 1, 931 BGB durch Abtretung des Herausgabeanspruchs aus dem Verhältnis mit dem Vorbehaltskäufer. Diese Eigentumsübertragung ist - jedenfalls bis zum Bedingungseintritt - wirksam. Bei Bedingungseintritt wird sie jedoch gem. § 161 I BGB unwirksam, es sei denn, die Unwirksamkeit der Zwischenverfügung kann gem. § 161 III BGB überwunden werden. § 161 III BGB ordnet eine entsprechende Anwendung derjenigen Vorschriften an, welche Rechte von einem Nichtberechtigten herleiten. Da hier die Zwischenverfügung gem. §§ 929 S. 1, 931 BGB erfolgt, handelt es sich für diesen Fall also um einen Verweis auf § 934 BGB. Der Vorbehaltsverkäufer ist wegen des durch den Vorbehaltskauf entstehenden Besitzmittlungsverhältnisses tatsächlich mittelbarer Besitzer der Sache, weshalb hier § 934 1. Alt. BGB maßgeblich ist. Danach wiederum würde der (gutgläubige) Dritte, dem der Anspruch aus dem Besitzmittlungsverhältnis abgetreten wird, auch bei Bedingungseintritt entgegen dem Prioritätsprinzip Eigentümer der Sache bleiben, da die eigentlich gem. § 161 I BGB angeordnete Unwirksamkeit der Zwischenverfügung nun gem. §§ 161 III i.V.m. 934 1. Alt BGB überwunden würde. Denn nach § 934 1. Alt. BGB ist lediglich die Abtretung des Herausgabeanspruchs an den Erwerber erforderlich, und diese liegt hier vor. Die Voraussetzungen §§ 161 III, 934 1. Alt. wären damit dem Wortlaut nach erfüllt.

Die herrschende Lehre vom Anwartschaftsrecht ist sich allerdings im Ergebnis darüber einig, dass in dieser Konstellation der Vorbehaltskäufer bei Bedingungseintritt nicht von der Zwischenverfügung betroffen ist. Begründet wird dies mit der Anwendung des § 936 III BGB. Teilweise wird dabei das Anwartschaftsrecht als Belastung der Kaufsache aufgefasst, weshalb § 161 III BGB als direkter Verweis auf § 936 BGB zu verstehen sei. Da der Vorbehaltskäufer im Besitz der Sache ist, scheitere danach bei der Zwischenverfügung ein gutgläubiger Erwerb an § 936 III BGB.[271] Teilweise wird § 161 III BGB auch – entsprechend dem oben Dargestellten – als Verweis auf § 934 1. Alt. BGB betrachtet, wobei aber dann der Vorbehaltskäufer durch die analoge Anwendung des § 936 III BGB geschützt sein soll.[272]

Bei richtigem Verständnis der §§ 932 ff. BGB ist eine solche Analogie zu § 936 BGB allerdings überhaupt nicht erforderlich, um zu dem interessengerech-

271 *Zeranski*, AcP 203 (2003), S. 693 ff. (S. 698); *Wieling*, Sachenrecht, Bd. 1, S. 804 f.
272 *Staudinger–Beckmann*, § 449 Rn. 64.

ten und auch zutreffenden Ergebnis zu gelangen, dass der Vorbehaltskäufer vor Zwischenverfügungen während der Schwebezeit geschützt ist, wenn er im Besitz der Sache ist: Zunächst ist festzuhalten, dass in der dargestellten Konstellation § 161 III BGB allein auf § 934 BGB verweist.[273] Ein Verweis auf § 936 BGB liegt schon deshalb nicht vor, weil es nach zutreffender Ansicht ein gegenständliches Anwartschaftsrecht an der Sache nicht gibt, und dies somit auch keine Belastung darstellen kann, bezüglich der bei Veräußerung ein gutgläubiger lastenfreier Erwerb in diesem Sinne möglich sein kann.

Im Übrigen wäre bei einem solchen Verständnis die Norm des § 161 BGB im Hinblick auf einen Schutz vor Zwischenverfügungen vollständig überflüssig. § 161 I BGB wäre überflüssig, weil das an der Sache bestehende Anwartschaftsrecht sich bei Bedingungseintritt *per se* als Eigentum an der Sache fortsetzen würde. Eine in der Zwischenzeit erfolgte anderweitige Verfügung über die Sache würde demnach ohnehin bei Bedingungseintritt unwirksam werden, weil durch dieses „Erstarken" des Anwartschaftsrechts zum Vollrecht die bis dahin bestehende Berechtigung vollständig verdrängt würde. § 161 I BGB hätte über die bloße Beschreibung des Wesens des Anwartschaftsrechts also keinen eigenständigen Regelungsgehalt mehr.[274] Genauso wäre § 161 III BGB überflüssig, denn die Frage, ob bei einer Veräußerung der (insoweit gutgläubige) Erwerber das Eigentum frei von einem daran bestehenden Anwartschaftsrecht erwerben kann, wäre ohnehin unmittelbar anhand des § 936 BGB zu beantworten. Denn das Anwartschaftsrecht stellt ja nach h. L. eine solche Belastung der Sache i.S.d. § 936 BGB dar. Es bedürfte keiner Norm mehr, die – wie § 161 III BGB - erst auf die Vorschriften zum gutgläubigen Erwerb verweist. Somit ist die Existenz des § 161 BGB auch als zusätzlicher Beleg dafür anzusehen, dass die Lehre vom Anwartschaftsrecht nicht mit der gesetzlichen Systematik in Einklang steht, da dieser ansonsten keinen eigenständigen Regelungsgehalt hätte.

---

273 wie eben dargelegt S. 99.

274 natürlich ist die Regelung des § 161 I BGB auch bei richtigem Verständnis insofern deklaratorisch, als sie lediglich eine Konsequenz aus dem allgemein für Verfügungen geltenden Prioritätsprinzip normiert, siehe oben S. 45 ff.. Allerdings stellt § 161 I BGB dies noch einmal klar, während sich ein Eigentumserwerb durch „Erstarken" eines Anwartschaftsrechts völlig unabhängig vom Prioritätsprinzip vollziehen würde und somit § 161 BGB nach herrschender Lehre vollständig entbehrlich wäre.

II. Die Systematik der §§ 932 ff. BGB im Hinblick auf das Erfordernis des Besitzwechsels

Doch auch die Anwendung der §§ 161 III, 934 1. Alt BGB in der dargestellten Konstellation führt nicht dazu, dass die Zwischenverfügung trotz Bedingungseintritt wirksam bleibt und damit das Prioritätsprinzip zugunsten des gutgläubigen Dritten überwunden wird. Zwar gelangt man durch ein einfaches Subsumieren in der Tat zu einem gutgläubigen Erwerb bezüglich der Zwischenverfügung, da nach § 934 1. Alt. BGB lediglich die Abtretung des Herausgabeanspruchs erforderlich ist, was hier auch erfolgt.[275] Allerdings würde ein solches Verständnis des § 934 1. Alt. BGB in diesem Fall der Grundsystematik der §§ 932 ff. BGB zuwiderlaufen:

Die §§ 932 ff. BGB stellen – wie alle Rechtsscheintatbestände - Voraussetzungen auf, unter denen das Vertrauen des Rechtsverkehrs in eine vermeintliche Rechtslage den Vorzug genießt gegenüber demjenigen, der von diesem Vertrauensschutz nachteilig betroffen wird. Maßgeblich dafür, ob im Einzelfall das Vertrauen des Rechtsverkehrs gegenüber dem Bestandsinteresse des Berechtigten geschützt wird, ist die Frage, inwieweit einerseits der gutgläubige Erwerber durch das Verfügungsgeschäft bereits Besitz an der Sache erlangt, und inwieweit demgegenüber der Berechtigte seine Besitzposition einbüßt.

Das Gesetz geht bei der Eigentumsübertragung §§ 929 ff. BGB vom Traditionsprinzip aus.[276] Der Veräußerer muss also im Rahmen des Verfügungsgeschäfts dem Erwerber den (un-)mittelbaren Besitz an der Sache verschaffen. Denn durch die Übergabe(surrogate) macht er seinen Willen, die Sache an seinen Vertragspartner zu übereignen, im Verhältnis der Parteien zueinander ersichtlich.[277] Umgekehrt ist im Rahmen der §§ 932 ff. BGB ein gutgläubiger Erwerb nur möglich, wenn dem Berechtigten ein Auseinanderfallen von Besitz und Eigentum, was auf Seiten des Veräußerers den Rechtsschein seiner Berechtigung erzeugt, zurechenbar ist. Stellt man diese Grundprinzipien einander gegenüber, so erscheint der Rechtsverlust des Berechtigten erst dann als legitimiert, wenn dem gutgläubigen Erwerber vom Veräußerer eine nähere tatsächliche (Besitz-

275 wie eben dargelegt S. 99 f.

276 freilich ist das Traditionsprinzip im BGB stark relativiert, da der Gesetzgeber auch Übereignungstatbestände ohne eigentliche Übergabe geschaffen hat (§§ 929 S. 2, 930, 931 BGB), um die Übertragung von Eigentum für den Rechtsverkehr zu erleichtern. Dennoch entspricht das Traditionsprinzip dem gesetzgeberischen Leitbild bei der Übereignung von Mobiliar, vgl. *Staudinger-Wiegand*, Vorbem. zu §§ 929 ff. Rn. 19 ff. (insb. Rn. 23 f.).

277 *Staudinger-Wiegand*, Vorbem. zu §§ 929 ff. Rn. 21 f.; *Mugdan*, Die gesamten Materialien zum BGB für das deutsche Reich, Band III, S. 184 f.

)Beziehung zu der Sache eingeräumt wird, als sie der Berechtigte nach der Durchführung des Verfügungsgeschäfts innehat.[278] Dementsprechend erfordern die §§ 932 ff. BGB generell den vollständigen Besitzverlust des Berechtigten einerseits, sowie die Erlangung zumindest mittelbaren Besitzes durch den Erwerber aufgrund der Veräußerung.

Kommt nun das Normkonstrukt der §§ 932 ff. BGB nicht unmittelbar, sondern über die Verweisnorm des § 161 III BGB lediglich entsprechend zur Anwendung, so ist dabei stets zu beachten, dass dadurch diese eben erläuterten Grundprinzipien nicht unterlaufen werden. Daher scheitert auch in oben dargestellter Konstellation ein gutgläubiger Erwerb bezüglich der Zwischenverfügung gem. §§ 161 III, 934 1. Alt. BGB. Denn der gutgläubige Erwerb würde hier zu Lasten des Vorbehaltskäufers gehen, der dann entgegen dem Prioritätsprinzip bei Bedingungseintritt doch nicht Eigentümer der Sache würde. Im Rahmen der §§ 932 ff. BGB ist aber – wie gesehen - ein vollständiger Besitzverlust des Berechtigten erforderlich, wobei der „Berechtigte“ wegen der entsprechenden Anwendung über § 161 III BGB nun derjenige ist, zu dessen Gunsten bereits bedingt verfügt wurde. Dieser ist jedoch im unmittelbaren Besitz der Sache. Zwar besitzt er die Sache für den Vorbehaltsverkäufer im Rahmen eines Besitzmittlungsverhältnisses, dessen Herausgabeanspruch der Vorbehaltskäufer zum Zweck der Übereignung an den Dritten abtritt, § 931 BGB. Dadurch erhält allerdings der Dritte keine nähere Besitzbeziehung zur Sache als der Vorbehaltskäufer, was aber für einen gutgläubigen Erwerb gem. §§ 932 ff. BGB zwingend erforderlich wäre.

Selbst wenn der Vorbehaltskäufer hier nicht unmittelbarer Besitzer wäre, sondern die Sache an einen Vierten übergeben hätte und mit diesem ein Besitzmittlungsverhältnis eingegangen wäre, so würde sich an dem gefundenen Ergebnis nichts ändern: Der Dritte, dem der Herausgabeanspruch gegen den Vorbehaltskäufer abgetreten wird, gelangt in keine nähere Besitzbeziehung zur Sache als der Vorbehaltskäufer, dem der Vierte den Besitz mittelt. Für einen Rechtsverlust gem. §§ 161 III, 934 1. Alt. BGB müsste der Dritte aber – wie gesehen – aufgrund der Veräußerung eine nähere Besitzposition zur Sache als der Betroffene (Vorbehaltskäufer) erlangen.

Somit bleibt festzuhalten, dass in der behandelten Konstellation der Zwischenverfügung des Vorbehaltsverkäufers über die Sache eine (direkte oder analoge) Anwendung des § 936 III BGB nicht nur systematisch falsch, sondern darüber hinaus auch nicht erforderlich ist, um im Ergebnis zu einem Schutz des Vorbehaltskäufers bei Bedingungseintritt zu gelangen.

---

278 so auch *Quantz*, Besitz und Publizität im Recht der beweglichen Sachen, S. 208 f.

D. Die Verwertung der Rechtsposition des Vorbehaltskäufers in Einzelzwangsvollstreckung und Insolvenz

Schließlich soll hier eine dogmatische Auseinandersetzung mit der Behandlung des Anwartschaftsrechts – sein grundsätzliches Bestehen als gegenständliches Recht an der Kaufsache wiederum als gegeben vorausgesetzt - in Einzelzwangsvollstreckung und Insolvenz durch die herrschende Lehre erfolgen.

I. Die Zwangsvollstreckung in das Anwartschaftsrecht

1. Die Theorie der Doppelpfändung nach der herrschenden Lehre

Zur Befriedigung des Gläubigers eines vollstreckbaren Titels steht grundsätzlich das gesamte Vermögen des Schuldners zu Verfügung. Wie oben bereits beschrieben,[279] wird das Vermögen eines Rechtssubjekts durch die Summe aller ihm zugeordneten Gegenstände bestimmt. Der Schuldner kann seine Haftung prinzipiell nicht auf bestimmte Gegenstände beschränken. Da das Anwartschaftsrecht nach der herrschenden Lehre ebenfalls einen eigenständigen Gegenstand darstellt, ist es unter dieser Prämisse nur konsequent, auch eine Vollstreckung in diesen Gegenstand zuzulassen. Umstritten ist jedoch, ob dies als Rechtspfändung gem. § 857 ZPO oder als Sachpfändung gem. § 808 ZPO erfolgen soll.

Nach der Theorie der reinen Rechtspfändung bewirkt schon die bloße Pfändung des Anwartschaftsrechts selbst den Fortbestand des dadurch zunächst am Anwartschaftsrecht entstehenden Pfändungspfandrechts auch nach Bedingungseintritt. Denn dieses setze sich dann am Eigentum durch Surrogation analog §§ 847 ZPO, 1287 BGB fort und ermögliche so letztlich eine Verwertung des Eigentums.[280] Gegen diese Ansicht wird jedoch zu Recht vorgebracht, daß für eine Surrogation des Pfändungspfandrechts bei Bedingungseintritt die gemäß den allgemeinen sachenrechtlichen Grundsätzen erforderliche Publizität nicht gegeben ist. Für die Entstehung des Pfändungspfandrechts an der Sache wäre aber eine entsprechende Publizität zu fordern.

Dagegen soll nach der Theorie der reinen Sachpfändung bei einer Pfändung der Sache selbst gem. § 808 ZPO und zugleich mit ihr auch das Anwartschaft

279 vgl. oben S. 61 und nochmals *Sohm*, Der Gegenstand – Ein Grundbegriff des Bürgerlichen Gesetzbuches, S. 23; *Wieacker*, AcP 148 (1943), S. 57 ff. (S. 57 f.).

280 *Brox/Walker*, Zwangsvollstreckungsrecht, S. 389 f.

gepfändet werden. Dem liegt letztlich der Gedanke zugrunde, dass durch die aufschiebend bedingte Übereignung bereits eine Aufspaltung der Rechtszuständigkeit an der Sache eintrete. Die Sache stehe nicht nur dem (gegenwärtigen) Eigentümer zu, sondern auch schon teilweise dem Anwartschaftsberechtigten als (künftigem) Eigentümer. Daher müssten auch dessen Gläubiger in die Sache vollstrecken können. Die Drittwiderspruchsklage des Eigentümers gegen diese Vollstreckung sei nicht möglich, er könne lediglich entsprechend seines noch bestehenden Eigentumsteils die vorzugsweise Befriedigung gem. § 805 ZPO erreichen.[281] Diese Betrachtungsweise wird aber den Interessen des Eigentümers nicht gerecht, dem das Vollrecht an der Sache nach wie vor noch zugeordnet ist und dieses nur möglicherweise durch ein künftiges, ungewisses Ereignis, § 158 I BGB, verlieren wird.

Die Vollstreckung in das Anwartschaftsrecht erfolgt nach ganz überwiegender Ansicht nach der sog. „Theorie der Doppelpfändung“: Um die anschließende Verwertung des Anwartschaftsrechts ermöglichen zu können, sei sowohl eine Sachpfändung, § 808 ZPO, als auch eine Rechtspfändung, § 857 ZPO, erforderlich.[282] „Drittschuldner“ i.S.d. Rechtspfändung §§ 857, 829 ZPO, an den der Pfändungsbeschluss zuzustellen ist, § 829 III ZPO, ist dabei der Vorbehaltsverkäufer. Eine Sachpfändung alleine reiche regelmäßig nicht aus, da der Vorbehaltsverkäufer seine bis zum Bedingungseintritt fortdauernde Eigentümerstellung mit der Drittwiderspruchsklage, § 771 ZPO, erfolgreich geltend machen könne. Aber auch eine reine Rechtspfändung sei nicht ausreichend, denn das hieraus resultierende Pfändungspfandrecht am Anwartschaftsrecht setze sich bei Bedingungseintritt gerade nicht als Pfändungspfandrecht an der Sache fort. Daher sei zusätzlich die Pfändung der Kaufsache selbst erforderlich, um den Fortbestand des Pfändungspfandrechts über den Bedingungseintritt hinaus zu gewährleisten. Welche dieser beiden Pfändungen zuerst stattfindet, sei dabei ohne Belang.[283]

Der Rang des Pfandrechts an der Sache selbst wiederum bestimme sich – nach Bedingungseintritt - durch die zeitliche Reihenfolge der durchgeführten Rechtspfändungen des zuvor bestehenden Anwartschaftsrechts, wenn vor Bedingungseintritt auch die Sachpfändung noch erfolge. Werde die Sache selbst vor Bedingungseintritt aber gar nicht gepfändet, so könne die Pfändung des Anwartschaftsrechts nicht rangwahrend wirken, da das Anwartschaftsrecht mitsamt

---

281 *Raiser*, Dingliche Anwartschaften, S. 90 ff.; *Kupisch*, JZ 1976, S. 417 ff. (S 426 f.), *Brox/Walker*, Zwangsvollstreckungsrecht, S. 390 f.

282 Siehe BGH NJW 1954, S. 1324 ff. (S. 1327 f.); *Stein/Jonas-Brehm*, ZPO § 857 Rn. 85 ff.; *Münch. Komm.-Smid*, ZPO, § 857 Rn. 18 ff.. Zum Meinungsstreit siehe die Übersicht bei *Brox/Walker*, Zwangsvollstreckungsrecht, S. 389 ff.

283 vgl. hierzu auch die Entwicklung in der Rechtsprechung oben S. 36 f.

dem daran bestehenden Pfändungspfandrecht bei Bedingungseintritt untergehe.[284] Somit soll also zwar hinsichtlich des Rangs eine rangwahrende Surrogation des Pfändungspfandrechts am Anwartschaftsrecht zum Pfändungspfandrecht an der Sache erfolgen, eine generelle Surrogation aber soll bei Bedingungseintritt nicht eintreten, weshalb die Sachpfändung ja zusätzlich erforderlich sei. Erfolge dagegen vor Bedingungseintritt zunächst eine Sachpfändung der (schuldnerfremden) Sache, so bestimme diese den Rang des Pfändungspfandrechts auch nach Bedingungseintritt.[285]

Die Befriedigung des Vollstreckungsgläubigers erfolgt allerdings regelmäßig nicht durch Verwertung des Anwartschaftsrechts als solchem. Durch diese würde in aller Regel kein befriedigender Erlös erzielt werden können. Ziel der Pfändung ist daher stets eine spätere Verwertung der Kaufsache selbst.[286] Diese wiederum lässt sich problemlos durchführen, wenn sich das Pfändungspfandrecht am Anwartschaftsrecht bei Bedingungseintritt als Pfändungspfandrecht an der Sache fortgesetzt hat, wofür – wie eben beschrieben – nach h. L. die Pfändung sowohl des Anwartschaftsrechts als auch der Sache selbst erforderlich ist. Nun kann der Bedingungseintritt auch durch Zahlung des Restkaufpreises durch den Vollstreckungsgläubiger, § 267 I BGB, herbeigeführt werden, ohne dass der Vollstreckungsschuldner (Vorbehaltskäufer) dem widersprechen könnte. Denn die – freilich sehr theoretische - Möglichkeit des § 267 II BGB ist durch die Pfändung des Anwartschaftsrechts ausgeschaltet. Der Vollstreckungsschuldner unterliegt wegen §§ 829 I ZPO, 135 I BGB einem Verfügungsverbot, welches auch sein Widerspruchsrecht gem. § 267 II BGB umfasst. Gem. § 840 I ZPO ist der Drittschuldner (Vorbehaltsverkäufer) dem Vollstreckungsschuldner zur Auskunft über die ausstehenden Kaufpreisraten verpflichtet. Schließlich kann der Vorbehaltsverkäufer die Annahme der ausstehenden Raten auch nicht verweigern, da dies einer treuwidrigen Vereitelung der Bedingung gleichkäme, wodurch der Bedingungseintritt dann fingiert würde, § 162 I BGB.[287]

2. Die Vollstreckung in das Anwartschaftsrecht im Gegensatz zu seiner materiell-rechtlichen Behandlung

Zunächst ist festzustellen, dass die Systematik des Zwangsvollstreckungsrechts (wegen Geldforderungen) an der Systematik der zivilrechtlichen Vermögenszu-

---

284 *Stein/Jonas-Brehm*, § 857 Rn. 89.

285 *Münch. Komm.-Smid*, ZPO, § 857 Rn. 21.

286 *Raiser*, Dingliche Anwartschaften, S. 90; *Banke*, Das Anwartschaftsrecht aus Eigentumsvorbehalt in der Einzelzwangsvollstreckung, S. 35 f., 114 f. m.w.N.

287 Vgl. zum Ganzen *Stein/Jonas-Brehm*, § 857 Rn. 86; *Jauernig/Berger*, Zwangsvollstreckungs- und Insolvenzrecht, S. 84 f.

ordnung, und damit letztlich auch am *numerus clausus* der Gegenstände orientiert ist. Der Vollstreckungsschuldner haftet dem Gläubiger prinzipiell mit seinem gesamten Vermögen, somit kann auch in jeden einzelnen ihm zugeordneten Gegenstand vollstreckt werden. Dementsprechend sieht das 8. Buch der ZPO für die verschiedenen Typen von Gegenständen, die das BGB kennt, jeweils eigene Vollstreckungsnormen vor: §§ 808 ff. ZPO für Mobiliar, §§ 864 ff. ZPO (insbesondere § 869 ZPO i.V.m. §§ 1 ff. ZVG) für Immobiliar,[288] §§ 829 ff. ZPO für Geldforderungen (§§ 846 ff. ZPO für Forderungen auf Herausgabe oder Leistung von Sachen) und § 857 ZPO für sonstige Vermögensrechte (also solche i.S.d. § 413 BGB).

Da also das 8. Buch der ZPO für jeden Typus von Gegenstand jeweils eigene Vollstreckungsnormen für den Pfändungszugriff enthält, erscheint es zunächst als merkwürdig, dass für die Vollstreckung in das Anwartschaftsrecht nach der Theorie der Doppelpfändung zwei verschiedene Pfändungsakte erforderlich sein sollen – einerseits eben hinsichtlich des Anwartschaftsrechts, andererseits hinsichtlich der Sache selbst. Weiterhin fällt auf, dass danach die Pfändung des Anwartschaftsrechts (die zwar alleine nicht ausreichen soll) eine *Rechts*pfändung, § 857 ZPO, darstellt, während eine rechtsgeschäftliche Verfügung über das Anwartschaftsrecht dagegen analog der entsprechenden Verfügung über die *Sache* selbst erfolgt, §§ 929 ff., 1032, 1205 ff. BGB. Denn es handele sich ja um ein wesensgleiches minus zum Vollrecht (Eigentum an Mobiliar) und sei dementsprechend auch so zu behandeln.[289]

Dies stellt aber nicht den einzigen Unterschied zwischen materiellem Recht und Prozessrecht innerhalb der Lehre vom Anwartschaftsrecht dar: Nach der Theorie der Doppelpfändung soll aus der alleinigen Pfändung des Anwartschaftsrechts zwar ein Pfändungspfandrecht, § 804 ZPO, am Anwartschaftsrecht resultieren, dieses soll sich jedoch bei Bedingungseintritt, § 158 I BGB, gerade nicht als Pfändungspfandrecht an der Sache selbst fortsetzen. Wird allerdings nach den Vorschriften des BGB ein Pfandrecht am Anwartschaftsrecht begründet

---

288 Freilich deckt sich die Systematik der rechtsgeschäftlichen Verfügungstatbestände des BGB und der Zwangsverfügungstatbestände der ZPO nicht vollständig. So wird die Zwangsvollstreckung in eine Reallast, Grund- oder Rentenschuld gem. § 857 VI ZPO entsprechend den Regelungen über die Zwangsvollstreckung in Forderungen (für die eine Hypothek besteht) durchgeführt, während die rechtsgeschäftliche Verfügung über diese Gegenstände entgegen der h.M. gem. § 873 BGB (und nicht etwa gem. § 413 BGB) erfolgt, da es sich um beschränkte Immobiliarrechte handelt. Denn § 413 BGB ist nur subsidiär einschlägig, wenn für den betreffenden Gegenstand keine spezielleren Verfügungsnormen existieren, was aber hier mit § 873 BGB der Fall ist. Vgl. hierzu und den sich daraus ergebenden Konsequenzen *Maurer*, JuS 2004, S. 1045 ff.

289 Siehe oben S. 18 f.

(Verpfändung, §§ 1205 ff. BGB oder Entstehung eines gesetzlichen Pfandrechts, z.B. §§ 562, 647, 704, 1120 BGB) so soll sich dieses aber bei Bedingungseintritt kraft Surrogation, § 1287 BGB analog, durchaus als Pfandrecht an der Sache selbst fortsetzen.[290]

Hierin liegt ein – offensichtlicher – systematischer Widerspruch. Für die Frage, ob sich ein Pfandrecht an einem Anwartschaftsrecht bei Bedingungseintritt als Pfandrecht an der Sache selbst fortsetzt, kann es keinen Unterschied machen, auf welche Weise das Pfandrecht entstanden ist. Die Rechtsnatur eines Pfandrechts an einer Sache ist stets dieselbe, § 1204 I BGB enthält eine Wesensbestimmung des Pfandrechts als solchem. Die pfandrechtlichen Grundprinzipien, die sich aus seinem Wesen als akzessorisches Verwertungsrecht an einer beweglichen Sache ergeben, gelten gleichermaßen, nur der jeweilige Entstehungstatbestand unterscheidet sich. Besonders deutlich wird dies für das Pfändungspfandrecht in der deklaratorischen Norm des § 804 II ZPO.[291]

290 Zum durch Verpfändung entstehenden Pfandrecht *Staudinger-Wiegand*, § 1204 Rn. 44. Zum gesetzlich entstehenden Pfandrecht BGH Z 35, S. 85 ff. (S. 87 ff.); BGH NJW 1965, S. 1475 f.; *Baur/Stürner*, Sachenrecht, S. 769; *Raiser*, Dingliche Anwartschaften, S. 97 ff.; §§ 1075 I, 1287 BGB enthalten gleichermaßen den Rechtsgedanken, dass sich die Rechte an einer Forderung, die auf die Leistung eines Gegenstandes gerichtet ist, nach der Leistung an dem betreffenden Gegenstand durch Surrogation fortsetzen. Vgl. sogleich ausführlich unten.

291 *Westermann/Gursky*, Sachenrecht, Bd. I, S. 491 f. Allerdings ist dies hinsichtlich des Pfändungspfandrechts umstritten. Die herrschende, sog. gemischt privat-öffentlichrechtliche Theorie begreift es zutreffend als materiellrechtliches Pfandrecht, für dessen Entstehung lediglich vollstreckungsrechtliche Besonderheiten zu beachten sind (an die Stelle der bestehenden Forderung tritt der rechtskräftige Titel, der für die Akzessorietät ausreichend ist, auch wenn die titulierte Forderung nicht besteht; die Existenz des Pfändungspfandrechts erfordert eine wirksame – nicht notwendig rechtmäßige – Verstrickung). Dagegen geht die öffentlichrechtliche Theorie davon aus, dass sich ein Pfändungspfandrecht nicht nur in der Entstehung, sondern auch in seinen Wirkungen von dem im BGB normierten Pfandrecht unterscheide. Danach seien die materiellrechtlichen Voraussetzungen für seine Entstehung nicht maßgeblich, vielmehr folge seine Existenz allein aus einer wirksamen Verstrickung, die auch den (alleinigen) Rechtsgrund für die spätere Erlösauskehr an den Gläubiger darstelle. Ein solches Verständnis der Zwangsvollstreckung als rein hoheitliches Institut zur Befriedigung der titulierten Forderung macht die Annahme eines durch die Pfändung entstehenden Pfandrechts des Gläubigers an der Sache letztlich überflüssig, dessen Existenz und Erfordernis aber durch § 804 ZPO normiert ist. Vgl. zum ganzen *Baur/Stürner/Bruns*, Zwangsvollstreckungsrecht, S. 342 ff.; *Münch. Komm.-Gruber*, ZPO, § 804 Rn. 4 ff., jeweils m.w.N. zum Theorienstreit.

3. Die Surrogationsnorm des § 1287 BGB

Somit ist die grundsätzliche Frage aufgeworfen, ob eine Surrogation des Pfandrechts am Anwartschaftsrecht bei Bedingungseintritt an der Sache analog § 1287 BGB dogmatisch zu befürworten ist. § 1287 BGB beruht – wie die parallele Norm des § 1075 I BGB - auf dem Grundgedanken, dass der Inhaber eines beschränkten Rechts an einer Forderung vor dem eintretenden Rechtsverlust geschützt werden soll, wenn die geschuldete Leistung erfolgt und die Forderung somit durch Erfüllung, § 362 I BGB, erlischt. Das am geleisteten Gegenstand entstehende Recht stellt daher einen Ersatz für den notwendigerweise erlittenen Rechtsverlust dar.[292]

Das Zivilrecht sieht diese Surrogation der Rechte an einer Forderung vor, weil die Forderung ein dem Wesen nach auf ihren eigenen Untergang gerichtetes Vermögensobjekt darstellt. Während das Eigentum an einer Sache sowie viele sonstige Vermögensobjekte (Gesellschaftsanteile, Patentrechte, Urheberrechte etc.) auf dauerhaften Bestand angelegt sind, soll die Forderung dagegen – möglichst unmittelbar nach Fälligkeit – ihrer Bestimmung nach gem. § 362 I BGB erlöschen.[293] Es stellt ja gerade den durch die Rechtsordnung gewünschten „Normalfall" da, dass der Schuldner einer Forderung den geschuldeten Gegenstand pflichtgemäß auf den Gläubiger überträgt. Das eigentliche Vermögensinteresse des Gläubigers besteht auch nicht in der Inhaberschaft der Forderung, sondern eben der dahinter stehenden geschuldeten Leistung. Diese Zweckerfüllung tritt aber bzgl. der an der Forderung bestehenden Belastungen selbstverständlich nicht ein, diese sollen dem Berechtigten eine Sicherheit für eine andere Forderung (Pfandrecht) oder eine Nutzungsbefugnis (Nießbrauch) gewähren. Dem trägt das Gesetz Rechnung, indem es den Fortbestand dieser Belastungen an dem geleisteten Gegenstand anordnet, weil die Rechtslage zwischen dem Forderungsinhaber und dem Berechtigten durch diesen bestimmungsgemäßen Wechsel in der Vermögenszuordnung eben nicht verändert werden soll.

Das Anwartschaftsrecht stellt aber gleichermaßen einen Vermögensgegenstand da, der dem Wesen nach auf seinen eigenen Untergang gerichtet ist.[294] Es verkörpert nach der h. L. die Erwerbsposition des Vorbehaltskäufers und soll sich bei pflichtgemäßer Abwicklung des Kaufvertrages in das Eigentum an der Kaufsache umwandeln. Sein Untergang stellt ebenso wie bei einer Forderung lediglich die Verwirklichung seines bestimmungsgemäßen Zwecks dar. Hierdurch sollen aber diejenigen, die daran bestehende Belastungen erworben haben, wiederum nicht betroffen sein. Konsequenterweise muss eine Surrogation dieser

---

292 *Strauch*, Mehrheitlicher Rechtsersatz, S. 142.

293 *Larenz/Wolf*, Allgemeiner Teil des Bürgerlichen Rechts, S. 259.

294 *Wolf*, JuS 1976, S. 32 ff. (S. 34).

Gegenstände an der Kaufsache eintreten, um der oben beschriebenen Rechtsbeziehung zwischen Forderungsinhaber und Berechtigten zu entsprechen und einen Bestandsschutz zu gewährleisten. Somit entspricht die Fortsetzung des Pfandrechts am Anwartschaftsrecht als Pfandrecht an der Sache selbst bei Bedingungseintritt dem allgemeinen, in §§ 1075 I, 1287 BGB zum Ausdruck kommenden Rechtsgedanken der Surrogation von Rechten an solchen Vermögensobjekten, die dem Wesen nach auf ihren Untergang gerichtet sind. Die analoge Anwendung von § 1287 BGB auf das Pfändungspfandrecht ist also dogmatisch folgerichtig.[295]

Dies wiederum hat zur Konsequenz, dass für den Vollstreckungsgläubiger eine zusätzliche Pfändung der Sache selbst neben der Pfändung des Anwartschaftsrechts nicht erforderlich ist, um auch nach Bedingungseintritt ein (rangwahrendes) Pfändungspfandrecht an der Sache zu haben. Vielmehr ist die alleinige Pfändung des Anwartschaftsrechts ausreichend, da sich das dadurch entstehende Pfändungspfandrecht kraft Surrogation, § 1287 BGB analog, bei Bedingungseintritt an der Sache selbst fortsetzt. Die gegenteilige Auffassung der h. L. ist – wie gezeigt – dogmatisch unzutreffend.

4. Die Pfändung des Anwartschaftsrechts als (modifizierte) Rechtspfändung

Damit ist aber die Frage, nach welchen Vorschriften die Pfändung des Anwartschaftsrechts konkret zu erfolgen hat, noch nicht beantwortet. Einerseits stellt das Anwartschaftsrecht ein wesensgleiches Minus zum Vollrecht dar, die rechtsgeschäftliche Verfügung hierüber erfolgt analog der Verfügung über das Eigentum an der Sache, was für eine Anwendung der §§ 808 ff. ZPO (analog) spräche. Andererseits wird das Anwartschaftsrecht aber wie ein beschränktes Recht an einer Sache behandelt.[296] Die Pfändung anderer solcher Gegenstände wird durch § 857 ZPO geregelt,[297] weshalb diese Norm gleichermaßen für das Anwartschaftsrecht einschlägig sein könnte.

---

295 so im Ergebnis auch *Münch. Komm.-Damrau*, BGB, § 1287, Rn. 16; *Staudinger-Wiegand*, § 1287 BGB, Rn. 20;

296 Siehe oben S. 19 f.

297 Gem. § 857 ZPO werden beschränkte Rechte an Sachen gepfändet, soweit diese überhaupt der Pfändbarkeit unterworfen sind, §§ 857 I, 851 ZPO. So sind akzessorische Rechte nicht selbstständig pfändbar, vielmehr erstreckt sich die Pfändung der gesicherten Forderung auch auf sie. Dagegen sind auch solche Gegenstände, die zwar unveräußerlich sind, deren Ausübung aber einem anderen überlassen werden kann (Nießbrauch § 1059 S. 2 BGB, beschränkt persönliche Dienstbarkeit § 1092 I S. 2 BGB), nach § 857 III ZPO pfändbar. Zum Ganzen *Stein/Jonas-Brehm*, § 857 Rn. 1 ff.

Die rechtsgeschäftliche Verfügung über ein beschränktes Mobiliarrecht (Nießbrauch und Pfandrecht) ist – im Gegensatz zu beschränkten Immobiliarrechten[298] - im BGB nicht vorgesehen, da diese Gegenstände einer rechtsgeschäftlichen Verfügung generell nicht zugänglich sind. Ein Rückgriff auf die Verfügungsnormen über (sonstige) Gegenstände i.S.d. §§ 413, 1069, 1274 BGB hierfür verbietet sich. Für eine rechtsgeschäftliche Verfügung über das Anwartschaftsrecht – wenn man eine solche annehmen will - existiert insofern keine vergleichbare Regelung. Daher erscheint hierfür die Analogie zu den jeweiligen Verfügungsnormen über das Eigentum dogmatisch plausibel. Die ZPO dagegen sieht die Pfändung beschränkter Rechte an Sachen vor und regelt diese gem. § 857 ZPO. Systematisch muss daher die Pfändung des Anwartschaftsrechts, das nach h. L. ebenso dieser Gruppe zuzuordnen ist, gleichermaßen gem. § 857 ZPO, also durch (bloße) Rechtspfändung erfolgen.

Allerdings kann dies nur insoweit gelten, als dabei die besonderen Publizitätsanforderungen für die Entstehung eines Mobiliarpfandrechts beachtet werden. So besteht für ein Pfandrecht an einer beweglichen Sache generell der Grundsatz, dass seine Begründung – dagegen nicht ein später erfolgender Wechsel in der Berechtigung[299] - zwingend durch einen Publizitätsakt offenkundig gemacht werden muss, um damit dem besonderen Sicherungszweck des Pfandrechts zu entsprechen. Die Verpfändung einer Sache erfordert entsprechend der Ausgestaltung als Faustpfand eine gesteigerte Form der Besitzerlangung durch den Erwerber, §§ 1204 ff. BGB, korrespondierend einem Besitzverlust auf Seiten des Verpfänders.[300] Auch bei der Begründung eines gesetzlichen Pfandrechts ist diese erforderliche Publizität gegeben; wenn nicht bereits durch die Erlangung des unmittelbaren Besitzes durch den Pfandgläubiger (etwa §§ 583, 647 BGB), so doch durch die Einbringung der Sache in die Räume des Pfandgläubigers (etwa §§ 562, 704 BGB). Dementsprechend erfolgt auch die Begründung eines Pfandrechts an einer beweglichen Sache gem. § 1287 BGB durch Surrogation nur dann, wenn der Inhaber des Pfandrechts an der Forderung durch die ge-

298 Die rechtsgeschäftliche Verfügung über ein beschränktes Immobiliarrecht erfolgt – soweit es einer Verfügung überhaupt zugänglich ist - gem. § 873 BGB, siehe oben Fn. 288.

299 Geht die durch das Pfandrecht gesicherte Forderung auf ein anderes Rechtssubjekt über, so wird dieses gemäß dem Akzessorietätsgrundsatz auch neuer Inhaber des Pfandrechts, ohne dass hierfür eine gleichzeitige Besitzerlangung erforderlich wäre. Eine dem § 1154 BGB entsprechende Norm, die wegen des Bestehens eines akzessorischen Sicherungsrechts für die Forderungszession besondere Publizitätsanforderungen aufstellt, existiert für das Mobiliarpfandrecht nicht. Dem Erwerber des Pfandrechts steht dann lediglich ein Herausgabeanspruch zu, § 1251 BGB.

300 siehe oben S. 75 f.

schuldete Leistung der Sache – die ja den Untergang der Forderung zur Folge hat, § 362 BGB – eine ausreichende Besitzposition erhält. Das Pfandrecht an der Sache entsteht nämlich nur, wenn der Schuldner „in Gemäßheit der §§ 1281, 1282 BGB“ leistet. Diese Vorschriften wiederum stellen sicher, dass der Pfandgläubiger durch die Leistung zumindest den Mitbesitz (§ 1281 BGB) erlangt, um die für die Entstehung des (Sach-)Pfandrechts erforderliche Publizität zu gewährleisten. Erlangt jedoch durch die Leistung der Gläubiger (und Pfandschuldner) den alleinigen unmittelbaren Besitz, so kann aus Publizitätsgründen auch kein Pfandrecht an der Sache entstehen.[301]

Somit kann sich auch das Pfändungspfandrecht am Anwartschaftsrecht bei Bedingungseintritt nur dann analog § 1287 BGB als Pfändungspfandrecht an der Sache fortsetzen, wenn dabei dieses eben beschriebene Publizitätserfordernis gewahrt bleibt. Die Entstehung des Pfandrechts an der Sache setzt also einen besonderen, äußerlich erkennbaren Akt voraus, was bei der „normalen“ Pfändung von Mobiliar die Inbesitznahme durch den Gerichtsvollzieher darstellt, § 808 I ZPO. Zwar bleibt die Sache anschließend im Gewahrsam des Schuldners, jedoch wird die erfolgte Pfändung durch die Anbringung eines Pfandsiegels kenntlich gemacht, § 808 II ZPO. Konsequenterweise ist also das oben gefundene Ergebnis, dass die Pfändung des Anwartschaftsrechts durch eine (bloße) Rechtspfändung, §§ 857, 829 ZPO, erfolgt, dahingehend zu erweitern, dass diese Pfändung zusätzlich das Erfordernis der Inbesitznahme und ggf. Siegelanbringung voraussetzt, da nur so die nötige Publizität für die Entstehung des Pfändungspfandrechts an der Sache durch Surrogation analog § 1287 BGB gewährleistet wird.[302]

Diese Inbesitznahme und Siegelanbringung stellt jedoch keine zusätzliche Pfändung auch der Sache selbst da, wie es die herrschende Theorie der Doppel-

---

301 Die §§ 1281, 1282 BGB sind zwar durch Vereinbarung zwischen Gläubiger und Pfandgläubiger abdingbar (§ 1284 BGB), so dass – bei einer entsprechenden Vereinbarung - auch eine befreiende Leistung des Schuldners möglich wäre, ohne dem Pfandgläubiger besagte Besitzposition zu verschaffen. Allerdings kann dann auch kein Pfandrecht an der Sache durch Surrogation entstehen, da in diesem Fall die für die Entstehung erforderliche Publizität nicht gegeben wäre, so (wohl) auch *Soergel-Habersack*, § 1287 Rn. 5; *Planck-Flad*, § 1287 Anm. 1 f. Der (frühere) Inhaber des Pfandrechts an der Forderung ist dann auf einen Anspruch gegen den Gläubiger auf Verpfändung der Sache beschränkt. Anders hingegen die h. M., wonach auch in diesem Fall eine Surrogation eintrete, da das Schutzbedürfnis des Pfandgläubigers ja nicht aufgrund der Vereinbarung, § 1284 BGB, entfallen sei. Diese Ansicht ist jedoch mit den (strengen) Publizitätsanforderungen an die Entstehung von Mobiliarpfandrechten nicht zu vereinbaren.

302 So im Ergebnis auch *Flume*, AcP 161, S. 385 ff. (S. 403 f.); *Wolf*, JuS 1976, S. 32 ff. (S. 34), der die Anbringung eines Pfandsiegels allerdings wohl nicht als zwingend, sondern als lediglich zweckmäßig ansieht.

pfändung vorsieht. Vielmehr handelt es sich um eine bloße Kenntlichmachung der erfolgten Rechtspfändung. Die vollstreckungsrechtliche Wirksamkeit der Pfändung eines Anwartschaftsrechts ist aber allein danach zu beurteilen, ob die besonderen Voraussetzungen der Rechtspfändung, §§ 857, 829 ZPO, gegeben sind. Das entsprechend § 808 ZPO nötige Zusatzerfordernis hat den ausschließlichen Zweck, bei Bedingungseintritt die für eine Surrogation analog § 1287 BGB erforderliche Publizität zu gewährleisten.

Nach der Theorie der Doppelpfändung dagegen ist eine zusätzliche Pfändung der Sache selbst erforderlich, damit die Surrogation bei Bedingungseintritt erfolgen kann, obwohl die Vertreter dieser Lehre überwiegend selbst darauf hinweisen, dass die zusätzliche Sachpfändung lediglich aus Publizitätsgründen durchzuführen sei.[303] Doch gerade weil sich ihre Bedeutung darin erschöpft, ist es nicht einzusehen, warum zusätzlich noch eine rechtswirksame Pfändung als eigenständiger Vollstreckungsakt erforderlich sein soll. Die Pfändung der Sache bewirkt grundsätzlich sowohl ihre Verstrickung, als auch ein daran entstehendes Pfändungspfandrecht. Beides erfolgt aber hier durch Surrogation des bestimmungsgemäß untergehenden Anwartschaftsrechts, das durch seine Pfändung ja bereits verstrickt und mit einem Pfändungspfandrecht belastet ist. Beides setzt sich an der Sache fort, so dass eine zusätzliche Sachpfändung entbehrlich wird, um eine anschließende Verwertung der Sache zu gewährleisten.[304]

II. Das Anwartschaftsrecht in der Insolvenz

Wird über das Vermögen des Vorbehaltskäufers das Insolvenzverfahren eröffnet, so wird sein gesamtes Vermögen, § 35 InsO (mit Ausnahme des unpfändbaren Teils, § 36 InsO) verwertet, um hierdurch eine möglichst weitreichende Befriedigung aller Gläubiger zu erreichen, § 1 InsO. Da also prinzipiell das ganze Vermögen des Schuldners, welches sich – nach oben gegebener Definition[305] - durch sämtliche ihm zugeordneten Gegenstände zusammensetzt, in die Insolvenzmasse fällt, ist auch sein Anwartschaftsrecht Teil dieser zu verwertenden Masse.

Allerdings ist eine Verwertung des Anwartschaftsrechts als solches in aller Regel nicht zielführend, um eine effektive Gläubigerbefriedigung zu erreichen. Wie schon bei der Einzelzwangsvollstreckung soll letztlich die Kaufsache selbst als Verwertungsobjekt zur Verfügung stehen. Da es sich bei dem Kauf unter Ei-

303 BGH NJW 1954, S. 1324 ff. (S. 1328); *Musielak-Becker*, § 857 Rn. 7; *Stein/Jonas-Brehm*, § 857 Rn. 87 (Fn. 346 m.w.N.).

304 entgegen *Jauernig/Berger*, Zwangsvollstreckungs- und Insolvenzrecht, S. 85.

305 Siehe oben S. 61.

gentumsvorbehalt um einen gegenseitigen Vertrag handelt, der von beiden Seiten noch nicht vollständig erfüllt ist,[306] hat der Insolvenzverwalter gem. § 103 I InsO die Wahl, ob er den Kaufvertrag anstelle des Schuldners erfüllen will. Wählt er die Erfüllung, so stellt die noch ausstehende Kaufpreisschuld eine Masseverbindlichkeit gem. § 103, 55 I Nr. 2 InsO dar. Durch die (Rest)Zahlung tritt die Bedingung, § 158 I BGB, ein, und das Anwartschaftsrecht „erstarkt" zum Eigentum, welches nun in die Insolvenzmasse fällt und für eine Verwertung zur Verfügung steht. Lehnt der Insolvenzverwalter die Erfüllung ab, so kann der Vorbehaltsverkäufer aufgrund seines Eigentums die Aussonderung der im Besitz des Insolvenzschuldners befindlichen Sache verlangen, § 47 InsO.[307] Durch die Ablehnung der Erfüllung durch den Insolvenzverwalter erlischt konsequenterweise das Anwartschaftsrecht an der Sache.

Gem. § 103 II S. 2 InsO kann der Insolvenzverwalter bei einem noch nicht erfüllten gegenseitigen Vertrag vom anderen Teil aufgefordert werden, diese Wahl zu treffen. Dann muss das Wahlrecht grundsätzlich unverzüglich ausgeübt werden, ansonsten kann die Erfüllung des Vertrages nicht mehr verlangt werden. Abweichend hiervon bestimmt § 107 II InsO für den speziellen Fall des Eigentumsvorbehaltskaufs, dass die Erklärung des Insolvenzverwalters über sein Wahlrecht erst unverzüglich nach dem Berichtstermin, § 156 InsO, zu erfolgen hat, also für die Frage der Erfüllung des Kaufvertrages ein Aufschub gewährt wird.

Diese Ausführungen betreffen zwar die Situation der Insolvenz von Vorbehaltskäufer oder -verkäufer vor Bedingungseintritt, beziehen sich aber nicht spezifisch auf das mit der aufschiebend bedingten Übereignung einhergehende Anwartschaftsrecht. Maßgebliche Frage ist stets nur, ob der Insolvenzverwalter den Kaufvertrag erfüllen möchte, und so die Insolvenzmasse um das Eigentum an der Kaufsache anreichern möchte, bzw. ob der Vorbehaltskäufer seinen Eigentumserwerb trotz Insolvenz seines Vertragspartners noch herbeiführen kann. Ob

---

306 Der Vorbehaltskäufer hat den Kaufpreis noch nicht vollständig gezahlt. Der Vorbehaltsverkäufer wiederum hat zwar bereits alles Erforderliche getan, um seiner Pflicht zur Eigentumsverschaffung zu entsprechen, dennoch ist eine Erfüllung der entsprechenden Forderung noch nicht eingetreten, weshalb der Kaufvertrag auch in dieser Situation unter § 103 I InsO fällt, *Marotzke*, JZ 1995, S. 803 ff. (S. 811); *Huber*, JuS 1998, S. 644 ff. (S. 647). Auch § 107 II InsO geht hier selbstverständlich von einer Situation i.S.d. § 103 InsO aus.

307 ganz h.M., vgl. nur *Münch. Komm.–Ganter*, InsO, § 47 Rn. 62 ff. (Rn. 72 ff.) m.w.N. Zu einem anderen Ergebnis kommt man aber wiederum dann, wenn man die Rechtsposition des Vorbehaltsverkäufers als lediglich besitzloses Pfandrecht betrachten will. Hier gilt das unten zu § 771 ZPO gesagte analog (S. 113 f.). Dann nämlich ist die Anwendung von § 50 InsO konsequent, siehe *Hübner*, NJW 1980, S. 729 ff. (S. 733 f.); *Berger*, Eigentumsvorbehalt und Anwartschaftsrecht, S. 170 f.

sich dieser Eigentumserwerb dabei durch „erstarken“ des Anwartschaftsrechts, oder schlicht durch Eintritt der Bedingung als letzte noch ausstehende Wirksamkeitsvoraussetzung des Übereignungstatbestandes vollzieht, ist hierfür ohne Belang. Dementsprechend wird auch das Anwartschaftsrecht weder in dem speziell auf die Situation des Eigentumsvorbehalt zugeschnittenen § 107 InsO, noch sonst irgendwo in der Insolvenzordnung – trotz der relativen Neuheit dieses Gesetzes[308] – erwähnt.

Relevant wird die Rechtsfigur des Anwartschaftsrechts auch im Insolvenzrecht wiederum erst durch seine Übertragung vom Vorbehaltskäufer auf einen Dritten. Wird nämlich das Insolvenzverfahren über das Vermögen des Vorbehaltskäufers erst eröffnet, nachdem dieser „seine Rechtsposition aus der aufschiebend bedingten Übereignung“ auf einen Dritten übertragen hat, so stellt sich die Frage, ob der Dritte – evtl. durch Zahlung des Restkaufpreises gem. § 267 I BGB – bei Bedingungseintritt auch dann Eigentum erwerben kann, wenn der Insolvenzverwalter die Kaufpreisschuld nicht erfüllen will.

Nach ganz überwiegender Ansicht ist in diesem Fall das Anwartschaftsrecht des Dritten „insolvenzfest“, d.h. die Insolvenz des Vorbehaltskäufers hat keinen Einfluss mehr auf seine Erwerbsmöglichkeit, selbst wenn der Insolvenzverwalter sich gegen die Erfüllung des Kaufpreises entscheiden sollte.[309] Dies erscheint in dogmatischer Hinsicht zunächst als fraglich: Denn die wesentliche Schwäche des Anwartschaftsrechts besteht gerade darin, in seinem Bestand abhängig von der Kaufpreisforderung des Vorbehaltsverkäufers zu sein. Geht diese Forderung aus einem anderen Grund als durch Erfüllung(ssurrogat) unter, so muss auch das Anwartschaftsrecht erlöschen, weil dann die Bedingung „vollständige Erfüllung der Kaufpreisforderung“ nicht mehr eintreten kann.[310] Entscheidet sich der Insolvenzverwalter gem. § 103 InsO aber dafür, den Restkaufpreis nicht mehr an den Vorbehaltsverkäufer zu zahlen, so geht nach h.M. die Forderung, § 433 II BGB, unter.[311] Eine anschließende Zahlung des Anwartschaftsberechtigten an

---

308 Die Insolvenzordnung trat erst am 1.1.1999 in Kraft und löste die bis dahin geltende Konkursordnung vollständig ab.

309 Siehe nur *Münch. Komm.–Ott/Vuia*, InsO, § 107 Rn. 32; *Heidelb. Komm.-Marotzke*, § 107 Rn. 42.

310 Siehe oben, S. 52.

311 Im Fall eines beiderseits nicht vollständig erfüllten Vertrages wird teilweise davon ausgegangen, dass die synallagmatischen Forderungen bereits durch Eröffnung des Insolvenzverfahrens erlöschen (sog. „Erlöschenstheorie“), teilweise wird auch angenommen, dass sie durch die Eröffnung lediglich in ihrer Durchsetzbarkeit gehemmt sind. Doch auch nach zuletzt genannter Auffassung gehen die synallagmatischen Forderungen – dann eben erst durch die Erfüllungsablehnung des Insolvenzverwalters – unter. Zu der hierzu ergangenen (widersprüchlichen) Rechtsprechung des BGH vgl. *Marotzke*, Gegenseitige Verträge im neuen Insolvenzrecht, S. 80 ff. m.w.N.

den Vorbehaltsverkäufer kann daher eigentlich den Bedingungseintritt nicht mehr herbeiführen, da ihr keine Erfüllungswirkung gem. §§ 267 I, 362 BGB mehr zukommen kann. Das Anwartschaftsrecht wäre danach gerade nicht „insolvenzfest".

Dennoch muss es in dieser Konstellation zum Eigentumserwerb des Dritten kommen, wenn dieser trotz Erfüllungsablehnung des Insolvenzverwalters noch den restlichen Kaufpreis bezahlt. Die Erfüllungsablehnung hat nämlich nach zutreffender Ansicht lediglich die konfirmatorische Wirkung, dass die Forderung des Vorbehaltsverkäufers, § 433 II BGB, nur der Quote nach zu erfüllen ist (aber eben weiterhin als solche bestehen bleibt).[312] Der Insolvenzverwalter hat lediglich das (gestaltende) Recht, den Vertrag anstelle des Schuldners aus der Masse (vollständig) zu erfüllen, um so seinerseits eine Anreicherung der Masse um die Gegenleistung herbeizuführen, § 103 I InsO. Dies ist jedoch bereits Folge des Insolvenzverfahrens selbst, mit dessen Eröffnung die gegen den Schuldner bestehenden Forderungen als Insolvenzforderungen, § 38 I InsO, zu behandeln sind.[313] Doch auch diese können nach wie vor von einem Dritten – bei einem entsprechenden Interesse – auch vollständig erfüllt werden.

Da somit weder die Eröffnung des Insolvenzverfahrens, noch die Erfüllungsablehnung des Verwalters ein Erlöschen der maßgeblichen Forderung, § 433 II BGB, zur Folge hat, kann durch eine anschließende Zahlung des Restkaufpreises die Bedingung, § 158 I BGB, nach wie vor eintreten. Somit kann – bei diesem richtigen Verständnis der Auswirkung der Insolvenz für die synallagmatischen Forderungen - der Inhaber des Anwartschaftsrechts durch Leistung an den Vorbehaltsverkäufer, § 267 I BGB, dogmatisch widerspruchsfrei das Eigentum an der Kaufsache erwerben. Ein aus dem Insolvenzverfahren resultierendes Erlöschen des Anwartschaftsrechts wäre auch nur dann gerechtfertigt, wenn anderenfalls nachteilige Folgen für die Masse zu befürchten wären. Die Zahlung des Restkaufpreises an den Vorbehaltsverkäufer hat jedoch keinerlei nachteilige Auswirkung auf die Masse. Der Eigentumserwerb des Dritten bzw. die Befriedigung des Vorbehaltsverkäufers vollziehen sich unmittelbar in diesem Verhältnis, ohne hierbei auf die Masse in irgendeiner Weise Einfluss zu nehmen. Dieses nach dieser Wertung zwingend erscheinende Ergebnis ergibt sich – wie gezeigt – aber bereits aus einem korrekten Verständnis der insolvenzrechtlichen Dogmatik heraus.

---

312 *Marotzke*, Gegenseitige Verträge im neuen Insolvenzrecht, S. 84 ff. (m.w.N. dort in Fn. 174); *Münch. Komm.-Huber*, InsO, § 103 Rn. 176;

313 *Marotzke*, Gegenseitige Verträge im neuen Insolvenzrecht, S. 87.

III. Drittwiderspruchsklage und Aussonderung im Rahmen von Zwangsvollstreckung und Insolvenz

Will ein Dritter einer Vollstreckung in einen Gegenstand widersprechen, weil dies ihm gegenüber einen materiell-rechtswidrigen Eingriff in seinen Rechtskreis darstellen würde, so kann er im Rahmen der Einzelzwangsvollstreckung die Drittwiderspruchsklage, § 771 ZPO, erheben, im Rahmen der Insolvenz die Aussonderung, § 47 InsO, verlangen. Beide Rechtsbehelfe sind begründet, wenn der Dritte geltend machen kann, dass der zu verwertende Gegenstand nicht zum Vermögen des Vollstreckungsschuldners gehört und das Recht des Dritten durch die Vollstreckung in unzulässiger Weise verletzt würde. Im Folgenden soll die Rechtslage bei einer Zwangsvollstreckung sowohl gegen den Vorbehaltskäufer wie auch gegen den Vorbehaltsverkäufer (wenn die Sache etwa zur Reparatur der Sache vorübergehend zurückgegeben wird) dargestellt werden. Parallel dazu folgt die Darstellung in der Insolvenz beider Parteien des Eigentumsvorbehaltskaufs.

Der Vorbehaltsverkäufer kann sein Eigentum - unabhängig von der Einordnung der Rechtsposition des „Anwartschaftsberechtigten" - dem Vollstreckungsgläubiger, der gegen den Vorbehaltskäufer in die Kaufsache vollstrecken möchte, unzweifelhaft gem. § 771 ZPO entgegenhalten, wenn man ihn mit der ganz h.M. bis zum Bedingungseintritt weiterhin als Eigentümer ansieht.[314] Denn das Eigentum stellt selbstverständlich die elementarste und umfassendste Form eines „die Veräußerung hindernden Rechts" i.d.S. dar.

Vereinzelt wird dagegen vertreten, dem Vorbehaltsverkäufer stehe in dieser Situation lediglich die vorzugsweise Befriedigung gem. § 805 ZPO zu.[315] Dieser Auffassung liegt jedoch eine grundsätzlich andere Betrachtung des Vorbehaltseigentums als lediglich besitzloses Pfandrecht zugrunde. Danach wird die Rechtsposition des Vorbehaltskäufers auch schon vor Bedingungseintritt wie Eigentum behandelt. Denn bereits mit Abschluss des Vorbehaltskaufs soll nach dem Willen der Vertragsparteien die mit dem Eigentum verbundenen Rechtsstellung dem Vorbehaltskäufer zustehen, die Rechtsstellung des Vorbehaltsverkäufers entspreche dagegen lediglich noch einem besitzlosen Pfandrechts, durch das seine Forderung auf den Restkaufpreis gesichert wird.[316]

---

314 Ganz h.M., BGH Z 54, S. 214 ff. (S. 218); *Musielak-Lackmann*, § 771 ZPO, Rn. 16.

315 *Hübner*, NJW 1980, S. 729 ff. (S. 733 f.).; *Berger*, Eigentumsvorbehalt und Anwartschaftsrecht, S. 171 f.

316 Dieses Verständnis des Eigentumsvorbehalts geht auf die Ansicht von *Blomeyer* zurück, vgl. oben S. 30 f. Interessanterweise will aber *Blomeyer* dem Vorbehaltsverkäufer dennoch die Möglichkeit der Drittwiderspruchsklage eröffnen (*Blomeyer*, Studien zur Bedingungslehre, Band II, S. 251 ff.), während *Raiser*, der das (zwar zeitlich geteilte) Ei-

Dem Vorbehaltsverkäufer die Drittwiderspruchsklage zu versagen und auf § 805 ZPO zu verweisen, ist nach dieser Auffassung konsequent. Allerdings ist die Betrachtung von Vorbehaltseigentum als lediglich besitzloses Pfandrecht angesichts der klaren gegensätzlichen Entscheidung des Gesetzes, wie sie in § 158 I BGB zum Ausdruck kommt, verfehlt.[317]

Im Falle einer Vollstreckung gegen den Vorbehaltsverkäufer soll für den Vorbehaltskäufer nach h.M. ebenfalls die Klage gem. § 771 ZPO möglich sein. Denn die Verwertung der Kaufsache im Rahmen der Zwangsvollstreckung vereitele die Erwerbsaussicht des Anwärters bei Bedingungseintritt und verletze diesen somit in seinem Rechten. Dies wird nur relevant, wenn sich die Sache - etwa im Rahmen einer Reparatur - beim Vorbehaltsverkäufer, befindet, da anderenfalls bereits über § 809 ZPO ein ausreichender Schutz besteht.[318]

Diese Ansicht steht jedoch im Widerspruch zu § 161 I S. 2 BGB. Nach dessen klaren Wortlaut sind Verfügungen im Wege der Zwangsvollstreckung den rechtsgeschäftlichen Verfügungen gleichgestellt mit der Folge, dass trotz Vollstreckung in die Kaufsache bei Bedingungseintritt der Eigentumserwerb des Vorbehaltskäufers stattfindet und dieser damit des Schutzes des § 771 ZPO an sich gar nicht bedarf.[319] Denn auch die Eigentumsübertragung der Sache im Wege der Zwangsvollstreckung wäre demnach gem. § 161 I S. 2 BGB bei Bedingungseintritt unwirksam, die Rechtsstellung des Vorbehaltskäufers wäre - ebenso wie bei einer rechtsgeschäftlichen Zwischenverfügung - unbeeinflusst. Dennoch würde es in den seltensten Fällen letztlich zur Unwirksamkeit der Zwangsverfügung gem. § 161 I S. 2 BGB kommen, da der im Rahmen der Vollstreckung regelmäßig gutgläubige Erwerber aufgrund des zweifellos ebenso anwendbaren § 161 III BGB i.V.m. §§ 1244, 932 ff. BGB frei von der Rechtsstellung des Vorbehaltskäufers erwerben würde.[320] Es besteht daher im Ergebnis

---

gentum weiterhin beim Vorbehaltsverkäufer sieht, diesen auf die vorzugsweise Befriedigung nach § 805 ZPO verweisen möchte (*Raiser*, Dingliche Anwartschaften, S. 91 ff.).

317 *Flume*, Allgemeiner Teil des Bürgerlichen Rechts, Bd. 2, S. 705 f.;

318 So BGH Z 55, S. 20 ff. (S. 26 f.); *Münch. Komm.-K. Schmidt*, ZPO, § 771, Rn. 21; *Baumbach/Lauterbach/Hartmann*, ZPO, § 771, Rn. 17.

319 *Marotzke*, Das Anwartschaftsrecht - ein Beispiel sinnvoller Rechtsfortbildung?, S. 114 ff.; *Behrendt*, Verfügungen im Wege der Zwangsvollstreckung, S. 135 ff.; a.A. *Staudinger-Bork*, § 161, Rn. 9.

320 Nach der Konzeption des BGB erfolgt der Rechtserwerb des Erstehers im Rahmen der Zwangsvollstreckung - entgegen der heute h.M. - kraft Rechtsgeschäft vom Vollstreckungsschuldner, nicht etwa kraft Hoheitsakt. Danach ist auch die Gutgläubigkeit des Erstehers durchaus relevant, denn bei Zwangsverfügungen darf der wahre Berechtigte nicht schlechter stehen, als er bei rechtsgeschäftlichen Verfügungen stünde, § 932 II BGB. Hierzu *Marotzke*, NJW 1978, S. 133 ff.; *Brox/Walker*, Zwangsvollstreckungs-

letztlich Einigkeit, dass der Vorbehaltskäufer die Möglichkeit haben muss, seinen durch die Zwangsvollstreckung drohenden Rechtsverlust zu verhindern. Dabei ist es aber nicht erforderlich, die durch den Vollstreckungsgläubiger betriebene Vollstreckung grundsätzlich zu untersagen. Vielmehr reicht es aus, ihm eine Widerspruchsmöglichkeit zu eröffnen, die den Verlust seiner Rechtsposition verhindert. Daher muss der Inhalt der Klage nach § 771 ZPO im Falle eines Anwartschaftsberechtigten darauf beschränkt sein, der Verwertung durch Zwangsversteigerung zu widersprechen, nicht aber schon der vorausgehenden Pfändung. Denn unabhängig von der Rechtsstellung des Vorbehaltskäufers muss der Vollstreckungsgläubiger die Möglichkeit haben, jedenfalls ein Pfändungspfandrecht an der (ja immer noch im Eigentum des Vollstreckungsschuldners stehenden) Sache zu erhalten. Steht fest, dass die Bedingung nicht eintreten wird, so kann er aufgrund des Pfändungspfandrechts die Verwertung betreiben.[321]

In der Insolvenz des Vorbehaltsverkäufers steht dem Vorbehaltskäufer grundsätzlich kein Aussonderungsrecht zu, da sich der Eigentumsübergang ja noch nicht vollzogen hat.[322] Er hat aber gem. § 107 I InsO die Möglichkeit, die Kaufpreisforderung zu erfüllen und so seinen Eigentumserwerb auch in der Insolvenz seines Vertragspartners unabhängig vom Willen des Insolvenzverwalters herbeizuführen. Solange sich also der Vorbehaltskäufer vertragstreu verhält, liegt es allein in seiner Hand, den Eigentumsübergang herbeizuführen (und damit selbstverständlich aussonderungsberechtigt, § 47 InsO, zu sein). Umgekehrt liegt es in der Hand des Insolvenzverwalters, den Vorbehaltskäufer, der mit der Zahlung der Kaufpreisraten in Verzug gerät, am Vertrag festzuhalten. Dann wiederum liegt die Situation des § 103 I InsO vor, da der Vertrag beiderseits nicht vollständig erfüllt ist,[323] und der Insolvenzverwalter kann wählen, ob er vom Vertrag zurücktritt oder auf Erfüllung besteht. Im Falle des Rücktritts sind die gewährten Leistungen zurückzugewähren, d.h. der Vorbehaltskäufer hat kein Recht zum Besitz an der Kaufsache mehr, kann aber die Rückzahlung seiner bereits getätigten Kaufpreisraten lediglich als Insolvenzforderung zur Tabelle anmelden.

---

recht, S.194 f.; *Stein/Jonas-Münzberg*, § 804 Rn. 2.

321 so auch *Marotzke*, Das Anwartschaftsrecht - ein Beispiel sinnvoller Rechtsfortildung?, S .116; *Behrendt*, Verfügungen im Wege der Zwangsvollstreckung, S. 138 f.

322 Ganz h.M., vgl. BGH NJW 1966, S. 2233 ff. (S. 2235); *Serick*, Eigentumsvorbehalt und Sicherungsübereignung I, S. 354.

323 siehe oben Fn. 306.

C. Zusammenfassung der jeweiligen Behandlung der Rechtsposition des Vorbehaltskäufers

Die herrschende Lehre vom Anwartschaftsrecht ist – über das in Teil 1 Dargestellte hinaus - auch insofern zu kritisieren, als sie bei der konkreten Fallanwendung dieses von ihr generierten Anwartschaftsrechts wesentliche Grundprinzipien der jeweils einschlägigen gesetzlichen Regelungen missachtet. Selbst wenn man also mit dieser Lehre davon ausgehen möchte, dass durch die aufschiebend bedingte Eigentumsübertragung, die aufgrund des Eigentumsvorbehaltskaufs erfolgt, tatsächlich ein Anwartschaftsrecht als gegenständliches „Erwerbsrecht" an der Kaufsache entsteht, sind die hieraus gezogenen Konsequenzen unzutreffend. Sie widersprechen in vielfacher Hinsicht der auf die jeweilige Fallgestaltung anwendbaren Dogmatik.

Nach h. L. resultiert aus dem Anwartschaftsrecht selbst für seinen Inhaber ein Besitzrecht an der Sache, § 986 BGB, und dementsprechend bei Besitzverlust – dann wiederum konsequent – auch ein Herausgabeanspruch, § 985 BGB analog, gegen den Besitzer. Dabei wird verkannt, dass ein gegenständliches Recht an Mobiliar nicht *per se* ein solches Besitzrecht nach sich zieht, sondern das Gesetz dies jeweils (nur) deswegen anordnet, um den spezifischen, mit dem jeweiligen Mobiliarrecht verbundenen Zweck auch gewährleisten zu können. Ein solches Erfordernis für ein Besitzrecht besteht aber hinsichtlich des Anwartschaftsrechts gerade nicht. Wenn dieses als gegenständliches Erwerbsrecht verstanden werden soll, so besteht für den Inhaber keine Notwendigkeit, die Sache schon in Besitz nehmen zu können, bevor sich der bezweckte Erwerb vollzieht. Ein Besitzrecht kann sich vielmehr lediglich relativ aufgrund der zugrunde liegenden Rechtsverhältnisse der Beteiligten zueinander ergeben.

Da ein solcher Zusammenhang zwischen Besitz und Anwartschaftsrecht eben nicht gegeben ist, kann der Besitz auch kein tauglicher Rechtsscheinträger sein, der – anders als bei Eigentum, Nießbrauch oder Pfandrecht – aus Sicht des Rechtsverkehrs einen Rückschluss auf das Bestehen eines Anwartschaftsrechts an der Sache zulassen würde. Dementsprechend kann es auch keinen Rechtsscheintatbestand geben, der einen gutgläubigen (Zweit)Erwerb eines Anwartschaftsrechts vom Nichtberechtigten ermöglichen könnte. Aus diesem Grund verbietet sich für derartige Fallkonstellationen die Analogie zu den §§ 932 ff. BGB.

Für die Beurteilung der Frage, ob das Anwartschaftsrecht bestehen bleibt, wenn eine Übertragung des Eigentums an der Kaufsache vorgenommen wird, ist aus Sicht der Anwartschaftslehre die Anwendung des § 936 BGB (analog) zwar konsequent. Wenn das Anwartschaftsrecht eine Belastung der Sache darstellt, so ist sein Fortbestand bei zwischenzeitlichen Übereignungen anhand von § 936 BGB zu beurteilen. In der klassischen Fallkonstellation der Eigentumsübertragung des Vorbehaltsverkäufers auf einen Dritten gem. §§ 929, 931 BGB wird der Inhaber des Anwartschaftsrechts danach gem. § 936 III BGB geschützt. Bei einem solchen Verständnis wäre die Norm des § 161 BGB aber vollständig überflüssig. Die Anwartschaftslehre verkennt, dass sich die Reichweite des Schutzes desjenigen, an den bedingt verfügt wird, bereits aus § 161 BGB ergibt. Hieraus folgen – bei richtigem Verständnis der §§ 161 III, 932 ff. BGB - exakt dieselben Ergebnisse wie bei einer Anwendung des § 936 BGB, so dass die Heranziehung des § 936 III BGB (analog) sowohl systematisch falsch, aber insbesondere auch nicht erforderlich für eine interessengerechte Behandlung der Beteiligten ist.

Schließlich erscheint bei der Vollstreckung in das Anwartschaftsrecht eine doppelte Pfändung von Anwartschaftsrecht und Kaufsache als überobligatorisch und systemfremd. Die Pfändung allein des Anwartschaftsrechts ist ausreichend, um ein Pfändungspfandrecht hieran entstehen zu lassen, welches bei Bedingungseintritt als Pfändungspfandrecht an der Sache selbst gem. § 1287 BGB analog surrogiert. Ebenso setzt sich die Verstrickung des Anwartschaftsrechts – eben weil es nach h. L. die Vorstufe des später entstehenden Eigentums darstellt – durch Surrogation an der Sache fort. Die Pfändung des Anwartschaftsrechts erfolgt, entsprechend der spezifisch vollstreckungsrechtlichen Einordnung von beschränkten Rechten an Sachen, gem. §§ 857, 829 ZPO. Lediglich aus Publizitätsgründen muss die erfolgte Pfändung des Anwartschaftsrechts ergänzend gem. § 808 ZPO analog durch Inbesitznahme und Siegelanbringung kenntlich gemacht werden. Denn für die Entstehung eines Pfandrechts an Mobiliar ist grundsätzlich eine gesteigerte Form der Besitzerlangung durch den Pfandgläubiger (im konkreten Fall mittels des Gerichtsvollziehers) erforderlich.

Teil 3: Am *numerus clausus* der Gegenstände orientierte, gesetzeskonforme Behandlung der Rechtsposition des Eigentumsvorbehaltskäufers

Wie dargelegt, steht die Lehre vom Anwartschaftsrecht nicht nur insoweit im Widerspruch zu grundlegenden Prinzipien des Zivilrechts, als sich schon die Annahme der Existenz eines Anwartschaftsrechts als gegenständliches Recht an der Kaufsache dogmatisch verbietet. Darüber hinaus widerspricht auch seine konkrete Behandlung in den einzelnen Fallkonstellationen der Systematik der jeweiligen Rechtsinstitute. Im Folgenden soll nun aufgezeigt werden, wie die Rechtsposition des Vorbehaltskäufers alternativ rechtlich behandelt werden kann, um einerseits den wirtschaftlichen Bedürfnissen des Rechtsverkehrs, andererseits aber auch der zivilrechtlichen Grundsystematik gerecht zu werden.

A. Die Lehre vom Anwartschaftsrecht als erforderliche Rechtsfortbildung?

Bei der oben ausgeführten, an den systematischen Grundsätzen der Zivilrechtsordnung orientierten Kritik ist stets zu berücksichtigen, dass die Lehre vom Anwartschaftsrecht nicht etwa deshalb entwickelt wurde, weil deren Vertretern ihre dogmatische Richtigkeit als zwingend erschien. Vielmehr handelt es sich um eine Rechtsfortbildung,[324] durch die in erster Linie den praktischen Bedürfnissen des privaten Rechtsverkehrs – insbesondere des gewerblichen Rechtsverkehrs – Rechnung getragen werden soll.[325] Der Vorbehaltskäufer, der zwar das Eigentum erst bei vollständiger Erfüllung der Kaufpreisforderung erhält, aber regelmäßig bereits eine Anzahlung geleistet bzw. einzelne Raten schon gezahlt hat, hat bereits einen entsprechenden Teil seiner wirtschaftlichen Leistungsfähigkeit aufgewandt, um den späteren Eigentumserwerb herbeizuführen. Es entspricht somit seinem Interesse, diese Erwerbsposition, für die er bereits etwas aufgebracht hat - und der ökonomisch betrachtet selbstverständlich ein entsprechender Wert zukommt - auch schon vor Bedingungseintritt (und dem damit verbundenen Eigen-

324 *Raiser*, Dingliche Anwartschaften, S. 101, plädiert dafür, dass „die Rechtsdogmatik die dingliche Anwartschaft als legitime Neuschöpfung unseres Sachenrechts anerkennen" sollte.

325 *Schreiber*, Jura 2001, S. 623 ff. (S. 624); *Medicus*, DNotZ 1990, S. 275 ff. (S. 276 f.); *Wolf*, Sachenrecht, S. 156 f.; *Münch. Komm.-Oechsler*, BGB, § 929 Rn. 18.; *Raiser*, Dingliche Anwartschaften, S. 101.

tumserwerb) zu nutzen. Im Vordergrund steht dabei der Einsatz als Sicherungsmittel für weitere potentielle Kreditgeber.[326]

Die Lehre vom Anwartschaftsrecht ordnet zu diesem Zweck dem Vorbehaltskäufer ein eigenständiges Verfügungsobjekt zu, das an weitere Kreditgeber verpfändet oder sicherungshalber übertragen werden kann und im Sicherungsfall als Verwertungsobjekt zur Befriedigung vorhanden ist. Sie verselbstständigt diese Erwerbsposition - systemwidrig - zu einem eigenen Gegenstand.

Bei der Lehre vom Anwartschaftsrecht handelt es sich – rechtsmethodisch betrachtet – um sog. gesetzesübersteigende Rechtsfortbildung. Diese will, im Gegensatz zur gesetzesimmanenten Rechtsfortbildung, nicht diejenigen Lücken schließen, die das Gesetz an bestimmten Stellen entgegen seiner auf Vollständigkeit und abschließende Regelung eines Sachverhalts gerichteten Ausgestaltung dennoch aufweist, die also vorhanden sind, obwohl sie schon nach der ursprünglichen Konzeption des Gesetzgebers eigentlich nicht vorhanden sein sollten.[327] Vielmehr wird durch die gesetzesübersteigende Rechtsfortbildung mit Rücksicht auf die (oft erst durch die Veränderung der Lebensumstände entstehenden) Bedürfnisse des Rechtsverkehrs *praeter legem* das Gesetz um dementsprechend zwingend erforderliche Rechtsfiguren erweitert.[328] Diese Form der Rechtsfortbildung ist demnach auch erst dann überhaupt zulässig, wenn die gewünschten und für den Rechtsverkehr für erforderlich gehaltenen Ergebnisse nicht mehr durch Auslegung der bestehenden Rechtsnormen oder durch gesetzesimmanente Rechtsfortbildung erreicht werden können. Sie ist *ultima ratio.*

Wie zu zeigen sein wird, kann den Bedürfnissen des – insbesondere gewerblichen – Rechtsverkehrs, denen die Lehre vom Anwartschaftsrecht gerecht werden möchte, aber ebenso gut entsprochen werden durch die Instrumentarien, die das Gesetz bereits für den Rechtsverkehr vorsieht. Die gesetzliche Konzeption steht einer wirtschaftlichen Nutzung der Erwerbsposition des Vorbehaltskäufers keineswegs entgegen, wohl aber ihrer „Vergegenständlichung". Eine systemkonforme Behandlung der Erwerbsposition, die gleichermaßen den Bedürfnissen nach Kreditsicherung und Weiterveräußerung gerecht wird, den Grundsätzen der zivilrechtlichen Vermögenszuordnung jedoch nicht zuwider läuft, entzieht der

326 zu diesem vorrangigen Zweck des Anwartschaftsrechts für den Vorbehaltskäufer *Serick*, Eigentumsvorbehalt und Sicherungsübereignung, Bd. I, S. 251 ff.; *Gernhuber*, Freiheit und Bindung des Vorbehaltskäufers nach Übertragung des Anwartschaftsrechts, FS Baur, S. 31 ff. (S. 31 f.).

327 Zur gesetzesimmanenten Rechtsfortbildung eingehend *Larenz*, Methodenlehre der Rechtswissenschaft, S. 370 ff.

328 Zur gesetzesübersteigenden Rechtsfortbildung eingehend *Larenz*, Methodenlehre der Rechtswissenschaft, S. 413 ff.

Lehre vom Anwartschaftsrecht als gesetzesübersteigender Rechtsfortbildung *praeter legem* die Rechtfertigung .

Bei der rechtlichen Behandlung der Erwerbsposition des Vorbehaltskäufers verbietet sich – wie gezeigt – die Generierung eines zusätzlichen Gegenstandes, um der wirtschaftlichen Interessenlage zu entsprechen. Demnach kommen als potentielle Verfügungsobjekte für Verfügungen des Vorbehaltskäufers nur zwei Gegenstände in Betracht: Einerseits das Eigentum an der Kaufsache,[329] andererseits die durch den Vorbehaltskauf entstehende Forderung auf Eigentumsübertragung, § 433 I BGB.[330] Es kann also für eine systemkonforme Behandlung dieser Rechtsposition nur zwei mögliche Denkansätze bzw. Betrachtungsweisen geben: Entweder stellt die Verfügung des Vorbehaltskäufers über „sein Anwartschaftsrecht" in Wahrheit eine (wirksame?) Verfügung über das ihm gerade noch nicht zustehende Eigentum des Vorbehaltsverkäufers dar, oder sie stellt eine Verfügung über die ihm bereits mit Kaufvertragsabschluss zustehende Forderung auf Eigentumsübertragung, § 433 I BGB, dar.

---

329 siehe sogleich unten B, S. 124 ff.

330 siehe sogleich unten C, S. 130 ff.

B. Die Verfügung des Vorbehaltskäufers über das ihm noch nicht zugeordnete Eigentum

I. Der durch Konvaleszenz eintretende sog. Durchgangserwerb

Der Vorbehaltsverkäufer übereignet dem Vorbehaltskäufer das Eigentum an der Sache aufschiebend bedingt, §§ 929, 158 I BGB. Folglich steht das Eigentum bis zum Bedingungseintritt dem Verkäufer zu, der Käufer „hat es noch nicht". Will nun der Käufer „seine Erwerbsposition" auf einen Dritten übertragen, so kann man diesen Vorgang – mit Blick auf das Eigentum an der Sache – als rechtsgeschäftliche Verfügung eines Nichtberechtigten über das Eigentum betrachten, die im Falle des Bedingungseintritts gem. § 185 II, S. 1, 2. Alt. BGB konvalesziert.

Für die Anwendung des § 185 II, S. 1, 2. Alt. BGB ist es dabei unerheblich, ob der Verfügende sich irrtümlich für den Berechtigten hält, oder im vollen Bewusstsein der Nichtberechtigung verfügt. Demnach kann eine rechtsgeschäftliche Verfügung des Vorbehaltskäufers über „seine Erwerbsposition" rechtlich als Verfügung über das ihm (noch) nicht zugeordnete Eigentum angesehen werden, deren Rechtsfolge (erst) mit seinem eigenen Eigentumserwerb eintritt. Hat somit etwa der Vorbehaltskäufer „seine Erwerbsposition" auf einen Dritten übertragen, so erwirbt bei Bedingungseintritt der Dritte das Eigentum von diesem. Der Vorbehaltskäufer wiederum ist dabei für die berühmte „juristische" bzw. „logische" Sekunde – deren konstruktive Richtigkeit bestritten wird[331] – aufgrund der aufschiebend bedingten Eigentumsübertragung selbst Eigentümer der Sache geworden. Sonstige rechtsgeschäftliche Verfügungen des Vorbehaltskäufers (Verpfändung, Bestellung eines Nießbrauchs) oder Vollstreckungsmaßnahmen gegen ihn[332] entfalten ihre gegenständliche Wirkung hinsichtlich der Kaufsache ebenfalls erst mit Bedingungseintritt aufgrund seiner nun gegebenen Eigentümerstellung, § 185 II S. 1, 2. Alt. BGB. Bei jedem gegenständlichen Erwerb eines Dritten handelt es sich demnach um einen sog. „Durchgangserwerb" über die Person des Vorbehaltskäufers.

Dieser Ansatz ist nicht neu, er wurde bereits öfter als gesetzeskonforme Alternative zur Lehre vom Anwartschaftsrecht – bei gleichzeitiger Ablehnung der Generierung eines eigenständigen Verfügungsobjektes - postuliert.[333] Gegen ihn

---

331 *Marotzke*, AcP 191 (1991), S. 177 ff. (S. 184 ff.); *Wieacker*, Die juristische Sekunde, in FS Wolf, S. 421 ff.

332 dazu sogleich ausführlich unten.

333 *Kruschewski*, Bedingtes Eigentum, S. 59 ff.; *Meister*, NJW 1959, S. 608 ff. (S. 610 f.);

wird allerdings vorgebracht, er würde der Erwerbsposition des Vorbehaltskäufers praktisch die Verkehrsfähigkeit nehmen und diese somit wirtschaftlich wertlos machen. Denn gerade wegen des in dieser Konstellation eintretenden Durchgangserwerbs würden die Belastungen, die in der Zwischenzeit an der Sache entstanden seien, im Augenblick des Durchgangserwerbs das Eigentum erfassen, so dass der Erwerber schließlich nur belastetes Eigentum erwerben würde.[334] Daher habe diese Konstruktion für die Verkehrsfähigkeit der Rechtsposition des Vorbehaltskäufers einen erheblichen Nachteil gegenüber der Lehre vom Anwartschaftsrecht, die zu einem „Direkterwerb" des Anwartschaftsberechtigten führt, der somit lastenfreies Eigentum erwerben würde.[335]

Gemeint sind also folgende Fallkonstellationen: A übereignet im Rahmen eines Eigentumsvorbehaltskaufs die Kaufsache aufschiebend bedingt an B. Dieser veräußert wiederum „seine Rechtsposition" an C, ohne diesem jedoch auch den Besitz an der Sache zu verschaffen. In der Zwischenzeit bis zum Bedingungseintritt verwirklicht sich dann ein Tatbestand, der – wäre B schon jetzt Eigentümer der Sache – eine Belastung der Sache zur Folge hätte, etwa die Pfändung durch den Gerichtsvollzieher (Pfändungspfandrecht, § 804 ZPO), Einbringung in eine Wohnung (Vermieterpfandrecht, § 562 BGB), Verbringung auf ein grundpfandrechtsbelastetes Grundstück als Zubehör (Haftungsverband eines Grundpfandrechts, § 1120 BGB), etc. Eine Belastung des Eigentums an der Sache kann dabei nicht entstehen, solange sie weiterhin im Eigentum des Vorbehaltsverkäufers steht. Ein gutgläubiger Erwerb der Belastung ist auch nicht möglich, da es sich um Fälle von gesetzlichem Erwerb handelt, bei denen nach ganz herrschender Ansicht kein Raum für einen Vertrauensschutz des Erwerbers ist.[336] Auch das durch die aufschiebend bedingte Übereignung entstandene Anwartschaftsrecht kann nicht von einer Belastung erfasst werden, denn dieses wurde ja zuvor bereits an C übertragen. Da sich bei Bedingungseintritt das Anwart-

---

Lempenau, Direkterwerb oder Durchgangserwerb bei Übertragung künftiger Rechte, S. 32 ff., 39 ff.; *Kupisch*, JZ 1976, S. 417 ff. (S. 424 ff.); *Marotzke*, Das Anwartschaftsrecht – ein Beispiel sinnvoller Rechtsfortbildung, S. 23 ff.

334 § 185 II S. 1, 2. Alt. BGB ist nach (zutreffender) ganz h.M. auch auf die Entstehung gesetzlicher Pfandrechte an der Sache analog anwendbar, vgl. *Staudinger-Gursky*, § 185 Rn. 91 ff.; *Münch. Komm.-Bayreuther*, BGB, § 185 Rn. 14; Siehe hierzu auch noch unten S. 126 ff.

335 *Wieling*, Sachenrecht, Bd. 1, S. 805 f.; *Reinicke/Tiedke*, Kreditsicherungsrecht, S. 305; *Wilhelm*, Sachenrecht, S. 912.

336 Für besitzlose gesetzliche Pfandrechte ist dies unstreitig. Angezweifelt wird dies allerdings bei solchen gesetzlichen Pfandrechten, mit denen der Besitz der Sache verbunden ist, wie dem Werkunternehmerpfandrecht. Doch auch dort ist nach überwiegender Ansicht kein gutgläubiger Erwerb möglich, vgl. BGH Z 34, S. 122 ff. (S. 124 ff.); S. 153 ff. (S. 154 ff.); *Westermann/Gursky*, Sachenrecht, Bd. I, S. 490.

schaftsrecht unmittelbar zum Volleigentum wandelt, kann C so durch diesen von der herrschenden Lehre konstruierten Direkterwerb unbelastetes Eigentum erwerben.

Richtigerweise gelangt man jedoch über die Konstruktion des Durchgangserwerbes - also bei einer Veräußerung des Vorbehaltskäufers des für ihn noch fremden Eigentums, die dann erst gem. § 185 II S. 1, 2. Alt. BGB konvaleszierte - zu dem gleichen Ergebnis. Würde es sich bei dem das Pfandrecht begründen Tatbestand um die entsprechende rechtsgeschäftliche Verfügung (Verpfändung des Vorbehaltskäufers) handeln, so würde sich dies unproblematisch aus dem hierfür geltenden – oben dargestellten[337] - Prioritätsprinzip ergeben: Denn der Vorrang einander widersprechender Verfügungen ergibt sich aufgrund der zeitlichen Reihenfolge der Erfüllung des rechtsgeschäftlichen Tatbestandes (im engeren Sinne). Da der Tatbestand der Übereignung des B an C bereits erfüllt ist, genießt diese demnach den Vorrang vor weiteren, dieser zuwiderlaufenden Verfügungen des B.

Allerdings liegt beim Erwerb eines gesetzlichen Pfandrechts gerade keine Verfügung im Sinne der gängigen Definition des bürgerlich-rechtlichen Verfügungsbegriffs vor, der hierfür zwingend ein Rechtsgeschäft voraussetzt.[338]

II. Das Prioritätsprinzip als umfassender Grundsatz gegenständlicher Rechtsänderungen

Ein solches Verständnis des Verfügungsbegriffs ist jedoch zu eng. Als Verfügung ist vielmehr jeder Tatbestand zu bezeichnen, der gezielt eine gegenständliche Rechtsänderung an einem Vermögensobjekt zur Folge hat. Denn das wesentliche Kriterium für die dogmatische Einordnung eines jeweiligen Tatbestandes ist seine rechtliche Wirkung, nicht aber, auf welche Weise diese Wirkung herbeigeführt wird.[339] Rechtsgeschäftliche Verfügungen und Zwangsverfügungen sind daher gleichzusetzen und unter dem einheitlichen Begriff der *Verfügung* zusammenzufassen, worauf auch an mehreren Stellen des Gesetzes hingewiesen wird, so in den §§ 135 I S. 2, 161 I S. 2, 184 II, 458 S. 2, 883 II S. 2, 2115 S. 1 BGB.[340] Durch eine Zwangsverfügung wird dieselbe Disposition, die der Be-

337 Siehe oben S. 45 ff.

338 vgl. statt vieler *Haedicke*, JuS 2001, S. 966 ff. (S. 967), m.w.N.

339 *Behrendt*, Verfügungen im Wege der Zwangsvollstreckung, S. 15 m.w.N; *Marotzke*, Das Anwartschaftsrecht – ein Beispiel sinnvoller Rechtsfortbildung, S. 48 ff.

340 Diese Gleichsetzung wird allerdings nicht an jeder Stelle des Gesetzes, die sich auf Verfügungen bezieht, ausdrücklich erwähnt. Keinesfalls wollte dies der Gesetzgeber aber in den übrigen Fällen – etwa dem hier einschlägigen § 185 II BGB – als Umkehrschluss

rechtigte durch rechtsgeschäftliche Verfügung privatautonom über sein Vermögen treffen kann, mittels öffentlicher Gewalt bewirkt. Die Zwangsverfügung stellt lediglich die hoheitliche Entsprechung (als *passivum*) der rechtsgeschäftlichen Verfügung (als *aktivum*) dar, für beides finden aber dieselben Grundsätze Anwendung.[341]

Das hier maßgebliche Prioritätsprinzip ist somit auch nicht auf rechtsgeschäftliche Verfügungen beschränkt, sondern gilt für Verfügungen – also für Tatbestände, die eine gegenständliche Rechtsänderung bewirken - generell. Es ist Ausfluss des grundsätzlich auch dem deutschen Zivilrecht zugrunde liegenden Rechtssatzes „*nemo plus iuris transferre potest quam ipse habet*".[342] Indem der Verfügende rechtsgeschäftlich über einen bestimmten Gegenstand verfügt, disponiert er hierüber mit für ihn „bindender" Wirkung. D.h. ein danach erfolgender Verfügungsakt ist daher insoweit unwirksam, als er zu dem vorhergehenden in Widerspruch steht, unabhängig davon, ob der betreffende Gegenstand dem Verfügenden von Anfang an bereits zugeordnet war, oder ein entsprechender Erwerb erst nachträglich stattfindet (Konvaleszenz). Denn bereits im ersten Verfügungsakt erschöpft sich insoweit die Verfügungsmacht des Disponierenden. Er kann entsprechend dem oben genannten Rechtssatz nicht ein weiteres Mal abweichend disponieren, ihm fehlt dann die hierzu erforderliche Verfügungsmacht. Der betreffende Gegenstand ist dann insofern schon nicht mehr Teil des Vermögens des Verfügenden, als wegen der bereits getroffenen Verfügung eine weitere (im Widerspruch hierzu stehende) Verfügung nicht mehr möglich ist, und zwar auch dann, wenn ihm der Gegenstand zur Zeit des Verfügungsaktes noch gar nicht zugeordnet war.

Entscheidend dabei ist der Halbsatz „*quam ipse habet*": Das Rechtssubjekt kann nur darüber wirksam rechtsgeschäftlich verfügen, was es selbst „hat", um

---

verstanden wissen, siehe *Mugdan*, Die gesamten Materialien zum BGB für das deutsche Reich, Band II, S. 422. Zum grundsätzlichen Gleichlauf der Verfügungstatbestände (rechtsgeschäftlicher Verfügungen und Zwangsverfügungen) ausführlich *Behrendt*, Verfügungen im Wege der Zwangsvollstreckung, S. 13 ff., S. 20 ff.

341 Nicht unter den Begriff der Verfügung fallen dagegen reine Realakte wie etwa die §§ 946 ff. BGB. Diese stellen genau genommen auch keine gegenständlichen Rechtsänderungen an Sachen dar, da durch den jeweiligen Realakt die betreffenden Sachen selbst tatsächlich verändert werden. Diese Normen bewirken stets einen originären Rechtserwerb an (meist) neuen Sachen.

342 *Marotzke*, Das Anwartschaftsrecht – ein Beispiel sinnvoller Rechtsfortbildung?, S. 20; *Meister*, Die Pfändung aufschiebend bedingten und künftigen Eigentums, NJW 1959, S. 609. Siehe auch oben Fn. 139. Freilich existieren im deutschen Zivilrecht Ausnahmen von diesem Grundsatz, da bestimmte rechtsgeschäftliche Verfügungen auch von einem Nichtberechtigten durch entsprechenden Rechtsscheintatbestand vorgenommen werden können.

im Bild des römischrechtlichen Rechtssatzes zu bleiben. Dann ist es aber nur konsequent, im Gegenzug einen Vollstreckungszugriff (bzw. generell die Erfassung durch gesetzliche Pfandrechte) eben auch nur darauf zu ermöglichen, was dieses Rechtssubjekt selbst noch „hat".[343] Nur dass man hier, um präzise dem deutschen Zivilrecht zu entsprechen, nicht davon sprechen darf, was jemand *hat* (ihm also gegenständlich zugeordnet ist), sondern davon, worüber jemand disponieren bzw. verfügen kann. Dem Gläubigerzugriff soll nur das unterliegen, was auch der Verfügungsmacht des Schuldners noch unterliegt. Hat dieser sich aber durch einen vorausgegangenen Verfügungsakt bereits seiner Verfügungsmacht begeben, so kann auch ein danach erfolgender Gläubigerzugriff konsequenterweise nicht mehr wirksam sein.[344]

Wenn also der Schuldner in der Konstruktion des Durchgangserwerbs zwar für die eine berühmte „juristische Sekunde" Inhaber des Gegenstandes wird, so wird doch der Gegenstand insoweit nie Teil des Vermögens des Verfügenden, als dieser eben nicht mehr über den Gegenstand verfügen kann. Aus diesem Grund ist es auch nicht möglich, dass in diesem Zeitpunkt ein gesetzliches Pfandrecht für einen Gläubiger des Erwerbers entsteht, da dem Gläubigerzugriff nur dasjenige Vermögen ausgesetzt sein soll, dass der Disposition des Schuldners auch tatsächlich noch unterliegt.[345]

Somit erweist sich oben genanntes Argument der Anwartschaftslehre gegen die Konstruktion des Durchgangserwerbs, § 185 II S. 1, 2. Alt. BGB, als unzutreffend. Ebenso wie die Anwartschaftslehre führt die Vorausübertragung des ihm noch fremden Eigentums durch den Vorbehaltskäufer bei anschließendem Gläubigerzugriff nach richtiger Ansicht zu einem lastenfreien Eigentumserwerb des Dritten.[346] Der Gläubigerzugriff geht ins Leere. Umgekehrt kann der Dritte bei Bedingungseintritt aber nur belastetes Eigentum erwerben, wenn der Gläubigerzugriff bereits vor der Vorausübertragung erfolgt ist. Dieses Ergebnis deckt sich mit dem der Anwartschaftslehre, da diese davon ausgeht, dass die gesetzlichen Pfandrechte entsprechend dem jeweiligen gesetzlichen Tatbestand auch am

343 *Marotzke*, Die logische Sekunde – ein Nullum mit Dauerwirkung?, S. 53; *Ders.*, AcP 191 (1991), S. 177 ff. (S. 190); *Egert*, die Rechtsbedingung, S. 60 f.

344 Der Verfügende „hat" die Sache also in dem Moment, in dem er als Nichtberechtigter über sie verfügt, nicht mehr im Sinne des zitierten Rechtssatzes. Das Wort „haben" in diesem Zusammenhang ist also wiederum nicht wörtlich so zu verstehen, dass es darauf ankomme, ob dem Verfügenden die Sache noch zugeordnet ist, sondern ob er hierüber bereits disponiert hat. Es gelten wiederum die Ausführungen wie schon oben auf S. 46 f.

345 *Marotzke*, Die logische Sekunde – ein Nullum mit Dauerwirkung?, AcP 191 (1991), S. 177 ff. (S. 192 f.).

346 *Lempenau*, Direkterwerb oder Durchgangserwerb bei Übertragung künftiger Rechte, S. 84; *Egert*, Die Rechtsbedingung, S. 51 f.

Anwartschaftsrecht selbst entstehen, welches anschließend nur belastet übertragen werden kann und bei Bedingungseintritt auch nur zu belastetem Eigentum „erstarken“ kann.

Sämtliche Tatbestände, die eine gegenständliche Rechtsänderung an einem Vermögensobjekt bewirken, unterliegen dem Prioritätsprinzip. Dabei ist es irrelevant, ob die Rechtsänderung auf einer privatautonomen Disposition, oder auf gesetzlicher Anordnung (Zwangsvollstreckung, gesetzliches Pfandrecht etc.) beruht. Demnach bestimmt sich der Vorrang verschiedener Tatbestände, die jeweils eine gegenständliche Rechtsänderung an einem Vermögensobjekt bewirken, nach der zeitlichen Reihenfolge der Durchführung der hierfür erforderlichen Rechtshandlungen. Was für den Fall der sofortigen Wirksamkeit der jeweiligen Tatbestände ohne weiteres einzusehen ist, gilt gleichermaßen für den Fall der Konvaleszenz. Denn durch die Konvaleszenznormen sollen ja gerade jene (zunächst schwebend unwirksamen) Tatbestände so behandelt werden, als wären zur Zeit der tatbestandlichen Handlungen auch bereits die hierfür erforderlichen Wirksamkeitsvoraussetzungen gegeben gewesen.[347]

347 *Egert*, Die Rechtsbedingung, S. 52 f.

C. Die Verfügung des Vorbehaltskäufers über seine Forderung auf Eigentumsverschaffung

Man könnte diese oben beschriebene Konstruktion unter Anwendung des § 185 II S. 1, 2. Alt. BGB insofern als unbefriedigend betrachten, als danach der Vorbehaltskäufer als Nichtberechtigter (bewusst) über das ihm noch *fremde* Eigentum verfügt. Eigentlich möchte er jedoch über „*seine eigene*, ihm aus dem Vorbehaltskauf zustehende Erwerbsposition" verfügen, für die er ja bereits wirtschaftliche Leistungsfähigkeit aufgewendet hat, und die ökonomisch betrachtet durchaus werthaltig ist. Umgekehrt geht auch sein Vertragspartner davon aus, dass sich die rechtsgeschäftliche Verfügung auf einen Gegenstand bezieht, der dem Vorbehaltskäufer bereits gegenwärtig zugeordnet ist. Somit würde man – trotz der dogmatischen Konsequenz des gerade beschriebenen Ansatzes - dem Willen der am Verfügungsgeschäft beteiligten Parteien wohl viel eher entsprechen, wenn diese Verfügung stattdessen als diejenige eines Berechtigten ansehen werden könnte, der dabei über einen Teil *seines* Vermögens disponiert.

I. Das Verfügungsgeschäft der Parteien des Vorbehaltskaufs als Eigentumsübertragung zugunsten desjenigen, den es angeht

Bei einem Kauf unter Eigentumsvorbehalt, bei dem die dingliche Einigung über den Eigentumsübergang aufschiebend bedingt wird durch die vollständige Erfüllung der Kaufpreisforderung, §§ 929, 158 I BGB, der unmittelbare Besitz an der Kaufsache aber bereits dem Vorbehaltskäufer verschafft wurde, hat der Vorbehaltskäufer eine (starke) Erwerbsposition hinsichtlich des Eigentumserwerbs. Diese Erwerbsposition soll, um den Bedürfnissen des gewerblichen Wirtschaftsverkehrs zu entsprechen, bereits als Verfügungs- und Verwertungsobjekt dienen. Will man nun versuchen, diese Erwerbsposition mit den durch das Zivilrecht zur Verfügung gestellten Instrumentarien darzustellen, so stellt man zunächst fest, dass die Erwerbsposition eines Rechtssubjekts hinsichtlich des Erwerbs eines Gegenstandes typischerweise dadurch ausgedrückt ist, dass dieses Rechtssubjekt einen Anspruch auf Verschaffung dieses Gegenstandes innehat.

Übertragen auf die spezielle Situation des Eigentumsvorbehaltskaufs repräsentiert also zunächst einmal die dadurch entstehende Forderung auf Eigentumsverschaffung, § 433 I BGB, die Erwerbsposition des Vorbehaltskäufers; und zwar ausschließlich, da eine Vermögensveränderung durch den Übereignungstatbestand (mangels ausstehender Wirksamkeitsvoraussetzung) noch nicht eintreten konnte.[348] Der Vorbehaltskäufer wird durch den Kaufvertrag Inhaber der Forderung, weitere Gegenstände sind ihm diesbezüglich nicht zugeordnet. Möchte er nun diese Erwerbsposition auf einen Dritten übertragen (bzw. zugunsten eines Dritten belasten), so handelt es sich also – juristisch betrachtet - um eine rechtsgeschäftliche Verfügung über diese Forderung gegen den Vorbehaltsverkäufer,[349] also eine Abtretung (oder – selten – Belastung) seiner Forderung.

Freilich wird diese Betrachtung – würde man es dabei belassen – den Erfordernissen des gewerblichen Wirtschaftsverkehrs nicht gerecht. Eine Übertragung der Rechtsposition aus der aufschiebend bedingten Übereignung ist für die Parteien nur dann von Interesse, wenn der Erwerber im Falle des Bedingungseintritts ohne weitere erforderliche Willensakte Eigentum erwerben kann. Tritt allerdings der Vorbehaltskäufer seine Forderung auf Eigentumsverschaffung nach Durchführung des Übereignungstatbestandes an einen Dritten ab, so ändert dies selbstverständlich nichts daran, dass bei Bedingungseintritt nach wie vor das Eigentum auf den Vorbehaltskäufer übergeht, da die aufschiebend bedingte Übereignung grundsätzlich abstrakt von dem Schicksal der zugrunde liegenden Forderung aus dem Vorbehaltskauf zu beurteilen ist. Der wirtschaftliche Wert der an den Dritten abgetretenen Forderung, § 433 I BGB, wäre denkbar gering. Denn der Zessionar könnte vom Vorbehaltsverkäufer kein Tätigwerden irgendeiner Art mehr fordern; zwar ist die Forderung auf Eigentumsverschaffung weiterhin existent, da Erfüllung, § 362 I BGB, erst mit dem Leistungserfolg, also dem Eigentumswechsel, eintritt. Gem. § 404 BGB kann der Vorbehaltsverkäufer aber dem Zessionar gegenüber einwenden, seinen Pflichten bereits vollständig entsprochen zu haben, genauso wie er es dem Zedenten gegenüber ohne die Abtretung einwenden könnte. Selbst wenn der Vorbehaltsverkäufer der veränderten Rechtslage entsprechen und die Kaufsache nun zum Zwecke der Erfüllung an seinen neuen Gläubiger (erneut) übereignen würde, so wäre diese weitere, der ersten Übereignung zuwider laufende Verfügung (im Falle des Bedingungseintritts) gemäß dem Prioritätsprinzip unwirksam, § 161 I BGB. Der Vorbehaltskäufer würde somit bei Bedingungseintritt dennoch das Eigentum erwerben.[350]

---

348 siehe ausführlich oben S. 48 f.

349 Tatsächlich betrachtete die überwiegende Lehre zu Beginn des 20. Jahrhunderts zunächst (nur) den schuldrechtlichen Verschaffungsanspruch als die dem Vorbehaltskäufer aus dem Vorbehaltskauf erwachsende Rechtsposition. Konsequent wurde daher überlegt, wie durch eine Zwangsvollstreckung in diesen Anspruch zugleich auch eine Verwertung des Kaufgegenstandes begründet werden könnte. Nachweise bei *Banke*, Das Anwartschaftsrecht aus Eigentumsvorbehalt in der Einzelzwangsvollstreckung, S. 29 ff.; *Raiser*, Dingliche Anwartschaften, 1961, S. 23.

350 Allerdings würde in dieser Konstellation wohl regelmäßig von einer die Wirkung des § 161 I BGB aufhebenden Einwilligung des Vorbehaltskäufers auszugehen sein, § 185 I

Der Vorbehaltskäufer steht damit infolge der aufschiebend bedingten Übereignung, die seine Erwerbsposition ja stärken soll, paradoxerweise schlechter als ohne eine solche aufschiebend bedingte Übereignung. Denn würde er mit seinem Vertragspartner etwa lediglich den Kaufvertrag „normal" abschließen nebst einem Leih- oder Mietvertrag für die Zeit bis zur vollständigen Zahlung des Kaufpreises, so könnte er die Forderung, § 433 I BGB, als werthaltiges Wirtschaftsgut an einen Dritten abtreten, der dann vom Verkäufer die Vornahme der Eigentumsübertragung tatsächlich - da noch nicht geschehen - fordern könnte.[351] Aufgrund der Konstruktion des Eigentumsvorbehalts aber verliert der Vorbehaltskäufer die Forderung wirtschaftlich als fungibles Gut und damit nicht nur als Tauschwert, sondern auch als Sicherungsmittel.

Der Charakter der aufschiebend bedingten Übereignung muss allerdings unter dem Blickwinkel betrachtet werden, dass es dem Vorbehaltsverkäufer (gerade im gewerblichen Bereich) dabei regelmäßig gleichgültig ist, wer letztendlich das Eigentum an der Kaufsache erwerben wird. Für ihn ist lediglich die vollständige Erfüllung seiner Kaufpreisforderung maßgeblich, die durch den vereinbarten Eigentumsvorbehalt gesichert wird.[352] Weiterhin ist dem Vorbehaltsverkäufer auch regelmäßig bewusst, dass die Erwerbsposition, die dem Vorbehaltskäufer durch die bedingte Übereignung zukommt, im Geschäftsverkehr häufig als weiteres Sicherungsmittel eingesetzt wird, da der Vorbehaltskäufer oftmals sogar zwingend auf diese weitere Möglichkeit der Kreditsicherung durch rechtsgeschäftliche Verfügung hierüber angewiesen ist.[353] Es entspricht regelmäßig sogar dem Interesse des Vorbehaltsverkäufers, seinem Vertragspartner damit ein wirtschaftlich werthaltiges Sicherungsmittel zur Verfügung zu stellen, weil nur ein ausreichender wirtschaftlicher Handlungsspielraum des Vorbehaltskäufers ihn letztlich begründeterweise auf eine vollständige Erfüllung seiner Kaufpreisforderung hoffen lassen kann.

Diese spezifische Interessenlage der am Eigentumsvorbehaltskauf beteiligten Parteien gilt es zu berücksichtigen, um eine rechtsgeschäftliche Verfügung über die Erwerbsposition des Vorbehaltskäufers dogmatisch zu würdigen. Da sich eine Erwerbsposition hinsichtlich eines bestimmten Gegenstandes grundsätzlich durch einen Verschaffungsanspruch auf diesen Gegenstand ausdrückt, und diese Erwerbsposition (regelmäßig) auch auf Dritte übertragbar sein soll in der Weise, dass der Eigentumserwerb bei Bedingungseintritt auch bei dem Drit-

---

BGB analog, vgl. *Jauernig-Jauernig*, § 161 Rn. 4.

351 Natürlich stünde demgegenüber das Zurückbehaltungsrecht des Verkäufers, § 320 BGB.

352 so auch BGH Z 20, S. 88 ff. (S. 99); *Marotzke*, Das Anwartschaftsrecht – ein Beispiel sinnvoller Rechtsfortbildung?, S. 28; *RGRK-Mezger*, § 455 Rn. 27; *Flume*, AcP 161 (1962), S. 385 ff. (S. 399).

353 *Serick*, Eigentumsvorbehalt und Sicherungsübertragung, Bd. I, S. 9 ff.

ten eintritt, muss man konsequenterweise die aufschiebend bedingte Übereignung folgendermaßen auslegen: Mit Bedingungseintritt soll nicht zwingend *der Vorbehaltskäufer* das Eigentum erwerben, sondern vielmehr *derjenige, der zu diesem Zeitpunkt auch die Forderung auf Eigentumsverschaffung, § 433 I BGB, innehat.*

Nach dieser Konstruktion stellt das Verfügungsgeschäft zwischen den Parteien des Vorbehaltskaufs rechtstechnisch eine Übereignung zugunsten desjenigen dar, den es angeht. Genauer gesagt: eine Übereignung zugunsten desjenigen, der Inhaber der entsprechenden Forderung auf Eigentumsverschaffung ist.

II. Mögliche Einwände gegen die vorgeschlagene Konstruktion

Eine solche Konstruktion mag rechtsdogmatisch zunächst befremdlich anmuten. Man mag sich fragen, ob das geltende Zivilrecht eine solche Konstruktion überhaupt zulässt?

Zunächst einmal gilt es, die grundsätzliche Möglichkeit einer rechtsgeschäftlichen Verfügung zugunsten Dritter festzustellen: Das BGB konstituiert in seinem § 328 I den Vertrag zugunsten Dritter. Entgegen der Rechtsprechung und der wohl überwiegenden Literaturansicht[354] kann weder aus dem Wortlaut noch der systematischen Stellung des § 328 BGB auf die Unzulässigkeit einer rechtsgeschäftlichen Verfügung zugunsten Dritter geschlossen werden. Zum einen handelt es sich bei fast allen Verfügungsgeschäften um einen „Vertrag" (Übertragung, Verpfändung, Bestellung eines Nießbrauchs etc.), zum anderen sind auch im 2. Buch des BGB Verfügungsgeschäfte geregelt, wie etwa der Erlassvertrag, § 397 BGB, oder die Abtretung, § 398 BGB. Es macht dabei auch bei wertender Betrachtung kaum einen Unterschied, ob durch einen (Verpflichtungs-)Vertrag zugunsten Dritter gem. § 328 I BGB eine Forderung bei dem begünstigten Dritten unmittelbar neu entsteht, oder ob der Gläubiger mit dem Schuldner durch (Verfügungs-)Vertrag zugunsten Dritter vereinbart, dass eine bereits dem Gläubiger zugeordnete Forderung auf den begünstigten Dritten übergehen soll.[355]

Darüber hinaus sieht das BGB selbst die rechtsgeschäftliche Verfügung zugunsten Dritter vor: § 414 BGB regelt die Schuldübernahme eines Dritten durch Vertrag mit dem Gläubiger zugunsten des bisherigen Schuldners. § 423 BGB

354 BGH Z 126, S. 265 f. (S. 266); BGH NJW 1993, S. 2617 ff. (S. 2617), jeweils m.w.N. zur Rechtsprechung; Nachweise zur Literatur bei *Staudinger-Jagmann*, vor § 328. Rn. 51 ff. (Rn. 59 ff.); *Münch. Komm.-Gottwald*, BGB, § 328 Rn. 198 ff.

355 *Münch. Komm.-Gottwald*, BGB, § 328 Rn. 199.

sieht die Wirkung eines Erlassvertrages des Gläubigers mit einem Gesamtschuldner auch mit Wirkung für die übrigen Gesamtschuldner vor, falls dies dem Parteiwillen entspricht. Beide Vorschriften behandeln Verfügungsgeschäfte zugunsten Dritter, da sie die rechtsgeschäftliche Befreiung eines Schuldners von seiner Schuld normieren, ohne dass hierfür die Mitwirkung des begünstigten Schuldners am Rechtsgeschäft erforderlich ist.[356]

Fraglich ist allerdings, ob die Verfügung zugunsten Dritter auch in ihrer speziellen Ausprägung als Verfügung über Mobiliar zulässig ist. Auch diejenigen Literaturstimmen, die die Zulässigkeit einer Verfügung zugunsten Dritter prinzipiell anerkennen wollen, lehnen überwiegend die Verfügung zugunsten Dritter über Mobiliar ab.[357] Gegen diese Konstruktion wird eingewandt, eine Drittbegünstigung nach § 328 I BGB (analog) habe grundsätzlich zur Voraussetzung, dass der Schuldner der Forderung Partei des Rechtsgeschäfts sei. Bei Mobiliar gebe es aber keinen „Schuldner", weshalb Vertragspartner des verfügenden Eigentümers stets ein beliebiger, an sich teilnahmsloser Dritter wäre und das Erfordernis eines Verfügungs*vertrages* letztlich entbehrlich sei.[358] Unabhängig davon, ob man dieses Erfordernis für die Drittbegünstigung generell postulieren möchte, greift dieser Einwand jedenfalls für die hier vorgeschlagene Behandlung der bedingten Übereignung im Rahmen des Eigentumsvorbehaltskaufs nicht durch. Denn Vertragspartner des Übereignenden ist gerade nicht irgendein beliebiger Dritter, sondern der Vorbehaltskäufer, der zunächst Inhaber der Forderung auf Eigentumsverschaffung, § 433 I BGB, ist, und der ja deshalb zunächst auch Eigentümer werden soll. Er steht daher dem vorgenommenen Rechtsgeschäft nicht gleichgültig gegenüber, vielmehr wird es gerade in seinem Interesse vorgenommen, damit er seine Erwerbsposition durch Verfügung über seine Forderung wirtschaftlich nutzen kann. Seine Mitwirkung ist also nicht lediglich Förmelei.

Ein weiterer Einwand könnte sich aus der Besonderheit ergeben, dass für ein sachenrechtliches Verfügungsgeschäft nicht lediglich eine hierauf gerichtete Einigung erforderlich ist, sondern zusätzlich den Erfordernissen der Publizität und (für Mobiliar) der Tradition entsprochen werden muss. Selbstverständlich besteht auch für eine wirksame rechtsgeschäftliche Verfügung über Mobiliar zugunsten Dritter das grundsätzliche Erfordernis der Besitzerlangung des Erwerbers aufgrund der Veräußerung.[359] Dies ist jedoch bei der hier vorgeschlagenen Konstruktion gewährleistet: Will der Vorbehaltskäufer seine „Erwerbsposition

---

356 zum Ganzen *Bayer*, Der Vertrag zugunsten Dritter, S. 200 f.

357 für die Zulässigkeit aber *Soergel-Henssler*, § 929 Rn. 48, und die dort in Fn. 224 genannten.

358 *Bayer*, Der Vertrag zugunsten Dritter, S. 206 f.

359 *Staudinger-Jagmann*, Vorbem. zu §§ 328 ff. Rn. 66.

aus der aufschiebend bedingten Übereignung“ zu Kreditsicherungszwecken übertragen, so stellt dies rechtlich zunächst – wie gesehen – die Abtretung seiner Forderung aus dem Vorbehaltskauf dar. Gleichzeitig stellt die zwischen ihm und seinem Vertragspartner dabei vereinbarte Sicherungsabrede ein Besitzkonstitut i.S.d. § 868 BGB hinsichtlich der im unmittelbaren Besitz des Vorbehaltskäufers befindlichen Kaufsache dar.[360] Denn den Parteien ist bewusst, dass mit Bedingungseintritt der Eigentumsübergang an den Forderungsinhaber stattfindet, daher soll dieser auch in eine besitzrechtliche Beziehung zu der Sache treten. Tritt die Bedingung ein, ist das sachenrechtliche Erfordernis der Besitzerlangung durch den Erwerber aufgrund dessen mittelbaren Besitzes an der Sache gegeben, § 868 BGB, der Kreditgeber erwirbt das Eigentum unmittelbar vom Vorbehaltsverkäufer.

Auch die Tatsache, dass dem Vorbehaltsverkäufer als Veräußerer die Person des Erwerbers - jedenfalls zunächst - unbekannt ist, führt nicht zur Unwirksamkeit der vorgeschlagenen Konstruktion. Denn eine Übergabe i.S.d. § 929 I BGB liegt vor; diese wird dergestalt vollzogen, dass der Vorbehaltsverkäufer dem Vorbehaltskäufer, welcher ihm ja den Besitz mittelt, anweist, mit Bedingungseintritt dann für den Erwerber zu besitzen. Diese Anweisung erfolgt dabei regelmäßig bereits im Rahmen der rechtsgeschäftlichen Vereinbarung zwischen den Parteien des Vorbehaltskaufs, und zwar aus denselben Gründen, aus denen auch die Übereignung an denjenigen, den es angeht, vereinbart wird.[361] Die Übergabe i.S.d. § 929 I BGB kann dadurch erfolgen, dass der unmittelbare Besitzer, der dem Veräußerer den Besitz mittelt, auf dessen Veranlassung nunmehr ein Besitzkonstitut mit dem Erwerber abschließt, und der Veräußerer dadurch seinen mittelbaren Besitz vollständig und endgültig verliert. Denn entscheidend ist nicht etwa die Besitzübertragung gerade des Veräußerers auf den Erwerber, sondern die Sachherrschaft des Erwerbers auf Veranlassung des Veräußerers.[362]

360 Nach dem Parteiwillen soll dabei der Vorbehaltskäufer regelmäßig unmittelbarer Besitzer bleiben, um die Sache weiterhin für sich nutzen zu können. Hinsichtlich der Besitzverhältnisse ergeben sich keine Unterschiede zur herrschenden Lehre vom Anwartschaftsrecht. Auch diese geht von einem Besitzkonstitut zwischen Vorbehaltskäufer und Kreditgeber aus, wenn das Anwartschaftsrecht zur Kreditsicherung übertragen werden soll, vgl. *Baur/Stürner*, Sachenrecht, S. 845; *Staudinger-Wiegand*, Anh. zu §§ 929 ff. Rn. 117.

361 Es liegt im Interesse des Vorbehaltsverkäufers, dass der Vorbehaltskäufer über „seine Erwerbsposition“ ggf. verfügen kann, vgl. oben S. 132. Dementsprechend wird er ihm auch gestatten bzw. Ihn anweisen, den mittelbaren Besitz im Falls des Bedingungseintritts auf den Erwerber umzustellen, da der Erwerber ansonsten nicht mit Bedingungseintritt Eigentum erwerben würde und sich dann auch nicht mit dem Vorbehaltskäufer einlassen würde.

362 *Wilhelm*, Sachenrecht, S. 376 f.; *Staudinger-Wiegand*, § 929, Rn. 61 ff.

Die Übergabe erfolgt somit zwischen Veräußerer und Erwerber durch Umstellung des mittelbaren Besitzes auf Weisung des Veräußerers. Dabei spielt es auch keine Rolle, dass dem Veräußerer die Person des Erwerbers - zunächst - unbekannt ist; denn entscheidend für die Übergabe i.S.d. § 929 I BGB ist, dass er die schließliche Erlangung des mittelbaren Besitzes des Erwerbers durch entsprechende Vereinbarung mit dem Vorbehaltskäufer vor vorneherein veranlasst hat.

Schließlich ist die hier vorgeschlagene Konstruktion auch nicht deshalb abzulehnen, weil hierdurch keine eindeutige Rechtszuordnung hinsichtlich des Eigentums gegeben sei, sondern der diesbezügliche Vermögenswert in eine Schwebelage gerate.[363] Vielmehr sind sowohl das Eigentumsrecht an der Sache als auch die diesbezügliche Forderung auf Eigentumsverschaffung vermögensrechtlich zu jedem Zeitpunkt eindeutig zuzuordnen. Selbstverständlich bleibt der Vorbehaltsverkäufer bis zum Bedingungseintritt (vollständiger) Eigentümer, erst mit Bedingungseintritt erwirbt genau derjenige, der Inhaber der Forderung § 433 I BGB ist. Diese Forderung ist aber ebenso jederzeit eindeutig zuzuordnen. Der dagegen vorgebrachte Einwand, bei einer Übereignung für den, den es angeht, müsse bei der dinglichen Einigung bereits feststehen, wen das Geschäft wirklich etwas angeht,[364] greift nicht durch. Da es sich um eine aufschiebend bedingte Übereignung handelt, deren Rechtsfolge eben erst zum Zeitpunkt des (bis dahin ungewissen) Bedingungseintritts eintritt, muss aus Gründen der Rechtsklarheit die Identität der hierdurch konkret begünstigten Person auch erst bei Bedingungseintritt feststehen.

III. Konsequenzen der dargestellten Konstruktion bei Bedingungseintritt

1. Die rechtsgeschäftliche Verfügung des Vorbehaltskäufers über seine Forderung aus dem Vorbehaltskauf

Die wirtschaftliche Nutzung „seiner Erwerbsposition" durch den Vorbehaltskäufer stellt nach der hier vorgeschlagenen Konstruktion eine rechtsgeschäftliche Verfügung über seine Forderung aus dem Vorbehaltskauf da. Die Forderung wird an einen Dritten abgetreten, § 398 BGB (selten, aber theoretisch auch denkbar: verpfändet, §§ 1274 I, 1280 BGB), wobei dadurch in der Regel weitere Kredite des Vorbehaltskäufers abgesichert werden sollen. Da die aufschiebend bedingte Eigentumsübertragung eine solche zugunsten desjenigen ist, der Inha-

363 so aber *Marotzke*, Das Anwartschaftsrecht – ein Beispiel sinnvoller Rechtsfortbildung, S. 28 f.

364 *Marotzke*, Das Anwartschaftsrecht – ein Beispiel sinnvoller Rechtsfortbildung, S. 28.

ber der Forderung § 433 I BGB ist, erwirbt der jeweilige Forderungsinhaber bei Bedingungseintritt das Eigentum an der Sache unmittelbar vom Vorbehaltsverkäufer. Die diesem vorhergehenden Zedenten werden zu keinem Zeitpunkt – auch nicht für eine „juristische“ bzw. “logische“ Sekunde - Eigentümer der Kaufsache. Es liegt damit nach dieser Konstruktion ein sog. „Direkterwerb“ des Forderungsinhabers vor, was sich letztlich vom Ergebnis her nicht von der Anwartschaftslehre unterscheidet.[365]

Die Konsequenzen dieser Konstruktion für die rechtliche Behandlung der Rechtsposition des Vorbehaltskäufers sind klar:

Ein gutgläubiger Erwerb der Rechtsposition des Vorbehaltskäufers (oder der gutgläubige Erwerb eines beschränkten Rechts hieran) von einem Nichtberechtigten nach Rechtsscheingrundsätzen ist nicht möglich. Ein diesbezüglicher Streit, wie er innerhalb der Lehre vom Anwartschaftsrecht existiert,[366] dürfte sich erübrigen. Da nach der hier vorgeschlagenen Lösung eine Übertragung der Position des Vorbehaltskäufers eine Zession seiner Forderung auf Eigentumsübertragung darstellt, ist diese Frage denkbar einfach zu beantworten: Da (mit Ausnahme der speziellen Fälle §§ 405, 2366 BGB) im BGB keine Rechtsscheintatbestände für den gutgläubigen Erwerb von Forderungen existieren, kann eine diesbezügliche Zession eines Nichtberechtigten keine gegenständliche Rechtsfolge nach sich ziehen. Dieses Ergebnis überzeugt letztlich auch nach einer Abwägung der widerstreitenden Interessen von vertrauendem Rechtsverkehr einerseits und dem hiervon betroffenen Berechtigten andererseits. Da sich ein eventuell bestehendes Vertrauen des Rechtsverkehrs in diesem Fall – genau wie bei einem vermeintlichen Vorliegen eines Anwartschaftsrechts - nicht an einem entsprechenden Rechtsschein festmachen lässt,[367] ist dieses Vertrauen nach allgemeinen Rechtsscheingrundsätzen eben auch nicht schützenswert.

Problematisch ist dann aber die Frage, ob ein bösgläubiger Dritter, dem der gutgläubige Vorbehaltskäufer die Forderung auf Eigentumsverschaffung abgetreten hat, bei Bedingungseintritt auch dann Eigentum erwirbt, wenn der Vorbehaltsverkäufer als Nichtberechtigter über die Sache verfügt hat. Denn nach der herrschenden Lehre würde in dieser Konstellation der Vorbehaltskäufer zunächst gutgläubig ein Anwartschaftsrecht erwerben, welches er dann als Berechtigter auf den Dritten überträgt, so dass es auf dessen Bösgläubigkeit (hinsichtlich der Berechtigung des Vorbehaltsverkäufers) nicht ankommt. Bei Bedingungsantritt „erstarkt“ dieses Anwartschaftsrecht zum Eigentum, wiederum unabhängig von

---

365 Auch nach der Anwartschaftslehre liegt bei Bedingungseintritt ein sog. „Direkterwerb“ des Anwartschaftsrechtsinhabers vor, vgl. *Staudinger-Beckmann*, § 449 Rn. 69 m.w.N. und oben S. 125 (Fn. 335).

366 siehe oben S. 85 (Fn. 237).

367 siehe oben S. 90 ff.

der Bösgläubigkeit des Dritten. Nach der hier vorgeschlagenen Konstruktion erwirbt der Dritte das Eigentum unmittelbar durch die Verfügung des Vorbehaltsverkäufers, die als Übereignung an den, den es angeht, ausgestaltet ist; zuvor wurde er durch Abtretung des Vorbehaltskäufers Inhaber der Forderung auf Eigentumsverschaffung, § 433 I BGB. Doch auch in dieser Konstellation dürfte das Ergebnis gleich bleiben. Denn hinsichtlich der Übereignung dürfte es für § 932 BGB nicht auf die Kenntnis des Dritten, sondern gem. § 166 I BGB (analog) auf die des Vorbehaltskäufers ankommen. Dieser ist im Rahmen der Übereignung zwar nicht der Vertreter des Dritten, er ist sogar „noch mehr", denn er ist selbst Partei des Rechtsgeschäfts mit dem Vorbehaltsverkäufer. Lediglich die Wirkung des Rechtsgeschäfts, die Eigentumsübertragung, tritt unmittelbar beim Dritten ein. § 166 I BGB liegt der Gedanke zugrunde, dass es hinsichtlich der Wissenszurechnung auf diejenige Person ankommen soll, die bei Abgabe der Willenserklärung mit eigenverantwortlicher Prüfungs- und Entscheidungskompetenz handelt. Eine entsprechende Anwendung erfolgt daher auch in Fällen, in denen es sich zwar nicht um Stellvertretung im Rechtssinne handelt, in denen aber sonstige Hilfspersonen im Interesse des Geschäftsherrn handeln.[368] Dieser Rechtsgedanke ist auf die vorliegende Konstellation (erst recht) übertragbar: Der Vorbehaltskäufer handelt gegenüber dem Vorbehaltsverkäufer völlig unabhängig und in eigener Kompetenz, denn es wird ja zunächst einmal die Eigentumsübertragung auf ihn selbst - als derzeitigen Inhaber der Eigentumsverschaffungsforderung § 433 I BGB - vereinbart. Der Dritte ist sowohl ihm als auch dem Vorbehaltsverkäufer derzeit noch völlig unbekannt, es ist sogar noch unklar, ob es überhaupt einen Dritten geben wird. Denn die Übereignung erfolgt ja nur dann an einen Dritten, wenn der Vorbehaltskäufer seine Forderung später abtritt. Aufgrund dieser denklogischen Selbstständigkeit des Vorbehaltskäufers muss es für eine Wissenszurechnung im Rahmen der Übereignung analog § 166 I BGB auf diesen, nicht auf den Dritten ankommen. Auch ein Fall des § 166 II BGB liegt - eben aus den genannten Gründen - erkennbar nicht vor.

Auch die Frage, ob der jeweilige Inhaber der Forderung bereits ein gegenständliches Besitzrecht an der Sache erlangt, erübrigt sich hier: Der Forderungsinhaber erlangt bei Bedingungseintritt das Eigentum an der Kaufsache. Vor diesem Zeitpunkt kann ihm ein Besitzrecht nur relativ zustehen, aufgrund seiner obligatorischen Rechtsbeziehung zu den weiteren Beteiligten. Denn ein gegenständliches Recht an der Sache neben dem Eigentum, welches eine solche Überlegung rechtfertigen würde, existiert nicht. Selbstverständlich ergibt sich ein solches auch nicht aus der Forderung auf Eigentumsverschaffung, § 433 I. Diese

368 BGH Z 83, S. 293 ff. (296); *Staudinger-Schilken*, § 166 Rn. 5.

stellt (lediglich) ein Recht *auf* die Sache dar (eben auf Übereignung derselben), aber kein Recht *an* der Sache.

In der Zeit vor Bedingungseintritt vorgenommene (weitere) Verfügungen über die Kaufsache werden bei Bedingungseintritt unwirksam gem. § 161 I BGB, der diese allgemeine Konsequenz aus dem Prioritätsprinzip klarstellt. Allerdings kann das Prioritätsprinzip dabei gem. § 161 III BGB zugunsten eines gutgläubigen Dritten überwunden werden. Die Reichweite des Schutzes des Forderungsinhabers vor kollidierenden Zwischenverfügungen ergibt sich somit weiterhin (allein) aus § 161 BGB. Ein Rückgriff auf § 936 BGB hierfür scheidet aus. Da nach der hier vorgeschlagenen Konstruktion durch die aufschiebend bedingte Übereignung keinerlei gegenständliche Rechte an der Kaufsache entstehen, kommt für den Schutz vor kollidierenden Zwischenverfügungen eine (direkte oder analoge) Anwendung von § 936 III BGB keinesfalls in Betracht. Eine solche ist auch – wie gezeigt[369] - nicht erforderlich, um einen ausreichenden und interessengerechten Schutz des jeweiligen Forderungsinhabers zu gewährleisten.

Die Problematik des Schadensersatzes bei Beschädigung oder Zerstörung der Sache wäre - jedenfalls vom Grundsatz her - ebenfalls klar: Ein deliktischer Schadensersatzanspruch bei Beschädigung der Sache wäre nach diesem Ansatz vor Bedingungseintritt grundsätzlich nicht gegeben. Da dem Vorbehaltskäufer bis zu seinem Eigentumserwerb (lediglich) die Forderung auf Eigentumsverschaffung zusteht, erleidet nur der (Noch-)Eigentümer einen Substanzschaden, ihm allein steht der Schadensersatzanspruch § 823 I BGB wegen Verletzung seines Eigentums zu. Die Forderung § 433 I BGB des Vorbehaltskäufers bleibt zunächst von der eingetretenen Beschädigung unberührt.

Allerdings wäre eine Sachlage gegeben, die mit der Fallgruppe der Drittschadensliquidation bei obligatorischer Gefahrentlastung vergleichbar ist. Die Rechtsfigur der Drittschadensliquidation kommt zum Tragen, wenn derjenige, dessen Rechtsgut widerrechtlich verletzt wird (und der damit grundsätzlich zum Schadensersatz berechtigt wäre), aus unterschiedlichen Gründen keinen wirtschaftlichen Schaden erleidet, während der eigentliche Schaden bei einem Dritten eintritt, dem aber gegen den Schädiger keine Ansprüche zustehen.[370] Schaden und Ersatzanspruch fallen in diesen Konstellationen also auseinander, was formal betrachtet zunächst bedeutet, dass die Tatbestandsmerkmale des § 823 I BGB weder in der Person des formal Verletzten, noch in der des Dritten (eigentlich Geschädigten) erfüllt sind. Da der Schädiger aber von diesem - aus seiner Sicht - völlig zufälligen Auseinanderfallen nicht profitieren soll, ermöglicht es

369 siehe oben S. 101 ff.

370 *Stamm*, AcP 203 (2003), S. 366 ff. (S.371 ff.); *Büdenbender*, NJW 2000, S. 986 ff. (S. 987 f.); *Staudinger-Schiemann*, vor § 249, Rn. 62.

die Rechtsfigur der Drittschadensliquidation dem formal Verletzten, den bei dem Dritten wirtschaftlich entstandenen Schaden zu liquidieren. Der Schaden wird so „zum Anspruch gezogen“.[371] Aus dem Innenverhältnis des formal Verletzten zum wirtschaftlich Geschädigten ergibt sich jedoch für letzteren regelmäßig die Verpflichtung zur Abtretung dieses Schadensersatzanspruches, da die Ersatzleistung letztendlich den wirtschaftlich Geschädigten zugutekommen soll. Dogmatisch ergibt sich dies im Rahmen eines bestehenden Vertragsverhältnisses aus der (jedenfalls analogen) Anwendung des § 285 BGB.[372]

Dieselbe Interessenlage ist im Verhältnis der Parteien des Vorbehaltskaufs gegeben: Wird die Kaufsache vor Bedingungseintritt beschädigt, so wird zunächst nur das dem Vorbehaltsverkäufer (noch) zugeordnete Eigentum verletzt. Die Forderung § 433 I BGB des Vorbehaltskäufers (bzw. nach einer evtl. erfolgten Zession der jeweilige Forderungsinhaber) bleibt unverändert bestehen, in dessen Person liegt somit formal keine Rechtsgutsverletzung vor. Da die Sache aber regelmäßig bereits übergeben wurde, ist wegen § 446 BGB die Preisgefahr auch bereits auf den Vorbehaltskäufer übergegangen. Auch bei einer vollständigen Zerstörung der Sache bliebe der Kaufpreisanspruch § 433 II BGB unverändert bestehen, da § 446 BGB als *lex specialis* gegenüber § 326 I BGB gilt und der Untergang des Verschaffungsanspruchs gem. § 275 I BGB sich somit nicht auf den Zahlungsanspruch auswirkt. Der Vorbehaltskäufer muss also weiterhin die Raten in voller Höhe entrichten und ist damit der durch die deliktische Handlung eigentlich Geschädigte. Aus Sicht des Schädigers stellt sich dieses Auseinanderfallen von Anspruch und Schaden als zufällig i.S.d. Rechtsfigur dar.

Diese Konstellation muss demnach ebenso als Fallgruppe der obligatorischen Gefahrentlastung behandelt werden, mit der Konsequenz, dass der Schaden des Vorbehaltskäufers zum deliktischen Schadensersatzanspruch des Vorbehaltsverkäufers „gezogen“ wird, wobei dieser aus dem Innenverhältnis der Kaufvertragsparteien wiederum entsprechend § 285 BGB verpflichtet ist, diese Schadensersatzforderung abzutreten oder Zahlung direkt an den wirtschaftlich Geschädigten zu fordern.

---

371 nach anderer Ansicht soll der Anspruch dem wirtschaftlich Geschädigten zugesprochen werden, damit dieser den Schaden unmittelbar gegenüber dem Schädiger geltend machen kann, *Junker*, AcP 193 (1993), S. 348 ff. (S. 350 f.).

372 *Stamm*, AcP 203 (2003), S. 366 ff. (S.372). Eine weitere Möglichkeit besteht darin, dass der wirtschaftlich Geschädigte im Innenverhältnis ermächtigt wird, im eigenen Namen gegenüber dem Schädiger den Ersatzanspruch geltend zu machen, BGH NJW 1957, S. 1839 f.. Auch wenn Verletzter und Geschädigten ausnahmsweise nicht in vertraglichen Beziehungen stehen, ergibt sich die Pflicht zur Abtretung des Schadensersatzanspruches gleichermaßen, *Staudinger-Schiemann*, vor § 249, Rn. 67.

2. Die Vollstreckung in die Forderung aus dem Vorbehaltskauf

Ein Vollstreckungszugriff „auf die aus der bedingten Übereignung entstehende Erwerbsposition" durch Einzelzwangsvollstreckung stellt nach der hier vorgeschlagenen Konstruktion konsequenterweise eine Vollstreckung (allein) in die Forderung auf Eigentumsverschaffung dar. Eine Einzelzwangsvollstreckung erfolgt somit gemäß § 846 (mit § 847) ZPO, der die Zwangsvollstreckung in Forderungen auf Leistung von Sachen regelt. Dieser wiederum verweist auf die §§ 829, 835 ZPO, die für die Zwangsvollstreckung in eine Geldforderung deren Pfändung und Überweisung anordnen.

Ziel des Vollstreckungszugriffs auf diese Forderung ist letztendlich – wie auch bei der Vollstreckung in das Anwartschaftsrecht nach der Anwartschaftslehre[373] - eine Verwertung der dahinter stehenden Kaufsache selbst, § 847 II ZPO. Durch die Pfändung der Forderung entstehen Verstrickung und Pfändungspfandrecht aber nur an dieser. Erst mit Herausgabe der Sache des Drittschuldners an den Gerichtsvollzieher, § 847 I ZPO, entstehen sowohl das Pfändungspfandrecht an der Sache selbst, als auch die Verstrickung als Grundlage einer späteren Verwertung.[374] Für die Klage auf Herausgabe an den Gerichtsvollzieher (der Gerichtsvollzieher darf die Sache nicht von sich aus wegnehmen), durch die der Vollstreckungsgläubiger im Falle der Weigerung des Drittschuldners, die Sache entsprechend der Anordnung § 847 I ZPO herauszugeben, sein Sicherungsbedürfnis durchsetzen kann, ist zusätzlich die Überweisung der Forderung an den Vollstreckungsgläubiger, § 835 ZPO, erforderlich.[375]

Die Besonderheit bei der Konstellation des Eigentumsvorbehaltskaufs besteht jedoch darin, dass der Schuldner (Vorbehaltsverkäufer) die ihm obliegende Leistungs*handlung* i.S.d. § 433 I BGB bereits erbracht hat, indem er sich mit dem Vorbehaltskäufer über den Eigentumsübergang - auf den jeweiligen Forderungsinhaber - geeinigt hat und diesem typischerweise auch sogleich den unmittelbaren Besitz an der Sache eingeräumt hat. Die entsprechende Herausgabeanordnung an den Drittschuldner wäre also gegenstandslos.

Allerdings erfolgt die Pfändung der Forderung auf Eigentumsverschaffung nicht, um eine Herausgabe der Sache beim Drittschuldner erzwingen zu können, da dieser seiner Leistungspflicht ja bereits vollständig entsprochen hat. Vielmehr

---

373 Eine Verwertung des Anwartschaftsrechts als solchem wird ganz überwiegend als wirtschaftlich wenig aussichtsreich angesehen, gleiches muss dann auch für eine Verwertung der Forderung selbst gelten, vgl. oben S.105.

374 BGH Z 72, S. 334 ff. (S. 336); *Münch. Komm.-Smid*, ZPO, § 847 Rn. 9.

375 Streitig; für Nachweise auch zur Gegenmeinung, wonach bereits die Pfändung der Forderung allein ausreichend sei, um den Drittschuldner auf Herausgabe an den Gerichtsvollzieher zu verklagen vgl. *Stein/Jonas-Brehm*, § 847 Rn. 10.

wird durch die Pfändung eine Surrogation von Verstrickung und Pfändungspfandrecht an der Sache bei vollständiger Erfüllung der Kaufpreisforderung ermöglicht, um sodann – wie erwähnt – die Verwertung der Sache selbst durchführen zu können. Diese Surrogation erfolgt gem. § 1287 S. 1 BGB (analog), die Pfändung der Forderung setzt sich mit ihren Wirkungen an der Sache fort, da derjenige, der Rechte an der Forderung erworben hat, diese nicht wegen ihres bestimmungsgemäßen Untergangs durch Erfüllung verlieren soll.[376] Die Rechtslage an der Forderung soll sich bei Erfüllung an der Sache fortsetzen.

Durch die Pfändung der Forderung kann der Pfandgläubiger den Bedingungseintritt aber auch selbst herbeiführen, indem er die noch ausstehenden Raten selbst an den Drittschuldner (Vorbehaltsverkäufer) zahlt. Da der Vollstreckungsschuldner einem aus der Pfändung resultierenden Verfügungsverbot (*inhibitorium*), §§ 829 I S. 2 ZPO, 135 I BGB, unterliegt, hat er auch nicht mehr die Möglichkeit, einer solchen Zahlung des Pfandgläubigers zu widersprechen, § 267 II BGB. Insbesondere wenn nur noch wenige Kaufpreisraten ausstehen, erscheint es für den Vollstreckungsgläubiger auch als ökonomisch sinnvoll, die restlichen Raten zu zahlen, um anschließend die Kaufsache zu verwerten.

Daher ist auch keine Überweisung, § 835 ZPO, erforderlich, wenn sich die Sache bereits im unmittelbaren Besitz des Vorbehaltskäufers befindet. Denn eine Überweisung der Forderung ist für den Vollstreckungsgläubiger nur erforderlich, um diese gegenüber dem Drittschuldner einziehen bzw. gegebenenfalls einklagen zu können. Er wird damit in die Position gebracht, anstelle des Forderungsinhabers die Erfüllung durchzusetzen, er kann die (weiterhin fremde) Forderung somit im eigenen Namen geltend machen, § 836 ZPO.[377] Wie gesehen ginge ein solches Vorgehen gegen den Drittschuldner jedoch ins Leere, da dieser die von ihm geschuldete Leistungs*handlung* bereits vollständig erbracht hat, weshalb es keiner Befugnis des Vollstreckungsgläubigers zu einer Durchsetzung der Forderung mehr bedarf. Die Pfändung der Forderung, § 829 ZPO, allein reicht aus, um dem Sicherungsinteresse des Vollstreckungsgläubigers zu genügen, und vor allem die bei Bedingungseintritt erfolgende Surrogation an der Kaufsache zu ermöglichen.

---

376 Es gilt insoweit das oben S. 108 ff. Gesagte: Die Rechtslage unterscheidet sich nicht dadurch, ob die Forderung auf Eigentumsverschaffung durch Erfüllung untergeht, oder das Anwartschaftsrecht an der Sache bei Bedingungseintritt zum Vollrecht „erstarkt". Beide Gegenstände sind letztendlich auf den Eigentumserwerb gerichtet und gehen dadurch bestimmungsgemäß unter, weshalb sich die jeweiligen Rechte daran an der Sache selbst fortsetzen sollen, um einen ungerechtfertigten Rechtsverlust zu verhindern (Grundgedanke der Surrogationsnormen §§ 1075 I, 1287 BGB).

377 *Münch. Komm.-Smid*, ZPO, § 835 Rn. 2; *Baur/Stürner/Bruns*, Zwangsvollstreckungsrecht, S. 389.

Die so eintretende Surrogation gem. § 1287 BGB analog umfasst dabei nicht nur das an der Forderung entstandene Pfändungspfandrecht, sondern insbesondere auch die für die anschließende Verwertung erforderliche Verstrickung, die sich ebenso bei Bedingungseintritt an der Sache fortsetzt. Surrogation bezeichnet einen Vorgang, bei dem ein Gegenstand anstelle eines anderen vollständig in dieselbe Rechtslage eintritt, in der der andere Gegenstand sich bisher befand. Es setzen sich also nicht nur sämtliche Rechte, die an dem Gegenstand bestanden, auch an dem neuen Gegenstand fort, sondern darüber hinaus erlangt der neue Gegenstand genau die rechtliche Beschaffenheit, die der bisherige Gegenstand innehatte. Die Verstrickung bezeichnet die Sicherstellung des Pfändungsgegenstandes im Machtbereich des Staates und ist Grundlage seiner späteren Verwertung.[378] Durch jeden wirksamen Pfändungsakt entsteht die Verstrickung am Pfändungsgegenstand und versetzt diesen so in einen Zustand hoheitlicher „Verfangenheit“. Entsprechend dem Wesen der Surrogation setzt sich dieser besondere Zustand dann auch an dem Gegenstand fort, der an die Stelle des bisherigen Gegenstandes tritt. Somit gerät die an die Stelle der Forderung tretende Kaufsache bei Bedingungseintritt *ipso iure* in den Zustand der Verstrickung.[379]

Die Fortsetzung der Verstrickung an der zu übereignenden Sache durch Surrogation ist nicht etwa ein Kuriosum der hier erörterten Konstellation. Vielmehr entsteht auch im „normalen“[380] Fall der Pfändung einer Forderung auf Eigentumsverschaffung, § 846 ZPO, die Verstrickung der zu leistenden Sache allein durch Surrogation bei Herausgabe an den Gerichtsvollzieher. Die durch die Pfändung verstrickte Forderung geht unter, die Verstrickung setzt sich jedoch unmittelbar an der herausgegebenen Sache fort. Hierfür ist nicht etwa ein weiterer Pfändungsakt erforderlich, vielmehr ist dieser bereits (hinsichtlich der Forderung) vollzogen worden und wirkt nun fort.

Durch die Pfändung der Forderung soll also letztendlich die Verstrickung der Sache und die Entstehung eines Pfändungspfandrechts hieran bei Bedingungseintritt ermöglicht werden. Dabei sind jedoch wiederum[381] die besonderen Erfordernisse an die Publizität für die Entstehung eines Pfandrechts an Mobiliar und dessen Verstrickung zu beachten. Die Surrogation der Pfändungswirkungen

378 *Münch. Komm.-Gruber*, ZPO, § 803 Rn. 30; *Jauernig/Berger*, Zwangsvollstreckungs- und Insolvenzrecht, S. 58.

379 zu den hierbei besonderen Anforderungen hinsichtlich der Publizität siehe sogleich unten.

380 Gemeint ist die Konstellation, in der der Schuldner der Forderung auf Eigentumsverschaffung noch nicht (wie in den Fällen der aufschiebend bedingten Übereignung, §§ 929, 158 I BGB) den für die geschuldete Übereignung erforderlichen Tatbestand bereits vollzogen hat, sondern insbesondere noch Besitzer der Sache ist und somit der Herausgabeanordnung, § 847 ZPO, auch tatsächlich nachkommen kann.

381 Vgl. die Ausführungen zu § 1287 BGB oben S. 108 ff.

an der Sache kann daher nur erfolgen, wenn der Vollstreckungsgläubiger bei Bedingungseintritt in ausreichender Weise Besitz an der Sache erlangt, und dieser dem Vollstreckungsschuldner dementsprechend entzogen wird. Da dieser Besitzwechsel bei die Pfändung von Mobiliar gem. § 808 ZPO erfolgt, ist somit auch bei der Pfändung der Forderung, §§ 846, 829 ZPO eine Inbesitznahme und anschließende Siegelanbringung durch den Gerichtsvollzieher vorzunehmen, um die im Rahmen der Surrogation, § 1287 BGB analog, erforderliche Publizität für die Entstehung des Pfändungspfandrechts bei Bedingungseintritt zu gewährleisten. Wiederum[382] handelt es sich dabei aber nicht um eine zusätzliche Pfändung der Sache selbst als eigenständigen Vollstreckungsakt, sondern um eine bloße Kenntlichmachung der erfolgten Forderungspfändung nach außen.

3. Rang des entstehenden Pfändungspfandrechts an der Sache

Im Rahmen der aufschiebend bedingten Übereignung wird dem Vorbehaltskäufer typischerweise sogleich der unmittelbare Besitz der Sache verschafft. Daher kommt es nicht selten vor, dass weitere Gläubiger des Vorbehaltskäufers vor Bedingungseintritt - in Unkenntnis des Eigentumsvorbehalts (und damit der fehlenden Zugehörigkeit der Sache zum Vermögen des Schuldners) - in die Sache vollstrecken möchten. Denn der mit der Pfändung der Sache beauftragte Gerichtsvollzieher hat lediglich den Gewahrsam des Vollstreckungsschuldners zu prüfen, die Eigentumsverhältnisse an der Sache bleiben dagegen ungeprüft. Die so erfolgende Pfändung der beim Vorbehaltskäufer befindlichen Sache bewirkt zwar deren Verstrickung als Grundlage einer späteren Vollstreckung, ein Pfändungspfandrecht hieran kann aber nicht entstehen.[383] Allerdings konvalesziert bei Bedingungseintritt diese Pfändung, § 185 II S. 1, 2. Alt. BGB,[384] so dass an der (dann schuldnereigenen) Sache das Pfändungspfändrecht *ex nunc* entsteht, und damit eine *causa* für die spätere Erlösauskehr an den Vollstreckungsgläubiger gegeben ist.

Dagegen wird ein Gläubiger, der von dem Eigentumsvorbehalt Kenntnis hat, die Forderung auf Eigentumsverschaffung als den dem Schuldner zugeordneten Vermögensgegenstand pfänden, um eine mögliche (und begründete) Drittwiderspruchsklage, § 771 ZPO, des (bis zum Bedingungseintritt ja weiterhin Eigentum innehabenden) Vorbehaltsverkäufers zu vermeiden.[385] Dies macht jedoch nur Sinn, wenn der hierdurch ermöglichte spätere Vollstreckungszugriff auf die

---

382 vgl. oben S. 111 f.

383 *Baur/Stürner/Bruns*, Zwangsvollstreckungsrecht, S. 347.

384 *Staudinger-Gursky*, § 185 Rn. 91; *Münch. Komm.-Bayreuther*, BGB, § 185 Rn. 14; *Münch. Komm.-Gruber*, ZPO, § 804 Rn. 22. Siehe bereits oben S. 125 Rn. 334.

385 *Wieczorek/Schütze-Lüke*, § 771 Rn. 43; *Musielak-Lackmann*, § 771 Rn. 16 m.w.N.

Sache vorrangig ist vor dem eines anderen Gläubigers, der danach in Unkenntnis des Eigentumsvorbehalts die Sache selbst pfänden lässt. Es stellt sich somit die Frage, in welchem Rangverhältnis das durch Surrogation, § 1287 BGB analog, entstehende Pfändungspfandrecht an der Sache zu dem durch Konvaleszenz, § 185 II S. 1 2. Alt. BGB, entstehenden Pfändungspfandrecht an der Sache steht.

Zunächst ist festzuhalten, dass beide eben beschriebenen Pfändungspfändrechte einem solchen im Rang nachgehen, das aus einer Pfändung eines Gläubigers des Vorbehaltsverkäufers resultiert, der die Sache vor Bedingungseintritt als im Eigentum des Vorbehaltsverkäufers stehend pfänden lässt. Dies wird dann praktisch relevant, wenn die Sache – etwa zu Reparaturzwecken – (vorübergehend) in den Gewahrsam des Vorbehaltsverkäufers zurückgelangt. Eine dann erfolgende Pfändung der Sache durch einen Gläubiger des Vorbehaltsverkäufers wäre im Rang einer Pfändung der Forderung, § 433 I BGB, oder einer Pfändung der Sache als schuldnerfremde durch Gläubiger des Vorbehaltskäufers stets vorrangig, und zwar unabhängig von deren zeitlicher Reihenfolge.[386] Denn diese Pfändung beim Vorbehaltsverkäufer ist sofort wirksam, sämtliche Voraussetzungen für die Entstehung des Pfändungspfandrechts liegen bereits vor. Dagegen erfordert das durch Surrogation (bzw. Konvaleszenz) entstehende Pfändungspfandrecht noch den Eigentumserwerb des Vorbehaltskäufers, dessen Eintritt zum Zeitpunkt der Pfändung ungewiss ist.

Etwas anderes ergibt sich auch nicht aus dem Prioritätsprinzip, etwa weil es sich bei dieser Pfändung um die zeitlich nachfolgende (Zwangs)verfügung handelt, und sich deren Wirkungen somit nachrangig zu der bereits zuvor durchgeführten Pfändung bestimmen müsste. Denn es handelt sich hier um Zwangsverfügungen gegen verschiedene Vollstreckungsschuldner (zunächst die Pfändung gegen den Vorbehaltskäufer, anschließend die Pfändung beim Vorbehaltsverkäufer), das Prioritätsprinzip gilt aber nur für im Widerspruch stehende Verfügungen des (gegen das) selbe(n) Rechtssubjekt(s).[387]

Dagegen entstehen die einerseits durch Surrogation, andererseits durch Konvaleszenz begründeten Pfändungspfandrechte an der Sache jeweils *ex nunc* bei Bedingungseintritt. In dieser Konstellation spricht vieles dafür, dass sich das Rangverhältnis dieser Pfandrechte anhand der zeitlichen Reihenfolge der Pfändungsakte bestimmen muss. Dies ergibt sich zwar nicht unmittelbar aus dem Prioritätsprinzip, obwohl es sich jeweils um Zwangsverfügungen gegen den Vorbehaltskäufer handelt. Denn die Zwangsverfügungen betreffen zunächst verschiedene Gegenstände: einerseits die (sofort wirksame) Pfändung der Forde-

---

386 *Baur/Stürner/Bruns*, Zwangsvollstreckungsrecht, S. 401; *Stein/Jonas-Brehm*, § 847 Rn. 13; *Wieczorek/Schütze-Lüke*, § 847 Rn. 12.

387 Siehe oben S. 126 ff.

rung, andererseits die (zunächst unwirksame) Pfändung der Sache selbst. Anhand des Prioritätsprinzips beurteilt sich dagegen lediglich das Verhältnis widersprechender Verfügungen über denselben Gegenstand.

Dabei ist aber zu beachten, dass die Sache und die Forderung in einem konnexen Verhältnis zueinander stehen: Die Forderung ist auf Verschaffung des Eigentums gerichtet, sie geht bei Erfüllung unter, und das Eigentum an der Sache stellt dann das Surrogat für die Forderung dar. Die Forderung ist die (auf ihren eigenen Untergang gerichtete) Vorstufe des späteren Eigentums, weshalb sich die Rechte an ihr auch an der Sache fortsetzen sollen.[388] Wenn aber das Gesetz gerade deshalb die beim Eigentumserwerb eintretende Surrogation vorsieht, muß diese Surrogation auch rangwahrend zu solchen Rechten an der Sache erfolgen, die ebenfalls erst durch den (nachträglichen) Eigentumserwerb an ihr entstehen können. Es kann dabei keinen Unterschied machen, ob das Recht an der Sache durch Surrogation der untergegangenen Forderung oder Konvaleszenz des vorausgegangenen (Zwangs)verfügungstatbestandes entsteht. Beide entstehen erst und nur, wenn der Eigentumserwerb auch tatsächlich erfolgt, beide Pfändungsakte sind in gleicher Weise geeignet und aussichtsreich, ein Pfändungspfandrecht an der Sache zu begründen. Daher sind die hieraus resultierenden Pfandrechte an der Sache auch als grundsätzlich gleichwertig anzusehen, ihr Rangverhältnis ergibt sich aus der zeitlichen Reihenfolge der zugrunde liegenden Pfändungsakte.

Es ist auch nicht ersichtlich, dass die Forderungspfändung eine weniger sichere Erwerbsaussicht hinsichtlich eines später an der Sache entstehenden Pfandrechts darstellen würde, als dies bei der Pfändung der schuldnerfremden Sache der Fall wäre.[389] Jedenfalls dann, wenn die ergänzende Inbesitznahme und Siegelanbringung bereits erfolgt ist, um die für die Surrogation erforderliche Publizität zu gewährleisten, ist durch die Forderungspfändung der Erwerb eines Pfändungspfandrechts an der Sache ebenso gesichert. Die „faktische Nähe" hierzu ist dieselbe. Insbesondere fehlt es dabei auch nicht an der erforderlichen Verstrickung der Sache, da sich auch die Verstrickung der Forderung durch Surrogation bei Bedingungseintritt an der Sache fortsetzt.[390]

Die Zwangsvollstreckung eines Gläubigers des Vorbehaltskäufers in „dessen aus der aufschiebend bedingten Übereignung resultierende Rechtsposition", die nach der hier vorgeschlagenen Konstruktion durch Pfändung der Forderung auf Eigentumsverschaffung bewirkt wird, wirkt somit auch rangwahrend gegenüber

---

388 siehe oben S. 108 ff. die Ausführungen zu den Surrogationsnormen §§ 1075 I, 1287 BGB.

389 So aber *Marotzke*, Das Anwartschaftsrecht – ein Beispiel sinnvoller Rechtsfortbildung?, S. 90 f.

390 siehe oben S. 143 f.

einer danach erfolgenden Pfändung der Sache selbst durch weitere Gläubiger. Das durch Konvaleszenz, § 185 II S. 1 2. Alt. BGB, entstehende Pfändungspfandrecht geht in dieser Konstellation dem durch Surrogation, § 1287 BGB analog, eintretenden Pfändungspfandrecht aufgrund der zeitlichen Reihenfolge der Pfändungsakte im Rang nach.

D. Zusammenfassung der alternativen Behandlung der Rechtsposition des Vorbehaltskäufers

Bei der herrschenden Lehre vom Anwartschaftsrecht handelt es sich – auch nach eigenem Verständnis[391] - um (gesetzesübersteigende) Rechtsfortbildung. Diese ist erst dann legitim, wenn sich für den Rechtsverkehr gewisse Erfordernisse ergeben, denen durch eine bloße Auslegung des positiven Rechts nicht mehr entsprochen werden kann. Nur dann darf der Rechtsanwender eigene Regelungen für bestimmte Fragestellungen entwickeln, für die der Gesetzgeber keine Normen vorgesehen hat.

Primärer Zweck des Anwartschaftsrechts ist es, die Rechtsposition des Vorbehaltsverkäufers zu einem eigenständigen Verfügungsobjekt zu verselbstständigen. Da ihr bereits vor Bedingungseintritt ein wirtschaftlicher Wert zukommt, soll diese aus der aufschiebend bedingten Übereignung entstehende Rechtsposition auf Dritte übertragbar sein bzw. in der Konsequenz auch durch Dritte gepfändet werden können. Jedoch gestaltet die Zivilrechtsordnung sie nicht als eigenständigen Gegenstand aus, ein solcher ist im diesbezüglichen *numerus clausus* nicht vorgesehen.

Es ist allerdings auch nicht erforderlich, einen solchen Gegenstand zu generieren. Erst mit Eintritt der Bedingung sind sämtliche Tatbestandsmerkmale (im weiten Sinne) der Verfügung erfüllt, erst dann ist dem Vorbehaltskäufer das Eigentum zugeordnet. Überträgt er es aber davor weiter an einen Dritten, so handelt es sich um die Verfügung eines Nichtberechtigten, welche (bei Bedingungseintritt) nach § 185 II S. 1, 2. Alt. BGB konvalesziert. Entsprechend dem Prioritätsprinzip ist dabei die Wirksamkeit mehrerer in diesem Stadium getroffener Verfügungen des (und gegen den) Vorbehaltskäufer(s) über das Eigentum nach der zeitlichen Reihenfolge der Erfüllung des hierfür erforderlichen Tatbestands (im engeren Sinne) zu beurteilen. Dadurch ist gewährleistet, dass die Nachteile, die die Anwartschaftslehre in der Anwendung des § 185 II S. 1, 2. Alt. BGB auf diese Weiterübertragung erkennen will, gerade nicht bestehen. Insbesondere erwirbt der Dritte, dem der Vorbehaltskäufer die Sache weiterveräußert hat, diese gerade nicht belastet mit einem Pfandrecht, wenn zwischen dieser Veräußerung und dem Bedingungseintritt ein Tatbestand erfüllt wird, der die Entstehung eines Pfandrechts an der Sache bewirkt. Durch den gem. § 185 II S. 1, 2. Alt. BGB entstehenden Durchgangserwerb wird im Hinblick darauf kein anderes Ergebnis erzielt als durch den von der Anwartschaftslehre angenommenen Direkterwerb.

Will man allerdings eine rechtliche Konstruktion wählen, in der der Vorbehaltskäufer nicht über fremdes, ihm (möglicherweise) in der Zukunft zugeordne-

---

391 *Raiser*, Dingliche Anwartschaften, S. 101. Siehe bereits oben S. 121 ff.

tes Eigentum verfügt, sondern über einen ihm bereits gegenwärtig zugeordneten Gegenstand, so ist es ebenso nicht erforderlich, hierfür den *numerus clausus* der Gegenstände zu missachten. Durch Abschluss des Kaufvertrags erlangt der Vorbehaltskäufer eine Forderung auf Verschaffung des Eigentums, § 433 I BGB, diese stellt seine „Erwerbsposition" hinsichtlich der Sache dar. Er hat eben (noch) kein Recht *an* der Sache, sondern (erst) ein Recht *auf* die Sache. Will er dieses – etwa zur Beschaffung weiterer Kreditmittel – auf einen Dritten übertragen, so verfügt er dabei über dieses Recht *auf* die Sache, seine Forderung. Es handelt sich also um eine Forderungsabtretung, § 398 BGB.

Um den Zweck dieser Forderungsabtretung zu gewährleisten, muss die aufschiebend bedingte Eigentumsübertragung zwischen den Parteien des Kaufvertrags als Eigentumsübertragung an denjenigen, den es angeht, verstanden werden. Das Eigentum soll (bei Bedingungseintritt) auf den übergehen, der jeweils Inhaber der Forderung ist. Denn diesen geht die aufschiebend bedingte Übereignung letztlich an. Eine solche Auslegung entspricht auch den jeweiligen Interessen der am Vorbehaltskauf beteiligten Parteien, da nur so durch die Verfügung über die Forderung ein echter Vermögenswert übertragen werden kann, wodurch der Vorbehaltskäufer zusätzlichen wirtschaftlichen Spielraum erlangt, um nicht zuletzt seine Verpflichtung aus dem Kaufvertrag erfüllen zu können.

Umgekehrt stellt diese Forderung dann natürlich auch das Objekt eines Zwangsvollstreckungszugriffs dar. Durch die Pfändung der Forderung wird (bei Bedingungseintritt) eine Verwertung der Kaufsache ermöglicht. Aufgrund der besonderen Konstellation des Eigentumsvorbehaltskaufs und der hierauf erfolgenden bedingten Eigentumsübertragung ist lediglich die Pfändung der Forderung, § 829 ZPO, nicht auch ihre Überweisung, § 835 ZPO, an den Vollstreckungsgläubiger erforderlich. Um aber die Surrogation der Pfändungswirkungen an der Sache bei Bedingungseintritt zu ermöglichen, ist aus Publizitätsgründen ergänzend die Inbesitznahme und Siegelanbringung entsprechend § 808 ZPO erforderlich.

Es fällt auf, dass sich diese Konstruktion, bei der die Forderung auf Eigentumsverschaffung das Verfügungsobjekt für die Übertragung und Pfändung der Rechtsposition des Vorbehaltskäufers darstellt, im Ergebnis nicht wesentlich von dem Ansatz der Anwartschaftslehre unterscheidet. Nach beiden Ansätzen kommt es bei Bedingungseintritt zu einem Direkterwerb des Dritten, Pfändungsobjekt ist jeweils ein vom eigentlichen Eigentum verschiedener Gegenstand, dennoch müssen dabei zusätzliche Publizitätserfordernisse beachtet werden, um eine Surrogation der Pfändungswirkungen an der Sache zu ermöglichen.

Dies verwundert bei näherer Betrachtung auch nicht: Denn sowohl durch die Forderung auf Eigentumsverschaffung, als auch durch das Anwartschaftsrecht wird eine Erwerbsposition verkörpert, die von dem gegenwärtig noch dem

Vorbehaltsverkäufer zustehenden Eigentum verschieden ist. Nur handelt es sich bei der Forderung um einen im deutschen Vermögensrecht vorgesehenen Gegenstand, während das Anwartschaftsrecht über den *numerus clausus* der Gegenstände hinausgeht, eine eindeutige Vermögenszuordnung verwischt, und als (zusätzliches) Recht an der Sache zu erheblichen Verwirrungen in seiner rechtlichen Behandlung führt. Begreift man nämlich die Erwerbsposition des Vorbehaltsverkäufers – die ja durch das Anwartschaftsrecht ausgedrückt werden soll - konsequent als das, was sie ist, nämlich als ein Recht *auf* die Sache, so erscheint es doch als sehr fern liegend, daraus ein gegenständliches Besitzrecht, einen möglichen Gutglaubenserwerb etc. abzuleiten.

Das Recht des Vorbehaltskäufers *auf* die Sache wird (allein) durch seine Forderung auf Eigentumsverschaffung ausgedrückt, sie ist (alleiniges) Verfügungsobjekt. Durch diese Betrachtung ergeben sich keinerlei Schwierigkeiten für eine eindeutige Vermögenszuordnung unter den beteiligten Parteien, die rechtliche Behandlung der Position des Vorbehaltskäufers ist dadurch völlig unproblematisch und entspricht der zivilrechtlichen Systematik.

Schlussbetrachtung

Das Bürgerliche Gesetzbuch als Grundlage unserer Zivilrechtsordnung bestimmt die (privat-)rechtlichen Verhältnisse der betroffenen Rechtssubjekte umfassend. Soweit dabei ihre Beziehungen zu den verschiedenen Rechtsobjekten – also all denen Objekten, *an* denen gegenständliche Rechte existieren können – betroffen sind, ist es Vermögenszuweisungsordnung. Ihm kommt dabei die Aufgabe zu, die Rechtszuständigkeit an diesen Vermögensobjekten zu regeln und unter den Rechtssubjekten zuzuordnen.[392] Es muss also eine Aufgabe erfüllen, die letztlich einem grundlegenden Gerechtigkeitsbedürfnis menschlichem Zusammenlebens entspringt, und damit auch einer Privatrechtsordnung elementar innewohnt: Die Grenze zu ziehen zwischen „Mein" und „Dein".[393]

Der Gesetzgeber des BGB bewältigt diese Aufgabe, indem er nur eine begrenzte, kleine Anzahl solcher möglicher Gegenstände vorsieht, die ihrem Inhalt nach genau definiert sind und einer Modifikation durch Parteivereinbarung auch nicht unterworfen sind. Durch diesen *numerus clausus* vollzieht sich die zivilrechtliche Vermögenszuordnung im Sinne größtmöglicher Klarheit und Einfachheit.

Insbesondere die Inhaberschaft eines Vermögensobjekts – für den hier interessierenden Fall also das Eigentum an einer beweglichen Sache – wird vollständig einer Person (oder einer fest umrissenen Personengruppe[394]) zugeordnet. Erst wenn sich der Tatbestand einer hierüber getroffenen Verfügung vollständig erfüllt, verändert sich die diesbezügliche Rechtszuordnung hin zu einer anderen Person(-engruppe) – wiederum vollständig. Wenn die hierzu erforderlichen Rechtshandlungen der Parteien bereits zu einem früheren Zeitpunkt vorgenommen werden, so mag dies zwar Konsequenzen für ihre Verfügungsmacht hinsichtlich des betreffenden Gegenstandes haben, eine Änderung in der Rechtszuordnung bewirkt dies aber nicht. Insbesondere bewirkt die nur teilweise Erfüllung eines solchen Verfügungstatbestandes nicht eine entsprechende Aufspaltung des Eigentums zwischen den beteiligten Parteien.

Genau eine solche Aufspaltung des Eigentums wird jedoch durch die Rechtsfigur des Anwartschaftsrechts vorgenommen. Durch sie wird die Rechtszuständigkeit an der Sache verdoppelt, neben dem (Noch-)Eigentum entsteht ein gleichwertiges „Alsbald-Eigentum", denn nichts anderes stellt das Anwartschaftsrecht dar, wenn seine Existenz konsequent zu Ende gedacht wird. Weil

---

392 *Habersack*, Sachenrecht, S. 1 f.; *Wilhelm*, Sachenrecht, S. 33 ff., S. 123 ff.

393 *Lobinger*, Rechtsgeschäftliche Verpflichtung und Autonome Bindung, S. 89.

394 Das Eigentum kann mehreren entweder als Miteigentümer, § 1008 BGB ff., oder zur gesamten Hand zustehen.

aber dieses Anwartschaftsrecht danach als dem Eigentum wesensgleich angesehen wird, muss konsequenterweise das daneben existente „eigentliche" Eigentum als hierdurch vermindertes Inhaberrecht angesehen werden. Denn beide Gegenstände „teilen" sich die Rechtszuständigkeit an der Sache. Wenn das Anwartschaftsrecht an der Sache besteht, durch stetige Ratenzahlung gar „wächst" und „größer wird", so muss folglich das Eigentumsrecht „schrumpfen" und „kleiner werden". Damit verwischt aber die herrschende Lehre vom Anwartschaftsrecht genau diese zu ziehende Grenze zwischen „Mein" und „Dein".

Das BGB kennt den Begriff „Anwartschaftsrecht" nicht.[395] In den Beratungen zum BGB taucht der Begriff der „Anwartschaft" zwar auf, von einer spezifischen Regelung wird allerdings Abstand genommen.[396] Die Anerkennung dieser Rechtsfigur widerspricht der zivilrechtlichen Dogmatik der Vermögenszuordnung elementar, der so entstehende Systembruch ist nicht erforderlich, da der primär damit verfolgte Zweck – die Übertragung der dahinterstehenden Rechtsposition durch den Berechtigten – ohne weiteres durch im BGB vorgesehene Instrumentarien ermöglicht wird.

Die Untersuchung befasst sich lediglich mit der Fallkonstellation der aufschiebend bedingten Übereignung aufgrund eines vereinbarten Eigentumsvorbehaltskaufs. Wie eingangs[397] erwähnt, gibt es daneben weitere Konstellationen, in denen nach h.M. von dem Vorliegen eines Anwartschaftsrechts ausgegangen wird. Geht man von der – abstrakten - Definition für die Entstehung eines Anwartschaftsrechts[398] aus, so müsste dieser Anwendungsbereich sogar noch wesentlich erweitert werden. Die Ausführungen sind darauf aber nicht ohne weiteres übertragbar, weil sie maßgeblich das bedingte Rechtsgeschäft bzw. die Schutznorm des § 161 I BGB für bedingte Verfügungen behandeln. Dagegen kann etwa die Eigentumsübertragung eines Grundstücks – bei der nach h.M. ebenfalls ein Anwartschaftsrecht entstehen kann – grundsätzlich nicht unter einer Bedingung erfolgen, § 925 II BGB. Dennoch erscheint es anhand der systematischen Auseinandersetzung mit der Lehre vom Anwartschaftsrecht wohl als leicht nachvollziehbar, dass diese Rechtsfigur auch in anderen Fallkonstellationen mit der Dogmatik des Zivilrechts nicht zu vereinbaren ist.

Rechtsdogmatik ist kein Selbstzweck. Sie gewährleistet, dass durch die konsequente Beachtung der Grundstrukturen der Rechtsordnung im Einzelfall eine Lösung entsprechend denjenigen Wertentscheidungen gefunden wird, die hinter

395 In den Regelungen über den Versorgungsausgleich, §§ 1587 ff. BGB, taucht mehrfach der Begriff der „Anwartschaft" oder „Rentenanwartschaft" auf. Dies steht jedoch in keinerlei Zusammenhang mit dem hier behandelten Themenkomplex.

396 Siehe oben S. 22.

397 Siehe oben Fn. 11.

398 Siehe oben S. 18 f.

dieser abstrakten Gesetzessystematik stehen. Durch diese formalisierte Methodik wird Rechtsfindung erleichtert.[399]

Es ist Aufgabe der Rechtswissenschaft, diese Dogmatik herauszuarbeiten, die ihr zugrunde liegenden Prinzipien aufzuzeigen und darzulegen, welche Werturteile dahinter stehen und worauf diese wiederum beruhen. Bei der Anwendung einzelner Normen müssen diese stets im Lichte dieser Dogmatik ausgelegt werden. Soweit dabei (scheinbare) Widersprüche erkennbar sind, gilt es darzulegen, weshalb das Gesetz an einzelnen Stellen ein solches Prinzip missachtet, und welchem gegenläufigen Prinzip dadurch zur Geltung verholfen wird. Nur so wird ein korrektes Verständnis des Gesetzes gewährleistet.

Die vorliegende Untersuchung möchte als (kleiner) Beitrag hierzu verstanden werden.

399 *Brehm*, JZ 1987, S. 1089 ff. (S. 1089).

Literaturverzeichnis

Banke, Erich, Das Anwartschaftsrecht aus Eigentumsvorbehalt in der Einzelzwangsvollstreckung, Berlin 1991.

Bauknecht, Eigentumsvorbehalt und Anwartschaftsrecht, NJW 1955, S. 1251 ff.

Baumbach / Lauterbach / Hartmann, Kommentar zur Zivilprozeßordnung, 70. Aufl., München 2012.

Baur, Jürgen F. / Stürner, Rolf, Lehrbuch des Sachenrechts, 18. Aufl., München 2009.

Baur, Jürgen F. / Stürner, Rolf / Bruns, Alexander, Zwangsvollstreckungsrecht, 13. Aufl., Heidelberg 2006.

Bayer, *Walter,* Der Vertrag zugunsten Dritter, Tübingen 1995.

Becker-Eberhard, *Ekkehard*, Die Forderungsgebundenheit der Sicherungsrechte, Bielefeld 1993.

Behrendt, *Christian*, Verfügungen im Wege der Zwangsvollstreckung, Berlin 2006.

Berger, Christian, Rechtsgeschäftliche Verfügungsbeschränkungen, Tübingen 1998.

Berger, Wolfgang, Eigentumsvorbehalt und Anwartschaftsrecht - Besitzloses Pfandrecht und Eigentum, Frankfurt 1984.

Biermann, *Johannes*, Bürgerliches Recht, 1. Band, Berlin 1908.

Blomeyer, Arwed, Studien zu Bedingungslehre, Teil II: Über bedingte Verfügungsgeschäfte, Berlin 1939.

Ders., Eigentumsvorbehalt und gutgläubiger Erwerb, AcP 153 (1954), S. 239 ff.

Ders., Die Rechtsstellung des Vorbehaltskäufers, AcP 161 (1962), S. 193 ff.

Ders., Die Vollstreckung in belastetes Fahrniseigentum, JZ 1955, S. 5 ff.

Brecht, Arn., Bedingung und Anwartschaft, JJb Bd. 61 (1912), S. 263 ff.

Brehm, Wolfgang, Der Begriff des Unvermögens – Bemerkungen zum Wert der Dogmatik in der Jurisprudenz, JZ 1987, S. 1089 ff.

Brox, Hans, Das Anwartschaftsrecht des Vorbehaltskäufers, JuS 1984, S. 657 ff.

Brox, Hans / Walker, Wolf-Dietrich, Zwangsvollstreckungsrecht, 9. Aufl., München 2011.

Büdenbender, Ulrich, Drittschadensliquidation bei obligatorischer Gefahrentlastung - eine notwendige oder überflüssige Rechtsfigur?, NJW 2000, S. 986 ff.

Bülow, Peter, Recht der Kreditsicherheiten, 7. Aufl., Heidelberg 2007.

Ders., Gutgläubiger Erwerb vom Scheinkaufmann, AcP 186 (1986), S. 577 ff.

Crome, Friedrich Theodor Carl, System des deutschen bürgerlichen Rechts, 1. Band, 6. Aufl., Tübingen 1900.

Dernburg, *Heinrich*, Das bürgerliche Rechts des deutschen Reichs und Preußens, 1. Band, Halle 1902.

Derleder, Peter, Zu den Sanktionen des Eigentumsvorbehalts bei Leistungsstörungen auf der Käuferseite, ZHR 139 (1975), S. 20 ff.

Döring, Frank Markus, Schutz des Vorbehaltskäufers durch Anwendung des § 936 III auf den gutgläubigen Zwischenerwerb?, NJW 1996, S. 1443 ff.

Eccius, Zur Frage der Abtretbarkeit künftiger Forderungen, DJZ 1904, S. 53 ff.

Egert, Hans, Die Rechtsbedingung im System des bürgerlichen Rechts, Berlin 1974.

Eichenhofer, Eberhard, Anwartschaftslehre und Pendenztheorie, AcP 185 (1985), S. 162 ff.

Endemann, Lehrbuch des Bürgerlichen Rechts, 1. Band, 7. Aufl., Berlin 1900 und 8. Aufl., Berlin 1903.

Enneccerus, Ludwig / Lehmann, Das Bürgerliche Recht, 1. Band, 2. Aufl., Marburg 1901.

Enneccerus, Ludwig, / Nipperdey, Hans Carl, Allgemeiner Teil des Bürgerlichen Rechts, 1. Halbband, 15. Aufl., Tübingen 1959.

Flatau, Ernst, Die Zwangsvollstreckung in Leihmöbel, Berlin 1909.

Flume, Werner, Die Rechtsstellung des Vorbehaltskäufers, AcP 161 (1962), S. 385 ff.

Ders., Allgemeiner Teil des Bürgerlichen Rechts, Zweiter Band: Das Rechtsgeschäft, 4. Aufl., Berlin 1992.

Füller, Jens Thomas, Eigenständiges Sachenrecht?, Tübingen 2006.

Georgiades, Apostolos, Die Eigentumsanwartschaft beim Vorbehaltskauf, Tübingen 1963.

Gernhuber, Joachim, Bürgerliches Recht, 3. Aufl., München 1991.

Ders., Freiheit und Bindung des Vorbehaltskäufers nach Übertragung des Anwartschaftsrechts, in FS für Baur, Tübingen 1981, S. 31 ff.

Haas, Ulrich / Beiner, Thorsten, Das Anwartschaftsrecht im Vorfeld des Eigentumserwerbs, JA 1998, S. 23 ff.

Habersack, Mathias, Sachenrecht, 6. Aufl., Heidelberg 2010.

Hadding, Walther, Rechtsverhältnis zwischen Person und Sache?, JZ 1986, S. 926 ff.

Haedicke, Maximilian, Der bürgerlich-rechtliche Verfügungsbegriff, JuS 2001, S. 966 ff.

Hager, Johannes, Verkehrsschutz durch redlichen Erwerb, München 1990.

Harke, Jan-Dirk, Anwartschaftsrecht als Pfandrecht, JuS 2006, S. 385 ff.

Heidelberger Kommentar – Bearbeiter, Kommentar zur Insolvenzordnung, 4. Aufl., Heidelberg 2006.

Hübner, Ulrich, Zur dogmatischen Einordnung der Rechtsposition des Vorbehaltskäufers, NJW 1980, S. 729 ff.

Jauernig, Othmar - Bearbeiter, Kommentar zum Bürgerlichen Gesetzbuch, 14. Aufl., München 2011.

Jauernig, Othmar / Berger, Christian, Zwangsvollstreckungs- und Insolvenzrecht, 23. Aufl., München 2010.

Junker, Michael, Das „wirtschaftliche“ Eigentum als sonstiges Recht im Sinne des § 823 I BGB, AcP 193 (1993), S. 348 ff.

Kindl, Johann, Gutgläubiger Mobiliarerwerb und Erlangung mittelbaren Besitzes, AcP 201 (2001), S. 391 ff.

Kuhnel, Rudolf, Die juristische Sekunde - Bedeutung einer Konstruktion, Münster 1992.

Kupisch, Berthold, Durchgangserwerb oder Direkterwerb, JZ 1976, S. 417 ff.

Kruschewski, Walter, Bedingtes Eigentum, Diss. Rostock 1936.

Landsberg, Ernst, Das Recht des Bürgerlichen Gesetzbuches, 1. Hälfte, Berlin 1904.

Larenz, Karl, Methodenlehre der Rechtswissenschaft, 6. Aufl., Berlin 1991.

Larenz, Karl / Wolf, Manfred, Allgemeiner Teil des Bürgerlichen Rechts, 9. Aufl., München 2004.

Lempenau, Gerhard, Direkterwerb oder Durchgangserwerb bei Übertragung künftiger Rechte, Berlin 1968.

Letzgus, Ernst, Die Anwartschaft des Käufers unter Eigentumsvorbehalt, Tübingen 1938.

Lieb, Michael, Das künftige Recht als Rechtsfigur des Privatrechts, Tübingen 1962.

Lobinger, Thomas, Rechtsgeschäftliche Verpflichtung und autonome Bindung, Tübingen 1999.

Lux, Jochen, Das Anwartschaftsrecht bei bedingter Übereignung – bloßes Sprachkürzel oder eigenständiges absolutes Recht, Jura 2004, S. 145 ff.

Manigk, Alfred, „Tatsachen, juristische“, in Handwörterbuch der Rechtswissenschaft, Bd. V, S. 847 ff., Berlin 1928.

Marotzke, Wolfgang, Das Anwartschaftsrecht – ein Beispiel sinnvoller Rechtsfortbildung?, Berlin 1977.

Ders., Öffentlichrechtliche Verwertungsmacht und Grundgesetz, NJW 1978, S. 133 ff.

Ders., Die Aufhebung grundpfandrechtsbelasteter Eigentumsanwartschaften, AcP 186 (1986), S. 490 ff.

Ders., Die logische Sekunde – ein Nullum mit Dauerwirkung?, AcP 191 (1991), S. 177 ff.

Ders., Der Eigentumsvorbehalt im neuen Insolvenzrecht, JZ 1995, S. 803 ff.

Ders., Gegenseitige Verträge im neuen Insolvenzrecht, 3. Aufl., Berlin 2001.

Martinek, Michael, Traditionsprinzip und Geheißerwerb, AcP 188 (1988), S. 575 ff.

Maurer, Jörg, Die Prinzipien der Abstraktion, Kausalität und Trennung, insbesondere bei Verfügungen, Frankfurt 2003.

Ders., Die Übertragung der Grundschuld nach § 873 I Fall 3 BGB : Schlichte Gesetzesanwendung und praktische Konsequenzen für § 399 Alt. 2 BGB, JuS 2004, S. 1045 ff.

Medicus, Dieter, Bürgerliches Recht, 23. Aufl., München 2011.

Ders., Allgemeiner Teil des BGB, 9. Aufl., Heidelberg 2006.

Ders., Das Anwartschaftsrecht des Auflassungsempfängers, DNotZ 1990, S. 275 ff.

Meister, Hans, Die Pfändung aufschiebend bedingten und künftigen Eigentums, NJW 1959, S. 608 ff.

Minas, Manfred, Theorie der bedingten Rechtsgeschäfte, Saarbrücken 1966.

Mülbert, Peter O., Das inexistente Anwartschaftsrecht und seine Alternativen, AcP 202 (2002), S. 913 ff.

Müller, Gustav / Meikel, Georg, Das bürgerliche Recht des deutschen Reichs, 1. Band, München 1904.

Müllereisert, F. A., Die Anwartschaft - kein dingliches Recht, HansRGZ 1935, S. 521 ff.

Münchener Kommentar – Bearbeiter, Kommentar zum Bürgerlichen Gesetzbuch, 5. Aufl., München ab 2007.

Münchener Kommentar – Bearbeiter, Kommentar zum Bürgerlichen Gesetzbuch, 6. Aufl., München ab 2012.

Münchener Kommentar – Bearbeiter, Kommentar zum Handelsgesetzbuch, 3. Aufl., München ab 2010.

Münchener Kommentar – Bearbeiter, Kommentar zum Handelsgesetzbuch, 2. Aufl., München ab 2005.

Münchener Kommentar – Bearbeiter, Kommentar zur Insolvenzordnung,2. Aufl., München ab 2007.

Münchener Kommentar – Bearbeiter, Kommentar zur Zivilprozeßordnung, 3. Aufl., München ab 2007.

Mugdan, Benno, Die gesamten Materialien zum Bürgerlichen Gesetzbuch für das Deutsche Reich, Berlin 1899.

Musielak, Hans-Joachim - Bearbeiter, Kommentar zur Zivilprozessordnung, 8. Aufl., München 2011.

Nörr, Knut Wolfgang / Scheyhing, Robert, Sukzessionen, 1. Aufl., Tübingen 1983.

Oertmann, Paul, Die Rechtsbedingung, Leipzig 1924.

v. Olshausen, Eberhard, Der Schutz des guten Glaubens an die Nicht-Rechtshängigkeit, JZ 1988, S. 584 ff.

Paulus, Gotthard, Schranken des Gläubigerschutzes aus relativer Unwirksamkeit, in FS für Nipperdey I, München 1965, S. 909 ff.

Planck-Bearbeiter, Kommentar zum Bürgerlichen Gesetzbuch, 5. Aufl., ab 1932.

Picker, Eduard, Der „dingliche" Anspruch, in FS für Bydlinski, Wien 2002, S. 269 ff.

Prütting, Hanns, Sachenrecht, 34. Aufl., München 2010.

Quantz, Tobias, Besitz und Publizität im Recht der beweglichen Sachen, Berlin 2005.

Raape, Leo, Das gesetzliche Veräußerungsverbot des Bürgerlichen Gesetzbuches, Berlin 1908.

Radke, Wolfram, Bedingungsrecht und Typenzwang, Berlin 2001.

Raiser, Ludwig, Dingliche Anwartschaften, Tübingen 1961.

Reinicke, Dietrich / Tiedtke, Klaus, Kreditsicherung, 5. Aufl., Neuwied 2006.

RGRK-Bearbeiter, Das Bürgerliche Gesetzbuch, Kommentar, 12. Aufl. ab 1974.

Rüll, Stefan, Das Pfandrecht an Fahrnis für künftige oder bedingte Forderungen gemäß § 1204 Absatz II BGB, München 1986.

Savigny, Friedrich Carl von, System des heutigen römischen Rechts, Band 1, Berlin 1840.

Schiemann, Gottfried, Pendenz und Rückwirkung der Bedingung, Köln 1973.

Schmidt, Rudolph, Der Pfandbesitz, AcP 134 (1931), S. 1 ff.

Schmidt-Recla, Adrian, Grundstrukturen und Anfänge des Eigentumsvorbehalts, JuS 2002, S. 759 ff.

Schreiber, Klaus, Anwartschaftsrechte, Jura 2001, S. 623 ff.

Schrödermeier, Martin / Woopen, Herbert, Die diskriminierte Einigung, JA 1985, S. 622 ff.

Schulz, Wolfgang, Abschied vom Durchgangserwerb und der „logischen" Sekunde bei § 185 II S. 1 Alternative 2 BGB im Steuerrecht, BB 1998, S. 75 ff.

Serick, Rolf, Eigentumsvorbehalt und Sicherungsübereignung I, Heidelberg 1963.

Soergel-Bearbeiter, Kommentar zum Bürgerlichen Gesetzbuch, 13. Aufl. ab 2000.

Sohm, *Rudolph*, Der Gegenstand – ein Grundbegriff des Bürgerlichen Gesetzbuches, Leipzig 1905.

Stamm, Jürgen, Rechtsfortbildung der Drittschadensliquidation im Wege eines originären und rein deliktsrechtlichen Drittschadensersatzanspruchs analog § 844 Abs. 1 BGB, AcP 203 (2003), S. 366 ff.

Staub-Bearbeiter, Kommentar zu Handelsgesetzbuch, 5. Aufl., Berlin ab 2009.

Staudinger-Bearbeiter, Kommentar zum Bürgerlichen Gesetzbuch, Neubearbeitung der 13. Aufl., Berlin ab 2000.

Stein / Jonas - Bearbeiter, ZPO, 22. Aufl., Tübingen ab 2002.

Strauch, Dieter, Mehrheitlicher Rechtsersatz, Bielefeld 1972.

Strohal, Emil, Grenzen der Urteilsrechtskraft bei betagter und bedingter Berechtigung, in Leipziger Festgabe für Degenkolb, Leipzig 1905, S. 137 ff.

v. Thur, *Andreas*, Allgemeiner Teil des Deutschen Bürgerlichen Rechts, Berlin 1910.

Ders., Verfügung über künftige Forderungen, DJZ 1904, S. 426 ff.

Tiedtke, Klaus, Gutgläubiger Erwerb, Berlin 1985.

Vieweg, Klaus / Werner, Almuth, Sachenrecht, 5. Aufl., München 2011.

Wadle, *Elmar*, Die Übergabe auf Geheiß und der rechtsgeschäftliche Erwerb des Mobiliareigentums, JZ 1974, S. 689 ff.

Westermann, Harm Peter / Gursky, Karl-Heinz, Sachenrecht, Band I, 6. Aufl., Heidelberg 1990.

Westermann, Harm Peter, Sachenrecht, 11. Aufl., Heidelberg 2005.

Westermann, Harry, Die Grundlagen des Gutglaubensschutzes, JuS 1963, S. 1 ff.

Wieacker, Franz, Sachbegriff, Sacheinheit und Sachzuordnung, AcP 148 (1943), S. 57 ff.

Ders., Die juristische Sekunde, in FS für Erik Wolf, Frankfurt 1962, S. 421 ff.

Wieczorek, Bernhard / Schütze, Rolf A. – Bearbeiter, Kommentar zur Zivilprozeßordnung, 3. Aufl., Berlin ab 1994.

Wiegand, Wolfgang, Aufsatzreihe zum gutgläubigen Erwerb, JuS 1974, S. 201 ff.; S. 545 ff.; JuS 1975, S. 205 ff.; S. 283 ff.; JuS 1978, S. 145 ff.

Wieling, Hans Josef, Sachenrecht, Band I, 2. Aufl., Berlin 2006.

Ders., Sachenrecht, 5. Aufl., Berlin 2007.

Wilhelm, Jan, Sachenrecht, 4. Aufl., Berlin 2010.

Windscheid, Bernhard / Kipp, Theodor, Lehrbuch des Pandektenrechts, Band 1, 9. Aufl., Frankfurt 1906.

Wolf, Manfred / Wellenhöfer, Marina, Sachenrecht, 26. Aufl., München 2011.

Ders., Prinzipien und Anwendungsbereich der dinglichen Surrogation, JuS 1976, S. 32 ff.

Würdinger, Hans, Die privatrechtliche Anwartschaft als Rechtsbegriff, München 1928.

Zeranski, Dirk, Eigentümer und Vorbehaltskäufer im Widerstreit um die Vorbehaltsware, AcP 203 (2003), S. 693 ff.

Zitelmann, Ernst, Internationales Privatrecht, Band I, Leipzig 1897.

Ders., Internationales Privatrecht, Band II, Leipzig 1912.

www.ingramcontent.com/pod-product-compliance
Ingram Content Group UK Ltd.
Pitfield, Milton Keynes, MK11 3LW, UK
UKHW021233031026
15588UKWH00001B/64

9 783631 629864